高等职业教育教学改革融合创新型教材 · 旅游类

旅行社经营管理

Travel Agency Management

叶晓颖 主 编
全烽岐 王路婷 副主编

东北财经大学出版社
Dongbei University of Finance & Economics Press
大连

图书在版编目（CIP）数据

旅行社经营管理 / 叶晓颖主编．—大连：东北财经大学出版社，2024.3

（高等职业教育教学改革融合创新型教材·旅游类）

ISBN 978-7-5654-5028-0

Ⅰ.旅…　Ⅱ.叶…　Ⅲ.旅行社-企业经营管理-高等职业教育-教材　Ⅳ.F590.63

中国国家版本馆CIP数据核字（2024）第040429号

东北财经大学出版社出版

（大连市黑石礁尖山街217号　邮政编码　116025）

网　址：http://www.dufep.cn

读者信箱：dufep@dufe.edu.cn

大连天骄彩色印刷有限公司印刷　东北财经大学出版社发行

幅面尺寸：185mm×260mm　字数：371千字　印张：16.25

2024年3月第1版　2024年3月第1次印刷

责任编辑：魏　巍　韩敌非　责任校对：李丽娟

封面设计：原　皓　版式设计：原　皓

定价：49.00元

教学支持　售后服务　联系电话：（0411）84710309

如有印装质量问题，请联系营销部：（0411）84710711

前言

党的二十大报告指出："统筹职业教育、高等教育、继续教育协同创新，推进职普融通、产教融合、科教融汇，优化职业教育类型定位。"这是以习近平同志为核心的党中央全面部署"实施科教兴国战略，强化现代化建设人才支撑"的重要举措，对开拓职业教育发展新局面、书写职业教育服务社会主义现代化建设新篇章，具有非常重要的导向意义。

基于此，本书在编写过程中积极贯彻落实党的二十大精神及《职业院校教材管理办法》，以学生发展为宗旨，以促进就业为导向，注重产教融合、校企合作，突出对学生综合实践能力的培养，力求实现理论和实践教学融通合一、专业知识和技能内化合一、教材内容与顶岗实训学做合一的"三合一"，为培养更多高素质劳动者、高技能人才、能工巧匠、大国工匠做出贡献。

本书在内容设计和体系构建上具有如下特点：

1.强化价值引领，培养德技兼修的新时代好青年

党的二十大报告提出："育人的根本在于立德。"本书在编写过程中立足职业院校旅游人才培养的特色及要求，通过设立"素养目标"、设置"育德启智"栏目，融入工匠精神、诚信精神、社会责任等思政元素，培养学生树立正确的职业观念，遵守职业道德规范，坚定不移听党话、跟党走，怀抱梦想又脚踏实地，具有敬业精神、责任意识、良好的职业素养和适应职业岗位的心理素质，立志做有理想、敢担当、能吃苦、肯奋斗的新时代好青年。

2.基于旅行社的典型工作任务，设计本书框架和内容

本书在编写过程中遵循从基本技能到核心技能再到综合技能的人才培养过程，根据新时期旅行社企业经营管理的特点，从旅行社进入市场竞争环境开始分解企业工作活动，提炼出旅行社经营中的典型工作任务，最终形成本书的框架，包括3个模块、9个项目、22个任务。

第一，根据旅行社经营管理岗位设计框架。以理论应用为依托、任务驱动为手段、教师讲授为基础、学生学做为主体，以旅行社筹建、经营和管理三大模块为纲设计编写框架。

第二，遵照旅行社业务经营的规律编写内容。以旅行社业务转化的项目、任务为主线，根据学生管理能力培养的基本规律，按照由一般到个别、先易后难和遵循企业实际业务流程的原则编写本书内容，真实再现旅行社经营中主要运作流程的管理技能应用，使学生初步了解、熟悉和掌握旅行社经营管理的一般性知识、运作方法、主要岗位的业务管理技能，形成由教引导、由学知会、由做掌握、以做为主的理论与实践一体化内容。

3.活页式设计，提高学生学习的灵活性

本书以学生为中心，以旅行社企业的真实工作过程为主线，设计了一系列模块化的学习任务，并采用活页式装订形式，不仅使教学活动更加有序，而且适应学生的认知习惯。这种设计加强化了学生在教学过程中的主体地位，提高了学生的参与程度，增强了学生的实际操作能力和工作“体验”，让学生由被动接受学习转为主动探索和求知学习。学生可以灵活选择知识点学习，每个任务完成后，可以通过“任务评价表”复盘任务完成关键点，从个人和团队合作经验中帮助自己“在做中提升”“在学中创新”。

4.配套丰富数字资源，满足学生个性化需求

本书配有丰富的数字资源，包括微课、动画、知识链接、在线测评等内容。根据学生的学习进度和需求进行个性化推荐和学习路径指引，微课、动画、知识链接帮助学生更好地掌握相关专业知识和技能；在线测评实现了学生和教材之间的互动，使学生更加深入地理解和掌握相关知识，帮助教师更好地掌握学生的学习情况。

本书由叶晓颖担任主编，全烽岐、王路婷担任副主编。具体编写分工如下：叶晓颖编写模块一的项目一和项目二，模块三的项目一、项目二和项目三；王路婷编写模块二的项目一和项目二；全烽岐编写模块二的项目三和项目四。叶晓颖负责全书写作提纲的拟定及总纂定稿。沈阳青年国际旅行社有限公司副总经理童帅和辽宁普峰国际旅行社有限公司总经理助理周怀正提供了部分编写资料和案例，并为本书的编写提出了很多宝贵的修改建议。

本书在编写过程中参阅了许多专家学者的研究成果，在此对这些专家学者一并表示感谢。由于时间仓促，本书尚存不足之处，恳请各位读者提出宝贵意见，我们将在修订中持续完善。

编　者

2023年10月

目录

数字资源目录

1 模块一 旅行社筹建

模块概述

党的二十大报告指出，“完善中国特色现代企业制度，弘扬企业家精神，加快建设世界一流企业”“支持中小微企业发展”。旅行社作为我国旅游业的重要组成部分，面临着前所未有的发展机遇和挑战。只有了解旅行社行业的发展现状，熟悉行业常识，遵守企业规范，才能顺利筹建旅行社，为旅行社经营奠定基础。

知识导图

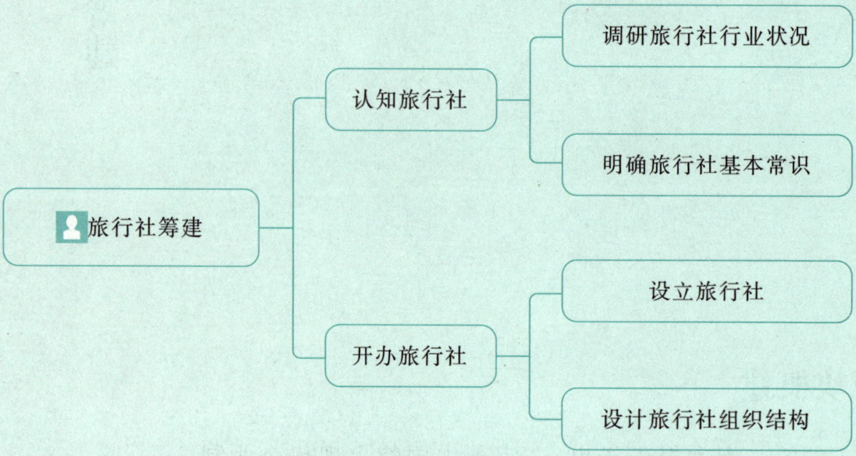

项目一　认知旅行社

◎ 学习目标

知识目标：

•了解世界旅游业和国外旅行社的产生、发展及未来趋势；
•熟悉我国旅游业的产生、发展及未来趋势；
•熟悉旅行社的性质、职能和行业特点；
•掌握我国旅行社的产生、发展及未来趋势；
•掌握旅行社的分类、基本业务和业务运行模式。

能力目标：

•能够分析旅行社行业现状及未来发展趋势；
•能够分析不同类别的旅行社在业务和流程上的差异。

素养目标：

•培养学生对行业动态关注的兴趣；
•培养学生对本专业的热爱和职业自豪感。

任务一　调研旅行社行业状况

任务导入

工作任务：调研当地旅行社行业状况。

任务描述：几位同窗好友在毕业之际萌生了创业开办旅行社的想法，首要工作就是对当地旅行社行业的状况进行调研，了解当地旅游市场前景，分析开办旅行社的可行性。

任务要点：当地旅游业发展现状和趋势；当地旅行社行业现状和趋势。

必备知识

◎ 知识点1　世界旅游业的发展进程

一、世界旅游业的产生和发展

（一）世界旅游业的产生

旅游业是第三产业中的新兴产业，伴随着工业化、全球化和信息化的进程发展壮大。它既是经济社会发展进步的产物，也是经济社会发展进步的标志。经济社会的发展，科学技术的进步，居民实际收入的增长，个人可自由支配时间的增多，人们求新、求知、求乐、求健康欲望的增强，都是世界旅游业发展的原动力。

（二）世界旅游业发展现状

1.世界旅游市场呈现欧洲、美洲和亚太地区“三足鼎立”格局

在相当长的一段时间里，世界旅游业以欧洲和美洲为主体，二者堪称世界旅游市场的“双雄”。随着区域经济一体化和经济全球化，原本的旅游市场格局被打破。其中，欧洲和美洲占比略有下降，而亚太地区占比持续上升。自2020年以来，尽管全球旅游依然保持“三足鼎立”的态势，但由于不同区域受疫情影响程度有所差别，旅游复苏进程也各不相同，在此背景下，美洲和欧洲在全球占比有所上升，亚太占比有所下降。以旅游总收入占GDP的比例作为指标来衡量旅游的经济贡献，2021年五大区域旅游的经济贡献从高到低依次为欧洲、美洲、亚太、中东和非洲。

2.旅游业成为跨行业、跨领域的战略性、综合性产业

旅游业与文化体育、商务会展、科技等产业紧密结合，特别是网络信息化的发展使旅游业成为跨行业、跨领域的战略性、综合性产业。一是旅游业与文化体育事业的结合更加紧密。例如，世博会、奥运会、冬奥会这样重大的文化体育盛会，既可以为主办国带来强劲的旅游客源和旅游收入增长，又可以传播本国文化、展示文明成果、提升国家形象。二是旅游业促进与其直接相关的上下游行业如餐饮业、酒店业等的发展。经营旅游业务的旅游公司可以发展成为大型商业集团，例如中国旅游集团2019年底总资产近1 300亿元，全资或控股企业584家，覆盖旅行、投资、酒店、金融、地产等领域，集团目前正在孵化邮轮和房车等旅游新业态。三是技术创新和科技进步已成为世界旅游业发展的主要动力。网络技术、信息技术、交通技术的快速发展，促进了旅游管理信息化、旅游需求多样化、旅游装备科技化。电子旅游信息、在线旅游预订业务、电子签证和电子商务等正在改变旅游业的市场环境，社交网络的广泛应用也在改变旅游业的面貌。

3.旅游活动进入大众化、社会化和休闲化时代

世界旅游组织在《马尼拉宣言》中明确提出：“旅游作为实现休闲的权利，国家应赋予每个公民并毫无歧视地让每个公民参加。”事实上，旅游活动已经成为现代人类社会的基本需要之一，旅游度假是人人享有的权利。第二次世界大战后，世界经济迅速发展，普通大众的人均收入增加，支付能力提高，这对旅游的迅速发展起到了推动作用。此外，社会生产必要劳动时间大大缩短，社会闲暇时间增加，带薪休假制度出现且时间不断延长，人们外出旅游时间有了保证。伴随着个体旅游权利的实现，旅游活动实现了大众化和社会化。从20世纪80年代初开始，旅游者已不满足于传统的观光旅游，开始转向具有鲜明的个性特色、时代特色和地域特色的休闲度假旅游。休闲度假旅游成为现代人生活的重要组成部分。

（三）世界旅游业的发展趋势

1.旅游方式日趋多元化

在追求个性化生活方式的趋势下，人们旅游的方式也将会向多样化、个性化方向发展，各种独特新颖的旅行方式随之产生。世界旅游业的发展趋势是散客旅游特别是短距离的家庭旅游份额将逐步增加，旅游者在旅游中会追求更多的娱乐性和参与性。那些丰富多彩、轻松活泼、比较新奇的旅游方式，将受到越来越多旅游者的追捧。地方特色、民俗、娱乐与旅游相结合将成为未来旅游产品开发的重要方向。

同时，旅游者也将会更加注重旅游项目的文化内涵，更加注重旅游过程和旅游细节的文化性。

2.旅游安全日益受到重视

旅游目的地的民族与宗教冲突、国际恐怖主义、政局动荡、自然灾害、传染性疾病、重大事故等因素，都会对旅游者的安全构成威胁，对世界旅游业的发展有极大的负面影响。特别是在美国“9·11”事件之后，旅游安全已经成为旅游者首先要考虑的问题。联合国世界旅游组织2021年1月28日发布的数据显示，新冠肺炎疫情导致全球旅游人数大幅减少，2020年全球旅游业收入损失1.3万亿美元，成为“旅游业历史上最糟糕年份”。因此，旅游安全成为国际社会关注的重点。毫无疑问，旅游目的地的社会和谐稳定及旅行途中的安全将成为游客们尤为重视的一个因素。

3.旅游市场进一步细化

伴随着大众旅游时代到来的是旅游动机更加具体，旅游市场更加细分，旅游产品更加丰富多彩，专题旅游、特种旅游更有发展潜力。原有的度假、商务、观光三大传统产品将进一步升级。度假旅游方面，以绿色、低碳、原生态的自然环境为依托和凸显区域文化特色的度假胜地，将成为度假旅游市场的主流产品；商务旅游会随着世界经济增长中心、商务热点转移和经济多极化而日益多元化、多极化，北美、欧洲、日本等传统商务旅游重点目的地的地位不会变，但也会增加中东、东亚以及新兴经济体等新的商务旅游热点地区；观光旅游在高收入国家会逐步萎缩，在中低收入国家逐步大众化、普及化，并且仍将占主导地位。

4.旅游业结构性复苏伴随变革

世界旅游业在复苏过程中同步发生着重要变革。一是技术变革。科技手段前所未有地全面融入行业中，数字化发展迅速。二是认知变革。传统旅游业的受挫带来全方位的市场新空间，在新的传播手段和环境下，大量认知被快速重塑，世界范围内正在产生一批新的IP，市场在重新认识目的地和吸引物。三是可持续变革。世界范围内的减碳行动正在对旅游业产生深刻的影响，可持续的旅游已经由疫情前的可选项逐步变为一种必选项。受此变革影响，未来旅游业将在结构性复苏中快速蜕变。

二、中国旅游业的产生和发展

（一）中国旅游业的发展历程

中国古代旅游历史悠久。近代以来的中国旅游活动与帝国主义的殖民侵略活动紧密联系，局部存在，但未形成产业。中华人民共和国成立后，中国旅游业实现了从无到有的飞跃式发展。

知识链接
1-1-1

中国旅游业经历的四个主要发展阶段

（二）中国旅游业发展现状

1.在政策引领方面：细化分工，系统部署

在国家层面，国家相关部门相继出台了规范和促进旅游业发展的重要文件。例如，2009年发布的《关于加快发展旅游业的意见》，2013年发布的《国民旅游休闲纲要》和《中华人民共和国旅游法》，2014年发布的《关于促进旅游业改革发展的若干意见》等，从完善旅游发展政策、增强旅游发展动力、坚持科学旅游观、优化旅游发展环境、拓展旅游发展空间等五个方面明确了职责分工。在地方层面，全国各省、区、市均提出要把旅游业打造为支柱性产业，其中已有24个省份明确表示要将旅游

业建设成战略性支柱产业。一些省、区、市为统筹旅游业发展，还专门成立了文化和旅游厅（局）。这一具体化的任务分工和系统性的战略部署，有利于我国旅游业的深化改革和创新发展，为我国旅游业构建了新的机制。

2. 在旅游市场方面：国民旅游向大众化方向发展

2020年以前我国旅游业整体呈持续快速发展态势。国内旅游市场高速增长，入境旅游市场稳中有进，出境旅游市场快速增长。例如，2019年国内旅游市场和出境旅游市场稳步增长，入境旅游市场基础更加牢固。全年国内旅游人数60.06亿人次，比上年同期增长8.4%；入境旅游人数14 531万人次，比上年同期增长2.9%；出境旅游人数15 463万人次，比上年同期增长3.3%；全年实现旅游总收入6.63万亿元，同比增长11.1%，其中国内旅游收入5.73万亿元。中国已经进入“大众旅游消费”时代。2023年，我国旅游行业恢复势头强劲，全国假日市场平稳有序。2023年中秋节国庆假期，国内旅游出游人数8.26亿人次，按可比口径同比增长71.3%，按可比口径较2019年增长4.1%；实现国内旅游收入7 534.3亿元，按可比口径同比增长129.5%，按可比口径较2019年增长1.5%。

3. 在旅游活动方面：“休闲度假旅游”“中短距离旅游”“散客”成为主体

随着国民旅游消费意识的转变、生活水平的提高和旅游方式的变化，我国休闲度假旅游快速发展，超越观光旅游处于主体地位。国民旅游在时间和空间上，呈现碎片化、短途化。以本地游、周边游为代表的近距离、短时间、高频次的“微旅游”“微度假”兴起，以朋友和家庭为单位的自助游显著增多，露营、休闲旅游等方式快速升温，旅游产品结构加速调整、持续转型，国内旅游萌生新的增长动能。半自由行、小团队及私人定制等散客出游方式渐渐备受大众的喜爱。

4. 在旅游产业方面：同业、跨业联盟涌现

旅游行业竞争的日益激烈，催生各种同业和跨业的联盟，形成了竞争与合作并存的新格局。在同业联盟方面，上下游、线上和线下企业之间的合作有所加强，同时竞争对手之间也加强了联盟合作。例如，国旅总社与众信国旅之间开展战略合作，共同推出品牌“悦品汇”，即双方联合开发一系列中高端旅游线路产品。在跨业联盟方面，知名的在线旅游企业同程网在轰轰烈烈的“一元门票”活动中，大规模引入跨界战略合作伙伴，把部分门票赠送给滴滴打车、京东、招商银行、大众点评等战略合作伙伴。除了与其他企业建立或紧或松的联盟合作关系之外，越来越多的旅游企业，尤其是以开放性为核心特征的在线旅游企业实施了平台化发展的竞争策略。例如，去哪儿网与香港航空、海航旅游等开展合作，构建多元化产品数据库。

（三）中国旅游业的发展趋势

1. 现代旅游治理体系逐步建立

推进依法治旅，进一步贯彻落实《中华人民共和国旅游法》《旅行社条例》《导游人员管理条例》等法律法规。加大旅游市场监管执法力度，健全旅游服务质量监管体系，完善旅游投诉处理和服务质量监督机制；加强旅游安全管理，构建旅游安全保障体系；提升旅游市场信息化监管水平，加强旅游业大数据应用，推进旅游数据规范化、标准化建设；推进旅游信用体系建设，旅游市场信用监管制度进一步完善；倡导文明旅游实践，培育文明旅游活动品牌。

2.“互联网+旅游”不断深化

智慧旅游进一步发展，创新智慧旅游公共服务模式，旅游预约、旅游监测等大数据平台应用广泛。智慧旅游城市、旅游景区、度假区、旅游街区不断涌现。通过互联网有效整合线上线下资源，促进旅游企业转型升级。新技术的应用与创新提升了旅游服务相关技术的发展，增强了旅游产品的体验性和互动性，提高了旅游服务的便利度和安全性。

育德启智1-1-1　　国家智慧旅游建设工程

加快智慧旅游景区建设。科学推进预约、限量、错峰旅游，促进旅游景区实现在线、多渠道、分时段预约，提高管理效能。建设旅游景区监测设施和大数据平台，健全智能调度应用，促进旅游景区资源高峰期合理化配置，实现精确预警和科学导流。普及旅游景区电子地图、线路推荐、语音导览等智慧化服务，提高游览便捷性。支持各地区因地制宜建设特色化智慧旅游景区，运用数字技术充分展示特色文化内涵。“十四五”期间，推动国家4A级以上旅游景区基本实现智慧化转型升级。

完善智慧旅游公共服务。以提升便利度和改善服务体验为导向，引导模式创新，构建开放、共享的智慧旅游公共服务体系。规范智慧旅游公共服务平台建设，支持开发针对老年人等特殊群体的专门应用程序和友好界面。

丰富智慧旅游产品供给。鼓励旅游消费新模式发展，打造沉浸式博物馆、主题公园、旅游演艺等旅游体验新场景。引导开发数字化体验产品，推动文化和旅游资源借助数字技术“活起来”。

拓展智慧旅游场景应用。建立健全智慧旅游标准体系，强化现代信息技术在旅游领域的应用普及，丰富拓展智慧旅游场景应用，推出一批智慧旅游创新案例和项目。

资料来源　国务院.“十四五”旅游业发展规划［S］. 2021.

学有所悟：党的二十大报告指出，“加快构建新发展格局，着力推动高质量发展”“加快发展数字经济，促进数字经济和实体经济深度融合”。智慧旅游的全面、深入发展，必将推动中国旅游业高质量发展。

3.旅游空间布局整合优化

跨区域旅游资源整合利用。建设跨区域特色旅游功能区，如京张体育文化旅游带、黄河文化旅游带、巴蜀文化旅游走廊等。全国各地区有针对性地完善区域内旅游协调发展，如东北地区推进旅游业转型升级，提升旅游服务水平，大力发展寒地冰雪、生态旅游等特色产业，打造具有国际影响力的冰雪旅游带。旅游枢纽城市和特色旅游目的地发挥自身优势，城乡旅游休闲空间扩大，如绿道、骑行道、游憩道、郊野公园等建设，提升游客体验，为城乡居民“微度假”“微旅游”创造条件。

4.旅游交流合作更加开放

统筹国内国际两个市场。分步有序促进入境旅游，积极构建健康、安全、有序的中外人员往来秩序。发挥跨区域旅游推广联盟作用，有计划、有步骤地组织开展“美丽中国”旅游形象推广活动，加强“东亚文化之都”城市旅游推广。稳步发展出境旅游，持续推进旅游交流合作。适应出境旅游散客化的需要，中国公民出境旅游服务保障体系将会更加完善。深化旅游国际合作，高质量共建“一带一路”，扩大与共建国家交流合作，打造跨国跨境旅游带的繁荣发展。

5.旅游产业文旅融合、跨界加速

文旅融入区域大发展，例如2021年2月，江苏省人民政府提出了“发展面向长三角地区的休闲旅游和康养产业，共建环太湖生态文化旅游圈”。文旅IP成为现代旅游业体系的重要组成部分，如主题公园IP孵化、地方博物馆打造IP电商等。同时，随着社会经济与消费者诉求的变迁，文旅产业的跨界之路已成为行业发展的趋势之一。从国际到国内，文化和旅游都正在摆脱主要基于文化遗产和人造人文景观的单一性观光模式，逐渐通过文化与创意、科技及其他传统产业的结合，形成新旅游要素带动文化旅游产品创新和升级的发展态势。未来，文化旅游产业与其他产业之间将形成更广泛、更深入的跨界融合。

◎ 知识点2 全球旅行社行业的发展进程

一、国外旅行社的产生和发展

（一）国外旅行社的产生

旅行社的产生是社会、经济、科技发展到一定历史阶段的产物，同时也是人类旅行活动长期发展的必然结果。18世纪中叶发生在英国的工业革命，使整个世界的经济和社会结构发生了巨大变化，同时也使世界范围内的旅游活动发展受到了显著影响。丰富的物质基础、便利的交通条件、加速的城市化进程，使人们的生活方式得以改变。

正是在这种背景下，世界上首家旅行社诞生了。普遍认为旅行社产生于19世纪中期，英国人托马斯·库克在莱斯特成立的托马斯·库克旅行社（Thomas Cook Agent）是世界上第一家旅行社。托马斯·库克作为世界上第一位专职的旅行代理商，被誉为“近代旅游业之父”。

（二）国外旅行社的发展历程

托马斯·库克旅行社成立之后，旅行社在世界各地迅速发展起来。国外旅行社的发展大致经历了以下三个发展阶段：

1.起步阶段（1845—1945年）

各国相继出现了旅行社企业，数量少，规模小。其中美国运通、英国托马斯·库克、比利时铁路卧车公司成为20世纪初旅游业的三大巨头。当时旅行社产品种类也比较少，主要是以轮船、火车为主要交通工具的国内旅行和短途国际旅行。第一次世界大战后，增加了探险旅游等新品种，人们可以选择火车、轮船旅行，也可以乘坐大型汽车出门，出行范围迅速扩大。

2.成长阶段（1945年至20世纪80年代后期）

旅行社的数量和营业额大幅增加，产品更加丰富。20世纪60年代，国际上出现了机票+酒店的经营模式；70年代，包价旅游市场兴起并迅速发展；80年代，不断延长的带薪假期和廉价机票使得远距离长线度假市场迅速发展。

3.成熟阶段（20世纪90年代初期至今）

以欧美地区经济发达国家为代表的国外旅行社产业的集中化趋势不断加强。市场需求的个性化发展，使旅行社开始注重市场细分。随着旅游电子商务的迅速发展，在线旅游异军突起，旅行社行业发生结构性变化，大旅行社纷纷进行跨国兼并及强强合作。

二、中国旅行社的产生和发展

（一）中国旅行社的产生

中国近代的半封建半殖民地社会状态使我国旅行社业起步较晚。20世纪初，美国的运通、英国的通济隆等外国旅行社垄断了中国的旅游业务，这些公司以西方侨民为主要服务对象，连导游都是外国人。

1923年8月，爱国人士陈光甫先生创立了上海商业储备银行旅行部，经过几年的努力，该部于1927年6月1日宣告独立，正式命名为中国旅行社（简称中旅社），这是我国历史上最早的一家由国人开办的旅行社，为国人办理各项旅游业务。1929年秋，我国民航开办之初，中旅社便开始为旅客代售机票。与此同时，全国各地先后出现了不少类似的旅游企业，如江名胜导团、公路旅游服务社以及1935年成立的中国汽车旅行社、现代旅行社、萍踪旅行社等。

（二）中国旅行社的发展历程

1.初步发展期（1949—1977年）

中华人民共和国成立后，我国第一家旅行社是1949年11月成立的厦门华侨服务社。此后，为做好对外接待工作，国务院决定成立两个旅行社系统。一个是在1954年成立的中国国际旅行社（简称国旅）总社及其分社，由国务院及地方政府的外事办公室领导，主要负责接待外国来华者；另一个是1957年由各地华侨服务社组建的华侨旅行社（1974年改名为中国旅行社，简称中旅）总社及其分社，隶属于国务院及各地方政府的侨务办公室，负责接待来华的港澳台同胞、外籍华人、海外华侨。两者都是直属政府的行政事业单位，其性质是配合外交部的需要，出于政治目的，对外宣传中国，加强国际友好往来，不以营利为目的，是一种单纯的政治接待。

2.快速成长期（1978—1998年）

改革开放以后，中央政府开始重视旅游业的发展。1980年，中国青年旅行社成立，标志着中国旅行社业的国旅、中青旅、中旅三足鼎立的局面开始形成。随着改革开放的不断深化，为加快旅游业发展，1984年国家旅游局做出两项重大改革：一是打破行业垄断局面，将旅游外联权下放，允许更多旅行社经营国际旅游业务；二是规定旅行社性质应由行政事业单位转为企业。至1988年底，中国旅行社已发展到1 617家，整个旅游行业已进入市场化进程。1995年、1996年国家相继出台《旅行社质量保证金暂行规定》《旅行社管理条例》，旅行社市场管理进一步规范化。1997年7月1日，国务院批准的《中国公民自费出国旅游管理暂行办法》的发布和实施，标志着中国旅行社业进入了出入境和国内游的旅游市场。

3.积极探索期（1999—2009年）

2001年我国加入世界贸易组织，并在2003年提前兑现了允许设立独资旅行社的承诺，2007年又提前取消对外商投资旅行社设立分支机构的限制，对外资旅行社的注册资本实行国民待遇。随着信息技术的迅速发展及旅游者消费观念和方式的逐渐转变，1999年携程网和艺龙网成立，标志着中国线上旅行社时代的开启，互联网与旅行社融合的探索取得新进展。在线旅行服务业的成长极为迅速，截至2009年，我国在线旅游渗透率达4.8%。传统业态旅行社的优势受到严峻挑战，众多旅行社都在“线上线下”“何去何从”的问题上思考着自身的生存与发展空间。

4.多元发展期（2010年至今）

旅行社旅游消费产品和服务的需求加速增长，线下旅行社数量逐年递增，在线旅游网络体系不断完善。旅行社业务的经营主体除传统业态旅行社外，还包括各类在线旅游企业、俱乐部、留学机构等。旅游服务产品范围扩大，向专业化和多元化方向发展，业务范围从纯粹的旅游业务延伸至异地化生活服务。

（三）中国旅行社的发展现状

1.旅行社数量递增，分布不均

我国旅行社数量一直呈逐年增长状态。文化和旅游部的统计数据显示，2021年我国旅行社总数达42 432家，同比2020年增长4.3%。旅行社分布较为分散，主要集中在经济发达地区，如广东、北京、上海、江苏和浙江等。其中，广东省是我国旅行社最多的地区，2021年广东旅行社3 592家，名列全国第一。这些地区客源市场规模较大，为旅行社的发展提供了良好的市场条件。

2.旅行社总体结构不合理，利润额不高

绝大部分旅行社规模小，经营上各自为政，业务操作停留在临时、简单协作阶段，业务伙伴关系不稳定，企业实力和业绩一般。真正以资产为纽带紧密联系的全国性、区域性旅行社网络和集团不多。百强国际旅行社数量占比不到10%，但业务量占总量的半壁江山，而百强国内社数量占比更小，其业务经营量占比则更低。

3.旅行社从业人员流动大，学历门槛提升

我国旅行社行业人员流动性大，流失率高，人才缺口存在于旅行社业务流程中的每一个环节。从管理到导游，从采购到销售，从业人员不仅在年龄上表现出“青黄不接”，而且精英人才紧缺。可喜的是，旅行社入职学历门槛正在逐年提升，文化和旅游部的数据显示，我国旅行社大专以上学历从业人员占行业比例从2019年的67.85%提升至2021年的69.1%，说明旅游从业人员的素质和业务能力明显提升。

4.旅行社产品改革升级，类型趋同

随着旅游市场的结构性调整变化，我国旅行社产品内容和形式也进入变革时代。2019年开始，国内游产品迭代升级，组织、接待国内游客人次增速显著。文旅部和华经产业研究院的统计数据显示，2021年我国旅行社组织国内游客0.79亿人次，接待国内游客0.993亿人次。经过这一年的调整，我国旅行社重新整备产品转型，专注于国内游品类创新，多样化改革使业务量取得一定进步。同时，有开发能力的旅行社上线新产品热销后，众多中小旅行社竞相模仿或参与经营，导致大多数旅行社产品逐渐趋同。

5.旅行社行业约束力弱，市场机制待完善

从《中华人民共和国旅游法》出台前的“零负团费”导致旅行社的“信任危机”，到线上旅行社的“一元”门票、老用户“杀熟”，都严重影响了市场秩序。我国旅行社目前仍处于“打价格战”为主的低水平竞争阶段，这种削价竞争反映了旅行社行业内存在有效约束缺乏、市场机制不成熟、企业行为短期化等问题。旅行社企业应树立长远发展战略和目标，提高对品牌、质量、信誉、形象等的重视程度。

（四）中国旅行社的发展趋势

1.旅行社集团化

微课 1-1-1
旅行社集团化的成长方向

中国旅行社小、散、弱、差的格局被打破，兼并重组后具有一定规模并且覆盖一定区域的旅行社集团纷纷出现。旅行社集团化的趋势既适应我国旅行社行业的发展需要，也符合国际旅行社行业的发展进程；既有利于旅行社发挥其在采购、预订、营销、资金、人才等方面的优势，实现规模经营和获得规模经济效益，也可以引导和稳定市场，克服旅行社市场因过度分散和紊乱造成的问题。“2023中国旅游集团20强”名单中包括中国旅游集团、华侨城集团、携程集团、集团、同程旅行集团、华住集团等。

2.旅行社品牌化

知识链接 1-1-2
中国旅游集团有限公司

随着旅游者消费水平的提高，我国旅行社的竞争也从价格竞争逐步转向质量竞争和品牌竞争，努力争取得到旅游者的认同。旅行社针对细分市场，对产品进行深度开发，形成特色产品或特色服务，以增强旅游产品的总体吸引力，使旅游者对其服务产生亲近感和信任感，从而在市场上立于不败之地。对中等规模旅行社而言，品牌化、专业化是一种必然的理性选择。

3.旅行社网络化

信息技术的普及和互联网的发展，为旅行社的网络化经营奠定了坚实的技术基础。B2B模式在中国旅游市场大量中小旅行社分散经营、各自为政的背景下，有效地聚集了经销商和供应商，集中进行采购和信息发布，积极促进双方的交易。同时，旅行社通过内部改造或增设经营网点，为网络化经营提供了组织基础。旅行社营业场所必须广泛设立于所有便于消费者购买的地方。

任务实施

步骤一：通过网络调研当地旅游业的发展现状和趋势，选取权威性官方网站查询信息，全面了解当地旅游相关行业状况和客源市场情况。

步骤二：通过网络和电话调研当地旅行社行业的现状和发展趋势，调研内容包括当地旅行社总体数量、行业组织和企业经营状况。

步骤三：总结当地旅游业和旅行社业发展现状，预测当地旅行社未来发展趋势，撰写当地旅行社市场调研报告。

任务总结与评价

任务总结与评价见表1-1-1。

表1-1-1 任务总结与评价

工作任务	调研当地旅行社发展状况
任务检查	网络调研当地旅游业发展现状和发展趋势情况 ○优秀 ○良好 ○中等 ○一般 ○未完成
	网络结合电话调研当地旅行社行业现状和发展趋势情况 ○优秀 ○良好 ○中等 ○一般 ○未完成
	撰写当地旅行社市场调研报告情况 ○优秀 ○良好 ○中等 ○一般 ○未完成
工作成果	
自我评价	
教师评价	
备注	（任务检查中未完成部分情况说明）

任务二 明确旅行社基本常识

任务导入

工作任务：明确旅行社企业性质。

任务描述：调研旅行社发展状况之后，几位同窗好友对建立旅行社有了一定信心。接下来要进一步了解旅行社的企业详情，明确旅行社企业性质、职能和基本业务。

任务要点：旅行社的企业特征；旅行社的职能；旅行社的类型；旅行社的经营业务。

必备知识

◎ 知识点1 旅行社的特征

一、旅行社的性质

（一）旅行社的概念

国内外的许多机构和科研工作者对旅行社都进行过定义。在我国，2009年国务院公布，2020年第三次修订的《旅行社条例》中称旅行社，是指从事招徕、组织、接待旅游者等活动，为旅游者提供相关旅游服务，开展国内旅游业务、入境旅游业务或者出境旅游业务的企业法人。

（二）旅行社的内涵

1.旅游服务是旅行社的主营业务

2009年国家旅游局公布、2016年修订的《旅行社条例实施细则》中详细说明《旅行社条例》所称招徕、组织、接待旅游者提供的相关旅游服务，主要包括：安排交通服务；安排住宿服务；安排餐饮服务；安排观光游览、休闲度假等服务；导游、领队服务；旅游咨询、旅游活动设计服务。

旅行社还可以接受委托，提供下列旅游服务：接受旅游者的委托，代订交通客票、代订住宿和代办出境、入境、签证手续等；接受机关、事业单位和社会团体的委托，为其差旅、考察、会议、展览等公务活动，代办交通、住宿、餐饮、会务等事务；接受企业委托，为其各类商务会议、奖励旅游等，代办交通、住宿、餐饮、会务、观光游览、休闲度假等事务；其他旅游服务。

上述所列出境、签证手续等服务，应当由具备出境旅游业务经营权的旅行社代办。

2.旅行社是以营利为目的的企业

《旅行社条例》中明确了旅行社的企业法人责任。旅行社依照国家和地方的有关法律进行合法经营，以盈利为目。它向单位、企业及个人提供各种有偿旅游服务，从而获得利润。旅行社作为独立的经济实体，具有旅游活动经营自主权，并承担民事责任。一般情况下，旅行社如果代理其他旅游生产商的产品，就要支付各种费用，因此它在销售旅游产品时，要在成本上加一定比例的利润，以获得盈利。

3.旅行社具有“桥梁”和“纽带”作用

旅游者外出旅游时要购买各种旅游服务产品，如预订客房、预订机票和接送机服务等，这些产品旅行社都可以提供。但是这些产品不是旅行社自己生产的，而是由不同的旅游供应商提供的。旅行社会根据旅游者的个性化需求，将这些服务重新组合设计包装，对外出售。因此，旅行社是消费者与旅游服务生产者之间的桥梁，是连接旅游业上下游各个部门的纽带。

案例共享1-1-1　　选择跟团旅游的十大好处

好处一：价廉物美

有些朋友可能受过一些不正规旅行社的窝囊气，一气之下就“自游行”了。殊不知一趟“自游行”下来，费用常常是旅行社组织的相同旅行的许多倍，同时还可能受到来自酒店、景点、购物点等的窝囊气。单个人的交通费用、景点票价、房费与旅行社数千人的批量价格不可同日而语。除此之外，旅行社还提供行程设计、安全控制等服务。

好处二：节约时间

有些朋友说，我自己出去不用人管可自由了。但是，到了假期结束时没有机票回不来怎么办？到了吃饭时间没有餐馆怎么办？到了睡觉时间没回到酒店怎么办？到了酒店客满了怎么办？行程耽搁了，很多游览计划就会受到影响，可能途中大部分时间都花在重新制订计划上，真正游玩的时间就减少了。

好处三：费用可控在出发前

旅行社在合同中就吃住行游等各项费用详细列明了清单，额外的支出费用由旅游者自己掌握，这样旅游者在出发前就对旅游的整体预算了然于胸。而“自游行”的费用经常会大大超支，同时还可能有许多突发情况和不可预见的费用。

好处四：安全保证

旅行社与各服务部门之间都有业务合作关系，对当地情况非常了解，对车辆、路况、饮食及各个环节可能出现不安全因素的地方都做了专业的考察。而且为保护旅游者的利益，旅行社一般都代旅游者向保险公司支付旅游途中的保险费。旅游团的活动是有组织的，在吃、住、行、游、购、娱等方面均有安排，避免了因旅游者对当地情况不熟悉而带来的麻烦与失误，在无形中减少了许多不安全因素。

好处五：服务保证

由旅行社代为选择旅游路线，可避免旅游者掌握的旅游知识和信息不充分、不全面的缺陷。旅行社有专门机构和人员，即旅行社的计调部和外联部，从事采集信息、分析市场行情、编排和选择路线等业务。由于具备专业知识且不断积累经验，因此旅行社所编排和选择的旅游路线更为合理，在提高旅游质量、充分实现出游目的同时，还可节约旅游者的时间和费用。

好处六：省心省力

在旅行之前，旅行社就已经将本次行程的住宿、交通、导游、门票、用餐等事项安排好，游客所要做的就是开开心心地游览，既无奔波之苦，又无排队买票之难。平时没有长假，而有了长假订票订房等皆有困难，一切交给旅行社，省心又省力。

好处七：各取所需

旅行社近年来通过不断创新，推出了很多有特色的个性化产品，如情侣游、蜜月游、西沙游、邮轮游、商务游、半自助游、老人游等，在旅行线路上更有无处不去无地不游的产品。消费者可根据自身情况各取所需，或者根据实际需要私人定制专属线路。

好处八：好中选优

旅行社很多，从业队伍更是人才辈出，这对旅游者来说绝对是好事。旅游者可以货比三家，可以比品牌、比服务、比创新，好中选优，从中选择适合自己的旅游产品。

好处九：广交朋友

旅游者与团友一起出游，同吃同住同乐同游，无形中增进了友谊，广交天下朋友。

好处十：游学相宜

俗话说：“江山美不美，全凭导游一张嘴。”一地的风景除了看得见的自然山水之外，还有当地的民风民俗、文化积淀等。通过导游的讲解，在旅游的过程中旅游者学到了许多知识，这样更不虚此行。

旅行社的好处远不止十个，但并不是所有的旅行社的每一次旅行服务都能提供这些好处。旅游者要选择正规的有实力的旅行社，出发前一定要签订正式的旅游合同，拿到正式的发票，把一些可预知的细节确认好，同时一定要购买相关的保险，这样我们就可以安心享用“十大好处”了。

资料来源 佚名. 大解密：为什么要选择跟团游？跟团旅游的十大好处［EB/OL］.［2021-12-01］. http：//www.fze91.com/lygl/d40006955.html.

思考：旅行社能够给消费者提供什么服务？旅行社的企业特点是什么？

二、旅行社的职能

（一）生产职能

这是旅行社的首要职能。旅行社是旅游产品生产线的源头。通常情况下，旅行社从上游企业批量购买各种旅游项目，按照不同消费者的要求，将各种旅游服务巧妙组合，科学设计，并融入旅行社自身的服务内容，形成具有自己特色的旅游产品。就团体旅游而言，旅行社最终出售的是一件完整的旅游产品，而非组成旅游产品的各项零散服务。从这个角度来看，旅行社具有生产职能。

（二）销售职能

旅行社一方面向旅游者销售其组合生产的旅游产品，一方面代订各类单项旅游产品，方便旅游者“一站式”购买，缩短了旅游交易流程。同时，旅游市场的激烈竞争、旅游产品的无形性和不可储存性，使得旅游产品的销售比一般物质产品更为复杂，销售渠道对于旅游产品来说必不可少，旅行社将旅游产品直接卖给旅游者，起到了销售渠道的作用。

（三）组织协调职能

旅游活动涉及食、住、行、游、购、娱等众多方面。旅行社要保障旅游活动顺利进行，离不开旅游业各部门和其他相关行业的合作与支持。所以，旅行社完成产品销售后，为确保旅游活动的顺利进行，必须进行大量的组织与协调工作，在确保合作各方实现各自利益的前提下，协同旅游业各有关部门和其他相关行业，保障旅游者旅游活动过程中各个环节的衔接与落实。

（四）分配职能

旅游者从旅行社购买产品时通常一次性预付全部或部分费用。这意味着旅行社一方面要根据旅游者的需求，在不同旅游服务项目之间合理分配旅游者付出的旅游费用，以最大限度地保障旅游者的利益；另一方面要在旅游活动结束后，根据事先同各相关部门或企业签订的协议及各部门或企业提供服务的实际数量和质量合理分配旅游收入。

（五）提供信息职能

旅行社在招徕旅游者的过程中要完成信息的传递。一方面，旅行社熟知旅游者的需求变化和市场动态，要将这些信息及时提供给服务供应商及各相关部门，帮助这些部门以市场为导向，及时调整本企业的服务标准和产品结构，也便于旅行社购买更适销对路的产品；另一方面，旅行社应及时、准确、全面地将旅游目的地各相关部门最新的发展和变化情况传递给旅游者，做好旅游者的向导与参谋，帮助旅游者做出适合自己的选择。

三、旅行社的行业特点

（一）劳动密集

旅行社属于劳动密集型企业。旅行社出售的产品，无论是单项产品还是综合性产品，都要在其中附加本企业的服务。旅行社的全部生产经营活动都表现为人的劳务活动，无须借助昂贵的大型机器设备来完成。因此，旅行社对劳动力的需求量较大。

（二）智力密集

旅行社员工承担的产品组合设计、游客旅行生活服务和导游讲解服务等工作，都要经过复杂的脑力劳动才能完成。这要求工作人员有广博的知识和较高的文化素质。旅行社的经营成功与否，在很大程度上取决于员工的知识水平和工作能力。我国的相关法规对旅行社的管理人员和导游人员的从业资格和学历都提出了明确的要求，同时对从业人员的继续教育也做了规定，从不同层面保障旅行社从业人员的素质水平。

（三）关联性

旅游产品的综合程度较高，旅行社的存在与发展离不开相关企业的协作。旅行社必须在确保自身利益的前提下，与其他旅游行业及相关行业进行广泛联络，以建立一个完善的旅游服务供给网络，从而完成经营所需的各项服务。例如在旅游产业链上，旅行社行业必须紧密联系交通、住宿、餐饮等上游行业，采购各种相关服务。

（四）不稳定性

不稳定性突出体现在旅行社更容易受到众多因素的影响和制约，主要表现在：旅游需求的季节性、旅游者消费行为变化、旅游上游企业供给影响以及难以预料的自然和社会突发事件，都会给旅行社造成直接或间接的损失。尽管如此，旅游业在国民经济中的重要地位使其成为国家或者地区积极恢复发展的行业。

综上所述，这些特点使旅行社经营难度大为提高，与一般企业相比，旅行社的经营更具有挑战性。

◎ 知识点2　旅行社的业务

一、旅行社的分类

（一）我国旅行社的分类

微课 1-1-2

国内旅行社的分类

我国旅行社的分类制度历经了三个阶段的演变。1985年国务院颁布实施的《旅行社管理暂行条例》中规定按经营业务范围的不同，将旅行社分为一类社、二类社和三类社。1996年国务院颁布实施的《旅行社管理条例》中规定按照经营业务范围分为国际旅行社和国内旅行社。2009年国务院颁布实施的《旅行社条例》在名称上不再区分为国内旅行社和国际旅行社，但仍然按有无出境业务范围把旅行社分为两类，2016年修订的《旅行社条例》沿用至今。随着我国旅行社市场化进程不断深入，旅行社的分类方式也在不断变化。

1.按经营业务范围划分

2016年修订实施的《旅行社条例》和《旅行社条例实施细则》中将我国旅行社分为两大类：

（1）经营国内旅游业务和入境旅游业务的旅行社。国内旅游业务，是指旅行社招徕、组织和接待中国内地居民在境内旅游的业务。入境旅游业务，是指旅行社招徕、组织、接待外国旅游者来我国旅游，香港特别行政区、澳门特别行政区旅游者来内地旅游，台湾地区居民来大陆旅游，以及招徕、组织、接待在中国内地的外国人，在内地的香港特别行政区、澳门特别行政区居民和在大陆的台湾地区居民在境内旅游的业务。

（2）经营国内旅游业务、入境旅游业务和出境旅游业务的旅行社。与上一类旅行社不同，这里的出境旅游业务是指旅行社招徕、组织、接待中国内地居民出国旅游，赴香港特别行政区、澳门特别行政区和台湾地区旅游，以及招徕、组织、接待在中国内地的外国人、在内地的香港特别行政区、澳门特别行政区居民和在大陆的台湾地区居民出境旅游的业务。

此外，边境旅游业务和赴台湾地区旅游业务须按相应规定另行申请。

2.按产品服务角色划分

旅行社根据在旅游产品服务中扮演的角色不同，可分为组团旅行社和地接旅行社。这是由其在旅游服务中所起的作用不同决定的。

知识链接 1-1-3

组团社与地接社的关系

（1）组团旅行社。组团旅行社是指组织、招徕旅游者去异地参加旅行游览等活动并提供全程导游服务的旅行社，也称组团社。

（2）地接旅行社。地接旅行社是指负责安排、接待旅游者在当地的参观游览等活动，并提供地方导游服务的旅行社，也称地接社。

随着旅行社经营业务的不断优化，旅行社的类型趋向市场化和专业化。在市场竞争中出现了多种新类型：综合类旅行社，其既负责产品生产，又通过线上线下多渠道将产品销售给普通消费者或其他旅行社（即同业），既有组织旅游团业务，又有接待旅游团业务；同业批发旅行社，只负责产品生产，并将产品出售给同业而不是普通消费者；专项业务旅行社，专门针对老年、学生、亲子、研学等细分市场进行产品生产，出售给相应消费者群体。

案例共享1-1-2　　暑期旅游“发车”，产品换代“提速”

2022年暑期将近，江苏旅行社已提前谋划产品线路，旅游咨询量也同比上升。市民旅游出行意愿高涨，毕业旅行、暑假游和避暑游市场火热。《江南时报》记者为此采访了中国国旅（江苏）公司的负责人关于该旅行社的准备情况。

首先在线路上，旅行社选择了一些有特色的景点；其次是根据游客的要求，在团员选择、线路选择、时间长短、交通工具、住宿及餐饮标准上“按需定制”。中国国旅（江苏）公司精心选取甘肃、青海最具代表性的王牌旅游景点，打造“醉美青甘”8日游的“西遇记”项目，2人起订、8人封顶的小包团，团期从7月到8月。此外，还有内蒙古草原、伊犁大环线等项目，可以满足不同顾客的需求。“有一个客户要到天目湖去玩，但那里所有的五星级酒店都不让带宠物，而他觉得狗就像家人一样，出去玩也想带着。于是我们给他定制了家庭游，找到一个别墅酒店包给他们一家人。我们还帮他解决了带狗旅游的所有问题。”中国国旅（江苏）公司的负责人对记者说道。

针对研学游，中国国旅（江苏）公司打造了新品牌“走读南京”系列，系列包含多种项目，如劳动体验、户外观察、手工制作等。最近旅行社给一家学校策划了一个“芒种”项目，通过一些活动让学生们了解二十四节气。

“此外，我们还设计了夏令营、冬令营，把一个公园承包下来，里面有正规的餐厅，有别墅式的酒店。我们每年都策划这类项目，还会请一些老师到户外教学生，带孩子们品尝美食、种树等。”

目前，周边游、就近游成为游客的主流选择，中国国旅（江苏）公司推出了周边短线游，如浙江、安徽等周边线路和产品，其中具有代表性的是安徽的“晒秋系列”项目。该旅行社负责人介绍，皖南屯溪一带有很多乡村，每到秋天就会晒辣椒、玉米、柿子等农作物，这些农作物五颜六色，铺陈开来很美，很适合拍照，这一特色项目也吸引了不少游客去观光体验。

资料来源 张姣姣. 暑期旅游“发车” 市场复苏“提速”[N]. 江南时报，2022-07-18（1）.

思考：近些年，旅行社的业务出现了哪些新变化？

（二）国外旅行社的分类

以欧美旅行社为例，人们根据业务范围将旅行社分为旅游批发商、旅游经营商和旅游零售商三类。

1. 旅游批发商

这类旅行社大批量订购交通运输公司、饭店、旅游景点和目的地的旅游接待服务等产品和服务，并将这些单项产品或服务加工组合成包价旅游产品，通过从事零售业务的中间商出售给旅游者。其利润源于旅游产品的批零差价和组合旅游产品产生的利润。旅游批发商一般实力雄厚、规模较大。

2. 旅游经营商

这类旅行社的业务与旅游批发商相似，不同之处在于，旅游经营商通常自行设计产品并提供服务。除了通过从事零售业务的中间商销售自己的产品外，还通过自己设立的零售网络直接向旅游者销售各种包价旅游产品。旅游经营商一般从事实地接待业务。

3. 旅游零售商

这类旅行社向旅游批发商或旅游经营商购买旅游产品，直接出售给旅游者或为其购买旅游产品提供便利条件。旅游零售商的收入源于销售佣金。

二、旅行社基本业务

微课 1-1-3 旅行社基本业务

旅行社的基本业务是旅行社具体职能的体现。虽然旅行社的类型和经营范围存在差异，但基本业务相同，大致分为以下四个方面：

（一）产品设计与开发业务

旅行社在充分调研的基础上，科学地进行市场预测分析，结合旅行社自身的特点和条件，设计、开发旅游产品，并不断对产品进行完善。设计出适合旅游者需要的产品是旅行社提供服务的前提，更是旅行社生存和发展的基础。

（二）产品销售业务

旅行社根据内外部环境制定产品销售战略，通过目标市场锁定销售渠道，根据经营目标确定产品销售价格，选择适当的促销手段将旅行社产品的信息及时传递到市场，吸引消费者购买。旅行社只有把自己的旅游产品成功销售给旅游者，才能获得所期望的利润。

（三）服务采购业务

旅行社在落实旅游产品的过程中向相关旅游服务供应商采购各种旅游服务项目，

以便为旅游者提供完整的服务。旅行社的采购业务主要涉及住宿、交通、参观游览、餐饮、娱乐、保险等部门以及旅游线路中的地接社。旅行社采购的服务项目的质量和价格，对旅游者的旅游体验、旅行社产品满意度和产品实际利润有很大影响。

（四）旅游接待业务

旅行社在游览行程中为旅游者提供向导、讲解和旅途照料等服务，在行程结束后为旅游者提供售后服务，并与旅游者建立长期合作关系。接待业务的涉及面广、技能要求高、操作难度大，它直接影响旅游者对旅游活动的感受和旅行社形象。

三、旅行社业务运行

（一）我国旅行社的业务运行

微课 1-1-4

旅行社行业不同分工体系分析

我国旅行社经过长期的市场经营活动，形成了传统的“组团—地接”业务运行模式，包括组团社设计开发、销售旅游产品，根据实际销售落实采购服务，组织团队发往旅游目的地，委托当地的旅行社进行接待。所有旅行社几乎都涉及生产、开发、营销、接待业务流程，属于水平分工体系。

（二）国外旅行社的业务运行

欧美国家旅行社的业务运行模式是旅游批发商、旅游经营商设计包价旅游产品后通过旅游零售商代理销售给旅游者，如图 1-1-1 所示。

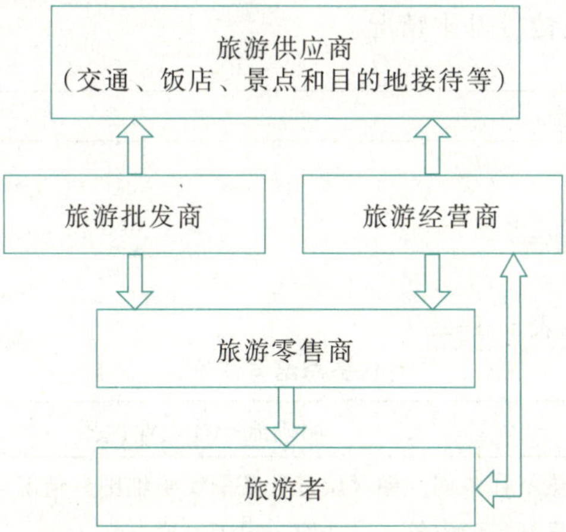

图 1-1-1　欧美国家旅行社的业务运行模式

从图 1-1-1 中可以看出，旅游批发商、旅游经营商与旅游零售商之间各司其职，是合作和依赖关系，属于垂直分工体系。

（三）我国旅行社业务运行的发展趋势

知识链接 1-1-4

信息技术在旅行社业务运作中的应用

1. 信息技术广泛应用于旅行社业务运作

旅行社利用各种各样的信息技术手段对业务流程模式进行革新，促进传统旅行社向现代旅行社转型，提高旅行社的信息服务能力，更好地完成对客服务。信息技术的运用为旅行社经营开辟了更加广阔的市场，并且促进了旅行社经营模式的变革。

2. 旅行社业务运作中的环节减少

信息技术的运用提高了旅行社的工作效率和管理水平。旅行社运用电子商务对外宣传和支持整个业务运作流程，替代了传统的外联和营销人员。网上预订和签约缩短了交易时间，节约了大量人力和物力成本。

3.“组团—地接”合作模式将逐渐被打破

传统旅行社依靠信息不对称获得利润，而互联网时代信息传递发达，透明度高，传统旅行社的信息优势不再，原有的业务合作方式不断受到OTA的竞争挤压。更灵活的电子商务交易模式受到旅行社行业内的欢迎。

任务实施

步骤一：通过网络查阅《旅行社条例》和《旅行社条例实施细则》，明确我国旅行社企业基本规定。

____

____

步骤二：通过网络调研、电话访谈和实地走访相结合，调查当地旅行社的企业类别和主要经营业务。

____

____

步骤三：根据企业特点，从当地旅行社中挑选典型代表分析其企业特点、主营业务、经营特色和市场地位等基本情况。

____

____

任务总结与评价

任务总结与评价见表1-1-2。

表1-1-2 任务总结与评价

工作任务	明确旅行社企业性质
任务检查	网络查阅《旅行社条例》和《旅行社条例实施细则》情况 ○优秀 ○良好 ○中等 ○一般 ○未完成
	网络调研、电话访谈和实地走访当地旅行社企业情况 ○优秀 ○良好 ○中等 ○一般 ○未完成
	分析当地典型旅行社情况 ○优秀 ○良好 ○中等 ○一般 ○未完成
工作成果	
自我评价	
教师评价	
备注	（任务检查中未完成部分情况说明）

项目小结

本项目从宏观上回顾了国内外旅游业和旅行社业的发展进程，根据行业发展现状探讨了未来发展趋势，从微观上聚焦旅行社基本类型、业务内容和运行模式，提供全面认知旅行社企业形态的常识，为学生完成旅行社行业调研工作任务和明确旅行社企业性质提供理论基础，训练了学生对旅行社行业发展的洞察力和企业发展的分析和判断力。

项目测试

一、选择题

1. 我国第一家旅行社是（　　）。

A. 中国青年旅行社　　B. 上海商业储备银行旅行社

C. 香港中国旅行社　　D. 中国旅行社

2. 旅行社的经营成功与否，在很大程度上取决于员工的知识水平和工作能力。这体现了旅行社行业的（　　）特点。

A. 劳动密集　　B. 智力密集　　C. 关联性　　D. 脆弱性

3. 旅行社提供服务的前提是做好（　　）业务，这是旅行社生存和发展的基础。

A. 产品设计与开发　　B. 产品销售

C. 服务采购　　D. 旅游接待

4. 以下对组团社和地接社的关系描述正确的是（　　）。

A. 组团社的收入，一般来自全程服务所获取的综合服务费以及代收代付形成的利息

B. 接团社的收入，主要来自在当地采购各类旅游服务时从各旅游服务供应商那里获得批零差价或佣金

C. 组团社和地接社之间的角色不能相互转化

D. 组团社是“先收后付”

E. 地接社是“先垫后收”

5. 旅行社的基本职能包括（　　）。

A. 生产　　B. 销售　　C. 组织协调

D. 分配　　E. 信息传递

在线测评
1-1-1
选择题

二、简答题

1. 中国旅行社经历了哪些发展阶段？

2. 通过对当地旅行社行业的调研，谈谈当地旅行社未来的发展趋势有哪些。

3. 信息技术如何应用于旅行社的业务运行？

项目二 开办旅行社

◎ 学习目标

知识目标：

•了解影响旅行社设立的内外部因素和旅行社组织部门的构成；

•熟悉旅行社行业管理制度和旅行社组织部门管理及设计原则；

•掌握旅行社设立的条件和程序；

•掌握旅行社组织结构的基本模式。

能力目标：

•能够按流程办理旅行社的设立；

•能够根据旅行社类型的不同选择最佳的组织机构模式。

素养目标：

•培养学生的法治意识；

•培养学生对旅行社组织机构调整的适应性。

任务一 设立旅行社

任务导入

工作任务：模拟旅行社设立流程。

任务描述：经过一段时间的市场调研和对旅行社设立相关规定的咨询，几位同窗好友开始创办一家旅行社。按照规定完成旅行社设立的首次申报工作。

任务要点：取得法人资格；办理旅行社经营许可证；缴纳旅行社质量保证金。

必备知识

◎ 知识点1 旅行社设立应考虑的因素

一、影响旅行社设立的外部因素

所谓外部因素，是指旅行社自身无法控制而又必须受其约束的因素。影响旅行社设立的外部因素主要有以下两种：

（一）旅游业市场环境

1.旅游业的发展水平和趋势

一定时期国内外旅游业的发展水平和趋势，以及与之密切相关的某个地区旅游业的发展水平和趋势，会对区域内旅行社的设立产生至关重要的影响。首先，旅游业发展水平高，有稳定发展或不断增长的趋势，旅游客源就有保证。其次，良好的旅游业整体发展环境使为旅游者提供服务的各部门、各行业得到发展，为旅行社建立旅游服务协作网络提供了方便。

2.行业竞争现状和挑战

竞争现状是指区域内从事旅游经营业务的旅行社数量、规模和竞争程度等。旅行社之间的良性竞争有助于产品和服务质量的提升，促进旅游市场的繁荣发展。同时，也要关注一个地区旅行社的容量及竞争状态会给旅行社的设立带来机遇或挑战。

（二）国家有关政策和法律规定

任何企业都不能孤立于某个特定的社会环境之外，它要受所在国家和地方有关法律规定的限制。在设立旅行社之前，要仔细研究与旅行社的设立相关的政策和法律规定，在法律许可的范围内行事。我国对旅行社设立的法规主要包括申办者的从业经验、法定的注册资本、营业保证金和旅行社业务经营许可制度等。

（三）宏观环境

国民经济的发展状况、科学技术的应用、社会人口的结构数量变化、政治稳定、法治健全状况、国际合作和突发事件都会对旅行社行业造成重要影响，需要在设立旅行社之前充分考量。

案例共享 1-2-1　　旅游复苏，旅行机构加速线下门店布局

2023年，携程大力推进线下门店业务，加速线下店开业。4月18日，携程宣布近200家线下门店同时开业，半年签约新门店超过1 600家。携程首家门店于2017年3月开业，目前已经在28个省（直辖市）开设超过5 500家实体门店。

6月16日，同程旅行也启动了线下门店加盟计划，首批线下加盟门店正陆续在上海、江苏、浙江等省市落地，计划年内拓展到全国范围，争取2023年新开加盟旅游门店逾千家。

此外，中青旅、众信旅游等旅行社也在加速线下门店布局。截至6月，岭南商旅集团广之旅在广州市内新开11个线下服务终端，全国门店总数达到85家；5月，凯撒旅游首批10家线下零售门店正式在北京开门迎客；4月，众信旅游十余家北京零售门店齐开业。

资料来源　郑淯心．旅游复苏，旅行机构加速线下门店布局［EB/OL］．［2023-07-07］．http：//www.eeo.com.cn/2023/0707/597409.shtml.

思考：电商快速发展时代适合旅行社成立线下门店吗？开设旅行社还要考虑哪些因素？

二、影响旅行社设立的内部因素

内部因素是旅行社自身可以控制的因素。主要包括以下四个方面：

（一）资金筹措

在外部环境许可的前提下，要开设一家旅行社，首先面临的就是资金问题。我国《旅行社条例》对旅行社注册资本最低限额提出了明确要求。通常情况下，仅仅保证最低注册资金额度无法满足旅行社业务发展需要，这就要求旅行社根据自身实际情况确定资金的需要量，并通过多种渠道筹措资金。资金筹措的渠道主要有自有资金、合股资金和银行贷款。

（二）营业场所

知识链接 1-2-1

旅行社在选择营业场所时应考虑的因素

营业场所主要是指旅行社的设立者依法拥有的开展旅行社业务工作所必需的经营场地。旅行社要想正常经营，就需要有符合法律规定的营业场所。同时旅行社在选择营业场所时，既要符合旅行社业务经营需要，还要考虑自身发展壮大的需要。

（三）协作网络

旅游业发展水平稳步提高，需要旅行社联络相关行业、部门，使之成为合作伙伴，形成一张庞大的协作关系网，为旅游者提供便利的服务。协作网络的组织形式和规模，取决于旅行社的性质、业务范围和组织能力。

（四）客源渠道

知识链接 1-2-2

如何设计旅行社的名称和标识

客源是旅行社的生命线，在外部条件具备之后，旅行社需要搭建起行之有效的销售网络，保证旅行社有稳定的客源。客源组织情况将最终决定旅行社的经营状况及未来发展空间。

（五）人员准备

旅行社属于劳动和智力密集型企业，对从业人员的知识结构和文化层次要求较高，因此旅行社在设立之前要选定出符合规定的相关岗位人员。

◎ 知识点2　旅行社设立的相关规定

一、旅行社设立的条件

旅行社的设立是旅行社经营管理的起点。我国《旅行社条例》和《旅行社条例实施细则》对旅行社的设立条件有明确规定。

（一）取得法人资格

申请经营国内旅游业务和入境旅游业务的旅行社，应当取得企业法人资格，即获批“企业法人营业执照”。

（二）资金要求

设立旅行社需要有不少于30万元的注册资本。质量保证金根据旅行社经营业务范围不同，金额不同。

（三）经营场所

旅行社必须拥有与其旅游业务规模相适应的固定营业场所，即在较长的一段时间内能为旅行社所拥有或使用，而不是短期内频繁变动的营业场所。2016年修订的《旅行社条例实施细则》中规定，旅行社的经营场所应当符合下列要求：申请者拥有产权的营业用房，或者申请者租用的、租期不少于1年的营业用房；营业用房应当满足申请者业务经营的需要。

（四）营业设施

旅行社的营业设施应当至少包括下列设施、设备：2部以上的直线固定电话；传真机、复印机；具备与旅游行政管理部门及其他旅游经营者联网条件的计算机。

微课 1-2-1

旅行社设立条件和程序

（五）必要的经营管理人员和导游

旅行社在设立时应以具有旅行社从业经历或者相关专业经历的经理人员和计调人员作为经营管理人员，还要有规定数量和劳务关系的导游人员。例如不低于旅行社在职员工总数20%且不少于3名、与旅行社签订固定期限或者无固定期限劳动合同的持有导游证的导游。

二、旅行社设立的程序

按照《旅行社条例》及《旅行社条例实施细则》的要求，旅行社设立程序简称“先照后证”。

（一）办理“企业法人营业执照”

根据《旅行社条例》，旅行社申请人首先到市场监督管理部门办理“企业法人营业执照”，取得法人资格。目前，我国商事制度改革，简化企业登记流程，实行“三证合一”，就是将企业依次申请的工商营业执照、组织机构代码证和税务登记证三证合为一证，提高市场准入效率。

（二）办理“旅行社业务经营许可证”

1.准备相关申报文件

根据《旅行社条例》及《旅行社条例实施细则》的规定，设立旅行社必须先经营国内旅游业务和入境旅游业务。旅行社取得经营许可满两年，且未因侵害旅游者合法权益受到行政机关罚款以上处罚的，可以申请经营出境旅游业务。

旅行社申请经营国内旅游业务和入境旅游业务的，应当向省、自治区、直辖市旅游行政管理部门提交下列文件：

（1）设立申请书。内容包括申请设立的旅行社的中英文名称及英文缩写，设立地址，企业形式，出资人、出资额和出资方式，申请人、受理申请部门的全称、申请书名称和申请的时间；

（2）法定代表人履历表及身份证明；

（3）企业章程；

（4）经营场所的证明；

（5）营业设施、设备的证明或者说明；

（6）市场监督管理部门出具的“企业法人营业执照”。

旅行社申请出境旅游业务的，应当向国务院旅游行政主管部门提交经营旅行社业务满两年且连续两年未因侵害旅游者合法权益受到行政机关罚款以上处罚的承诺书和经市场监督管理部门变更经营范围的“企业法人营业执照”。

2.提交申请

（1）旅行社申请经营国内旅游业务和入境旅游业务的，应当向所在地省、自治区、直辖市旅游行政管理部门或者其委托的设区的市级旅游行政管理部门提出申请，并提交符合规定的相关证明文件。

旅游行政管理部门应当根据《旅行社条例》第六条规定的最低注册资本限额要求，通过查看企业章程、在企业信用信息公示系统查询等方式，对旅行社认缴的出资额进行审查。

受理申请的旅游行政管理部门可以对申请人的经营场所、营业设施、设备进行现场检查，或者委托下级旅游行政管理部门检查。

受理申请的旅游行政管理部门应当自受理申请之日起20个工作日内做出许可或者不予许可的决定。予以许可的，向申请人颁发旅行社业务经营许可证；不予许可的，书面通知申请人并说明理由。

（2）旅行社申请经营出境旅游业务的，应当向国务院旅游行政主管部门或者其委托的省、自治区、直辖市旅游行政管理部门提出申请，受理申请的旅游行政管理部门应当自受理申请之日起20个工作日内做出许可或者不予许可的决定。予以许可的，向申请人换发旅行社业务经营许可证；不予许可的，书面通知申请人并说明理由。

（3）旅行社申请经营边境旅游业务的，适用《边境旅游暂行管理办法》的规定。

（4）旅行社申请经营赴中国台湾地区旅游业务的，适用《大陆居民赴台湾地区旅游管理办法》的规定。

旅行社经营许可证样本如图1-2-1所示。

图1-2-1 旅行社经营许可证样本

图片来源 沈阳政务服务网．旅行社设立许可［EB/OL］．［2022-07-15］．http：//zwfw.shenyang.gov.cn/syzwdt/epointzwmhwz/pages/eventdetail/personaleventdetail？taskguid=84524f1d-59a9-4ec1-94e1-65c0489ba37a.

（三）存入质量保证金

知识链接 1-2-3 旅行社的分支机构

旅行社应当自取得旅行社业务经营许可证之日起3个工作日内，在国务院旅游行政主管部门指定的银行开设专门的质量保证金账户并存入质量保证金，或者向做出许可的旅游行政管理部门提交依法取得的担保额度不低于相应质量保证金数额的银行担保。

经营国内旅游业务和入境旅游业务的旅行社，应当存入质量保证金20万元；经营出境旅游业务的旅行社，应当增存质量保证金120万元。

三、旅行社行业管理制度

（一）旅行社业务经营许可证制度

旅行社业务经营许可证制度是指根据国务院旅游行政主管部门发布的规定，设立任何类型的旅行社，都必须向相关的旅游行政管理部门提出申请，管理部门对符合规定的单位准予许可并颁发证件。旅行社业务经营许可证及副本由国务院旅游行政主管部门制定统一样式，国务院旅游行政主管部门和省级旅游行政管理部门分别印制，由具有审批权的旅游行政管理部门颁发；旅行社业务经营许可证及副本损毁或者遗失的，旅行社应当向原许可的旅游行政管理部门申请换发或者补发；未取得旅行社业务营业许可证的，不得从事旅游业务。

旅行社设立之初申请的旅行社业务经营许可证允许的经营业务范围包括国内旅游业务和入境旅游业务。取得出境旅游业务许可后换发旅行社业务经营许可证。旅行社变更名称、经营场所、法定代表人等登记事项或者终止经营的，须换领或者交回旅行社业务经营许可证。

旅行社业务经营许可证上标注的许可经营业务可分为国内旅游业务、入境旅游业务和出境旅游业务，不同旅行社因其经营年限和经营状况不同，其许可权限也有所不同。旅行社应当将其业务经营许可证与其营业执照一起悬挂在营业场所的显著位置。

旅行社业务经营许可证不得转让、出租或者出借。

（二）旅行社质量保证金制度

旅行社质量保证金是指由旅行社缴纳，旅游行政管理部门管理，用于保障旅游者权益的专用款项。它是旅行社企业财产的一部分，在其终止经营时，旅游行政管理部门应退还保证金。质量保证金的利息属于旅行社所有。

旅行社应当在国务院旅游行政主管部门指定银行的范围内，选择存入质量保证金的银行。旅行社在银行存入质量保证金的，应当设立独立账户，存期由旅行社确定，但不得少于1年。账户存期届满1个月前，旅行社应当办理续存手续或者提交银行担保。旅行社存入、续存、增存质量保证金后7个工作日内，应当向做出许可的旅游行政管理部门提交存入、续存、增存质量保证金的证明文件，以及旅行社与银行达成的使用质量保证金的协议。

有下列情形之一的，旅游行政管理部门可以使用旅行社的质量保证金：

（1）旅行社违反旅游合同约定，侵害旅游者合法权益，经旅游行政管理部门查证属实的；

（2）旅行社因解散、破产或者其他原因造成旅游者预交旅游费用损失的。

人民法院判决、裁定及其他生效法律文书认定旅行社损害旅游者合法权益，旅行社拒绝或者无力赔偿的，人民法院可以从旅行社的质量保证金账户上划拨赔偿款。

旅行社自缴纳或者补足质量保证金之日起3年内未因侵害旅游者合法权益受到行政机关罚款以上处罚的，旅游行政管理部门应当将旅行社质量保证金的交存数额降低50%，并向社会公告。旅行社可凭省、自治区、直辖市旅游行政管理部门出具的凭证减少其质量保证金。

旅行社在旅游行政管理部门使用质量保证金赔偿旅游者的损失，或者依法减少质量保证金后，因侵害旅游者合法权益受到行政机关罚款以上处罚的，应当在收到旅游行政管理部门补交质量保证金的通知之日起5个工作日内补足质量保证金。

（三）旅行社公告制度

旅行社公告制度是指旅游行政管理部门对其审批设立的旅行社通过新闻媒体、相关政务网站向社会公开发布某类信息的制度。主要公告内容包括：旅行社业务经营许可证的颁发、变更、损毁或者遗失作废声明、吊销、注销情况，旅行社的违法经营行为以及旅行社的诚信记录、旅游者投诉信息等。

其中，旅行社违法经营或者被吊销旅行社业务经营许可证的，由做出行政处罚决定的旅游行政管理部门，在处罚生效后10个工作日内向社会公告。旅游者对旅行社的投诉信息，由处理投诉的旅游行政管理部门每季度向社会公告。

质量保证金存缴数额降低、旅行社业务经营许可证的颁发、变更和注销的，国务院旅游行政主管部门或者省级旅游行政管理部门应当在做出许可决定或者备案后20个工作日内向社会公告。

（四）旅行社劳动合同制度

旅行社与其聘用的经营人员应当签订书面合同，约定双方的权利义务。经营人员未经旅行社同意，不得披露、使用或允许他人使用其掌握的旅行社商业秘密。旅行社聘用导游人员、领队人员应当依法签订劳动合同，并向其支付不低于当地最低工资标准的报酬。

（五）旅行社监督检查制度

旅行社的监督检查制度主要包括旅行社的监督制度和统计调查制度。

1.旅行社监督制度

旅行社及其分社应当接受旅游行政管理部门对其旅游合同、服务质量、旅游安全、财务账簿等情况的监督检查，并按照国家有关规定向旅游行政管理部门报送经营和财务信息等统计资料。

旅行社损害旅游者合法权益的，旅游者可以向旅游行政管理部门、市场监督管理部门、价格主管部门、商务主管部门或者外汇管理部门投诉，接到投诉的部门应当按照其职责权限及时调查处理，并将调查处理的有关情况告知旅游者。

2.旅行社统计调查制度

旅游统计调查包括基层统计报表、部门统计报表、专业统计报表、旅游抽样调查和旅游统计分析等，其中基层统计报表涵盖旅行社、饭店、旅游景区等。统计调查表由旅游单位基本情况、旅行社外联接待入境旅游情况、旅行社组织出境旅游情况、旅行社组织接待国内旅游情况、旅行社财务状况五张报表组成，其中中间三张为季度报表，前后两张为年度报表。

（六）旅行社业务档案制度

旅行社业务档案是指旅行社组织旅游者出游、接待旅游者、提供旅游服务等业务活动所形成的有价值的文字、图表、声像等历史记录。旅行社业务档案文件类别应规范编号。旅行社按照一团一档的要求，建立规范统一的业务档案，业务档案主要包括团队旅游合同、行程单、游客信息（包括联系电话）、与地接社（或组团社）业务往来确认单、游客意见反馈表及其他相关资料，保存期不能少于2年。所有旅游团队必须登录“全国旅游团队服务管理系统”。同时，还要建立与相关旅游服务提供者及地接社签订的合同档案，用规范化的管理提升旅行社管理水平。

（七）旅行社责任险制度

《旅行社条例》规定，旅行社应当投保旅行社责任险。旅行社责任险，是指以旅行社因其组织的旅游活动对旅游者和受其委派并为旅游者提供服务的导游或者领队人员依法应当承担的赔偿责任为保险标的的保险。此外，2011年施行的《旅行社责任保险管理办法》中也明确规定了投保和赔偿等内容。

育德启智1-2-1 **网络经营旅行社业务企业检查内容**

对在线经营旅行社业务相关企业进行业务检查时，执法人员可以重点检查下列内容：

（1）通过网络经营旅行社业务的经营者，是否取得旅行社业务经营许可证。

（2）旅行社通过网络从事旅行社业务经营的，是否在网站或者产品主页面公布旅行社的名称、法定代表人、许可证编号、经营范围、营业地址、联系方式、旅游部门的投诉电话等信息；网络交易平台提供者为旅行社或者其分社、服务网点提供旅行社产品的交易服务的，是否审核在其平台公布的上述相关信息。

（3）网络交易平台发布的包价旅游产品是否存在“不合理低价”、超出许可经营范围等违法违规行为。

（4）网络交易平台发布的包价旅游产品合同内容是否符合法律法规的规定。

（5）网络交易平台明知或者应知旅行社业务经营者利用其平台侵害旅游者合法权益的，是否采取必要措施。

（6）法律、法规、规章、标准等规定的其他要求事项。

资料来源 中华人民共和国文化和旅游部. 旅游市场监督检查操作指南［S］. 2018.

学有所悟：党的二十大报告指出，“扎实推进依法行政”“转变政府职能，优化政府职责体系和组织结构”“深化行政执法体制改革，全面推进严格规范公正文明执法，加大关系群众切身利益的重点领域执法力度，完善行政执法程序，健全行政裁量基准”。旅游行政管理部门针对旅行社新业态及时推出公开透明的监督检查项目，建立健全我国旅行社行业管理制度，保障旅行社行业的快速、良性发展。

任务实施

步骤一：确定旅行社企业产权形式及办理营业执照时所需信息，办理企业法人营业执照。

____

____

步骤二：准备相关材料，填写表1-2-1至表1-2-6，完成旅行社设立的申报工作，办理旅行社经营许可证。

表1-2-1 设立旅行社审批单

申请设立 旅行社名称	
英文名称	
地址及邮编	
投资人	

续表

法定代表人		联系电话	
总经理		联系电话	
旅行社电话		传　真	
申报材料及说明	□符合要求　□不符合要求　简要说明：		
现场检查情况及说明	□符合要求　□不符合要求　简要说明：		
许可证号码	L-LN	批准文件号	〔　〕　号
经办人： 年　月　日		复核人： 年　月　日	
审批人： （公章） 年　月　日			

表 1-2-2　　设立旅行社申请书

××市文化和旅游局：

本公司已于______年______月____日经____________市场监管局批准成立，统一社会信用代码为____________________。本公司以有限责任公司方式设立，投资总额为________万元人民币。主要投资者及其投资额、出资方式为：

例：1.投资人全称 以货币（或财产抵押、技术入股）形式出资多少，所占百分比为____%

2.

3.

现向贵局申请经营国内旅游业务和入境旅游业务，并承诺：1.在获得设立批复后3日内在指定银行缴存旅游服务质量保证金贰拾万元人民币；2.取得旅行社经营许可证后及时投保旅行社责任险；3.依法诚信经营，违法失信经营后将自愿接受约束和惩戒。

特此申请，请给予审批！

申请单位盖章：　　　　　　法定代表人签字：

年　月　日

表 1-2-3　**法定代表人履历表**

<table>
<tr><td>姓名</td><td></td><td>性别</td><td></td><td>出生年月</td><td></td><td rowspan="4">（2寸照片）</td></tr>
<tr><td>民族</td><td></td><td>文化程度</td><td></td><td>专业</td><td></td></tr>
<tr><td colspan="2">参加工作时间</td><td colspan="4"></td></tr>
<tr><td colspan="2">从事的主要工作</td><td colspan="4"></td></tr>
<tr><td>职称</td><td></td><td colspan="2">证书名称及号码</td><td colspan="3"></td></tr>
<tr><td colspan="2">身份证号码</td><td colspan="3"></td><td>联系电话</td><td></td></tr>
<tr><td colspan="2">通信地址及邮编</td><td colspan="5"></td></tr>
<tr><td rowspan="7">从事旅游及相关工作经历</td><td>起止年月</td><td colspan="3">工作单位</td><td colspan="2">职务</td></tr>
<tr><td></td><td colspan="3"></td><td colspan="2"></td></tr>
<tr><td></td><td colspan="3"></td><td colspan="2"></td></tr>
<tr><td></td><td colspan="3"></td><td colspan="2"></td></tr>
<tr><td></td><td colspan="3"></td><td colspan="2"></td></tr>
<tr><td></td><td colspan="3"></td><td colspan="2"></td></tr>
<tr><td></td><td colspan="3"></td><td colspan="2"></td></tr>
</table>

填表说明：法人需附身份证复印件。

表 1-2-4　**旅行社必要人员备案表**

☐总经理　☐计调　☐导游员

<table>
<tr><td>姓 名</td><td></td><td>性 别</td><td></td><td>出生年月</td><td></td></tr>
<tr><td>民 族</td><td></td><td>政治面貌</td><td></td><td>文化程度</td><td></td></tr>
<tr><td colspan="2">参加工作时间</td><td colspan="4"></td></tr>
<tr><td colspan="2">从事的主要工作</td><td colspan="4"></td></tr>
<tr><td colspan="2">身份证号码</td><td colspan="2"></td><td>联系电话</td><td></td></tr>
<tr><td rowspan="7">从事旅游及相关工作经历</td><td>起止年月</td><td colspan="3">工作单位</td><td>职务</td></tr>
<tr><td></td><td colspan="3"></td><td></td></tr>
<tr><td></td><td colspan="3"></td><td></td></tr>
<tr><td></td><td colspan="3"></td><td></td></tr>
<tr><td></td><td colspan="3"></td><td></td></tr>
<tr><td></td><td colspan="3"></td><td></td></tr>
<tr><td></td><td colspan="3"></td><td></td></tr>
</table>

填表说明：

1.本表可复印多页（总经理、计调各1名，导游3名），其中计调、导游必须独立，不可兼多职。

2.总经理、计调需附身份证复印件，导游需附导游身份标识卡或电子导游证截图（关系需转至沈阳市旅游协会）及劳动合同复印件。

表1-2-5　旅行社营业场所和设施设备情况表

<table>
<tr><td colspan="3">营 业 场 所 信 息</td><td colspan="2">□自有　□租赁</td></tr>
<tr><td>营业面积</td><td colspan="2"></td><td>租期</td><td></td></tr>
<tr><td>地　址</td><td colspan="2"></td><td>邮编</td><td></td></tr>
<tr><td colspan="5">营业场地证明文件附后
1.营业用房属于自己的，请提供房产证明；
2.营业用房是租赁的，请提供租赁合同及房产证或原房产买卖合同，租期不少于1年；
3.办公设施设备需具备2部直线固定电话、传真机、复印机、具备与旅游行政管理部门及其他旅游经营者联网条件的计算机。

单位盖章
年　月　日</td></tr>
<tr><td colspan="5">现场检查记录表</td></tr>
<tr><td colspan="2">检查结果</td><td colspan="3">不合格说明理由</td></tr>
<tr><td colspan="2">□合 格　□不合格</td><td colspan="3"></td></tr>
<tr><td>申请人
签 字</td><td>年　月　日</td><td>检查人
签 字</td><td colspan="2">年　月　日</td></tr>
</table>

表1-2-6　办公设备清单

旅行社名称（公章）：

序号	名称型号规格	品牌	数量
1			
2			
3			
4			
5			
6			
7			
8			
9			
10			

步骤三：根据相关规定，缴纳足额质量保证金。

____

____

任务总结与评价

任务总结与评价见表1-2-7。

表 1-2-7　　任务总结与评价

工作任务	模拟旅行社设立流程
任务检查	办理经营许可证情况 ○优秀　○良好　○中等　○一般　○未完成
	办理旅行社经营许可证情况 ○优秀　○良好　○中等　○一般　○未完成
	交纳旅行社质量保证金情况 ○优秀　○良好　○中等　○一般　○未完成
工作成果	
自我评价	
教师评价	
备注	（任务检查中未完成部分情况说明）

任务二　设计旅行社组织结构

任务导入

工作任务：设计旅行社组织结构。

任务描述：同窗好友申请的旅行社获得批准，大家商讨旅行社内部组织部门的设置和运行结构，最终确定了旅行社的组织结构框架。

任务要点：旅行社组织部门设置；旅行社组织结构模式。

必备知识

◎ 知识点 1　旅行社组织部门

一、旅行社组织部门构成

旅行社组织是旅行社为完成特定的目标和任务，按照一定的原则建立起来的企业内部管理体系。它是企业围绕自己的目标和任务，在责、权、利统一的基础上对生产与经营活动进行分工、协调、指挥、监督、控制的过程。旅行社组织部门设置是否合理，在很大程度上决定了旅行社能否高效地运作。

案例共享1-2-2　　天天国际旅行社部门设置及职能

天天国际旅行社有限公司的主要业务有：接待入境游客；办理中国公民国内旅游，承办各种特色的专线旅游；组织中国公民出境旅游，代办护照、出境签证；代订酒店及国际、国内机票等。根据业务范围，该社设置了不同的部门，负责不同的业务，其中既有分工，又有合作，各部门职责明确。

思考：天天国际旅行社可以划分出哪些部门，举例说明部门之间应该如何分工、合作？

（一）部门基本划分

旅行社的经营范围、规模以及业务重点不同，组织部门的划分也有差别。一般情况下，我们可以将旅行社的部门划分为业务部门和职能部门两大类。

1.业务部门

业务部门称为旅行社的一线部门，保证旅行社业务在各环节上的正常运行。业务主要包括外联部、计调部、接待部等。

2.职能部门

职能部门不直接参与旅行社的业务活动，而是为业务部门服务、执行专门管理职能的部门。职能部门一般不拥有对业务部门及其下属部门进行业务指挥的权力，除非接受了总经理的授权负责某些业务工作。职能部门主要包括人力资源部、财务部、办公室等。

（二）部门基本职责

不同的旅行社对部门具体工作内容的分配存在差异，但基本职责大体相似。

1.外联部

旅行社外联部就是负责与客户（包括旅游者、旅游中间商和其他旅行社）联络的部门。外联部的职责是通过市场分析，设计开发旅行社线路产品并直接销售，同时不断扩大业务范围及业务量。团队返回后，及时收集客人和导游的反馈信息。

2.计调部

计调部对外代表旅行社同旅游供应商（上下游企业）建立广泛的协作网络，签订有关协议，取得代办人身份，以保证提供旅游者所需的各项产品和服务，并协同处理有关计划变更和突发事件；对内作好联络和统计工作，为旅行社业务决策和计划管理提供信息服务。

3.接待部

接待部由不同片区的导游人员为主体，主要负责接待计划的制订与落实，为旅游者（旅游团）提供导游和陪同服务。接待部是旅行社的重要部门之一，它同外联部、计调部并列为旅行社的三大核心部门，直接承担着对旅游者（旅游团）的各项具体业务，是旅行社整个管理工作成败和事业发展的关键。

4.办公室

办公室负责旅行社的行政管理和日常事务，协助领导做好各部门之间的综合协调，加强对各项工作的督促和检查，建立并完善各项规章制度，促进公司各项工作的规范化管理；负责旅行社内外部的联系以及上传下达工作；负责旅行社内外来往文电的处理和文书档案的管理工作，对会议、文件决定的事项进行跟踪、检查与落实；负责购置、保管、收发办公用品及旅游纪念品，并做到清正廉洁。

5.财务部

财务部负责旅行社财务的直接管理，对旅行社的经营活动起着至关重要的作用，会计对资金的供应、回收、监督和调节负主要责任；对团队接待各个环节的资金使用实施监督，把好报账结算关；采取预防措施，处理好欠款、坏账、呆账；做好成本管理与监督；督促业务部及计调部对成本进行多层次控制，尤其对间接成本要做到心中有数；与银行、税务、市场监督管理、物价等部门建立健康和谐的关系；及时缴纳税金、提供报表或所需数据，理顺债务管理的各个环节；财务人员应按财务管理制度管账，做到日清月结，账目清楚，合理准确。

6.人力资源部

人力资源部参与公司招聘、培训、绩效管理、考勤等基础事项，并负责整理归档工作；负责员工离职手续的办理及员工保险办理；负责人员招聘，通过多种渠道为公司寻求合适的人才，保障公司合格的人力供给；熟悉各劳动力市场招聘情况，熟悉劳务人员招聘模式，维护招聘渠道并开发新渠道；执行人力资源管理各项事务的操作流程，监督各类规章制度的实施；完成领导交办的其他工作内容。

二、旅行社组织部门的管理

旅行社组织的各项工作任务都不是一个人能够完成的，必然要分配给组织各成员，各成员承担的任务组合起来就能够实现旅行社组织的目标。旅行社组织管理的主要任务就是借助职权关系和纵向的沟通，把各部门联系在一起，即整合部门的工作，确保组织目标的实现。旅行社的组织管理模式主要包括三种。

（一）总经理负责制

总经理负责制是指旅行社的总经理对旅行社的经营管理全面负责的制度。对外，总经理是旅行社的法定代表人，代表旅行社进行经济交往和民事法律活动；对内，总经理是旅行社经营管理的决策者和指挥者。

实行总经理负责制是旅行社在一定市场经济条件下的客观要求。随着旅游业的发展，旅行社的内部分工越来越细，部门间的协作越来越重要，这就要求有一个指挥中枢实行高度集中统一的领导。同时，旅行社市场瞬息万变，旅行社之间竞争日益激烈，旅行社只有及时捕捉信息，做出准确的决策，有效地采取行动，才能在竞争中获胜。要做到这一点，离不开高度集中统一的领导。具体来说，旅行社的总经理至少应负责重大问题决策、人事和财务工作。

（二）岗位责任制

岗位责任制是指旅行社将上级主管部门下达的任务分解落实到每个业务经营部门与岗位。为了提高部门的工作效率，旅行社采用经验或科学的方法测定与估算单位时间的工作量，并以此为依据定编定岗，确保每个岗位成员满负荷工作。部门与员工的工作在一定程度上与工资和奖金直接相关。

旅游需求的波动性和旅游服务的个性化，导致部门与员工工作量和服务质量的标准很难确定，进而制约着岗位责任制在旅行社的推行。同时，岗位责任制自身也存在一些弊端：一是管理只是少数人的事，组织管理活动常常增加了管理者与被管理者之间情感的隔阂与障碍，使管理者陷入孤立和矛盾的旋涡；二是岗位责任制的中心是岗位责任，不改变原有的分配制度就难以真正调动职工的积极性。

（三）目标责任制

目标责任制与岗位责任制相比具有明显的进步，这主要表现在：部门成为利润中心而非单纯的责任中心，利润指标被分解落实到各个部门，与分配之间联系更为密切。企业部分经营管理权相应下放到部门，部门活力增强。

目标责任制也存在不足：一是各部门之间的利益关系日益复杂，特别是职能部门职工的积极性遭到打击；二是部门间条件的差异掩盖了部门间分配的不平等，影响了员工工作的积极性；三是难以有效地对下放给部门的权力进行约束与控制。

◎ 知识点2 旅行社组织结构

一、旅行社组织设计原则

（一）目标原则

旅行社在进行组织设计时应该符合旅行社经营目标，以事建机构，并明确其职能、任务和工作量，再配置必需的人员，而不是因人设岗，因岗找事。旅行社的每个部门和岗位都应该与本企业的宗旨和目标相关联，建立一个有机整体，为旅行社总目标的实现提供保障。经营业务范围不同的旅行社，其组织机构设置也会不同，例如申请取得出境旅游业务的旅行社会在机构中增设国际部或出境部。

（二）分工协作原则

旅行社组织内的各部门之间以及各部门的内部，都必须相互配合、相互协调地开展工作，这样才能保证整个组织活动的步调一致，否则组织的职能将受到严重影响，旅行社整体目标也难以完成。在旅行社为游客提供的服务中，几乎没有哪一项服务能够靠一个部门或一个岗位完成。旅行社经营成功是各部门互相协作的结果。旅行社应根据自己的业务范围和工作性质，进行适当的部门划分和岗位设置。

（三）集权分权原则

旅行社组织中权力的集中与分散，可以通过统一领导与分级管理来实现。集权在于建立旅行社管理者的权威，在组织中实行集中统一领导，坚决杜绝多头管理和管理盲区的现象。分权在于减轻高层管理者的工作压力，集中精力研究和决断重大问题，同时可以充分发挥、调动下属的工作积极性，也是对下级的莫大激励。权力的集中与分散要把握好尺度，使旅行社业务活动有秩序、按目标进行。

（四）权责对等原则

权是指职务范围内的管理权限，责是指担任某职务时所应履行的义务。旅行社部门岗位的职责不是像职权那样授予的，而是应该履行的义务。职权应与职责相符，职责不可以大于也不可能小于所授予的职权。职权、职责和职务是对等的，如同一个等边三角形三边等值一样，如一定的职务必有一定的职权和职责与之相对应。

（五）管理跨度原则

所谓管理跨度，是指一个管理者能够直接有效地指挥控制下属的人数。一般情况下，旅行社组织的管理层次多少是由企业拥有员工的情况决定的。一个管理者具体能领导多少人取决于管理者的管理水平、工作的复杂性和标准化程度，以及下属的自我管理水平与素质等。在我国，由于大多数旅行社规模较小，业务并不复杂，因此，旅行社组织机构的层次不多，管理跨度相对较大。

（六）稳定性与适应性相结合原则

这一原则要求企业组织机构既要有相对的稳定性，不能频繁变动，又要随外部环境及自身需要做相应调整。旅行社员工对各自的职责和任务越熟悉，工作效率就越高。组织机构变动频繁会打破旅行社相对均衡的经营状态，接受和适应新的组织机构会影响工作效率。但是，市场环境和企业自身都是动态变化的，旅行社组织机构也需要调整和变革，才会充满活力，提高效率。

案例共享 1-2-3　　中青旅的发展历程

中青旅是中国旅游行业改革开放的见证者。1980年，经党中央批准，中青旅成为我国改革开放后创立的首家旅行社类企业；1997年，中青旅成为行业首家完整旅游概念的A股上市公司；2017年年底，按照中央群团改革精神，中青旅从共青团中央整体划转至中国光大集团，列入光大集团一级直属企业序列，成为一家拥有中央大型金融控股集团发展背景的旅游类上市公司，公司的实际控制人也由共青团中央变更为国务院。

中青旅是中国旅游行业商业模式的开拓者。创立40余年来，中青旅将国有背景与市场化机制有机融合，不断推进旅游产业价值链的整合与延伸，在文旅运营、主题景区、整合营销、酒店管理、观光度假、差旅管理、旅游客运、智慧文旅等领域具有较强的竞争优势。中青旅旗下拥有乌镇、古北水镇、遨游网、中青博联、山水时尚酒店、中青旅博汇、中青旅联科、中青旅文旅、中青旅研学、耀悦等一系列知名企业和业务品牌，在北京、上海、广州、深圳、天津、杭州、南京、武汉、郑州、重庆、西安、乌鲁木齐、厦门、青岛、太原、南宁、香港、东京、大阪、温哥华、亚的斯亚贝巴等海内外核心城市设有分支机构。

资料来源　佚名. 中青旅简介 [EB/OL]. [2023-07-25]. https://www.cyts.com/about/brief/.

思考：从中青旅发展历程中可以看出企业的组织机构呈现哪些变化趋势？

二、旅行社组织结构的基本模式

我国现旅行社组织结构常用模式包括直线制、直线职能制和事业部制三种。

动画 1-2-1

建立恰当的旅行社组织结构

（一）直线制组织结构

这种组织结构模式是将旅行社企业的命令和信息，从企业的最高层到最底层垂直下达和传递，管理人员集各种所需的管理职能于一身，统一指挥，兼顾多种业务，如图1-2-2所示。

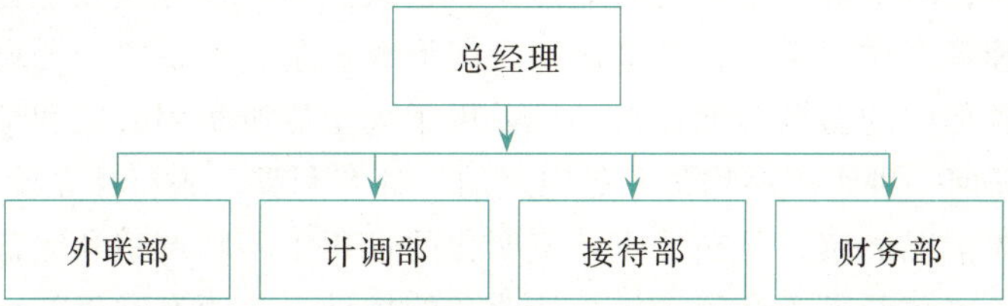

图 1-2-2　旅行社直线制组织结构图

知识链接
1-2-4

直线制组织结构在小型旅行社中的应用

直线制组织结构的优点：结构简单，权力集中，指挥与命令统一，工作效率高。它的缺点：缺乏合理分工，不利于同级协调与联系，总经理工作负担过重，经常处于忙乱的状态。直线制组织结构模式一般只适用于员工较少的旅行社。

（二）直线职能制组织结构

这种组织结构模式是在善于控制的直线制组织结构的基础上，根据旅行社内部生产过程构建的，即在总经理下设置相应的职能部门，实行总经理统一指挥与职能部门参谋、指导相结合的结构形式。职能部门不直接指挥业务部门，但可以起到为旅行社的经营管理提供决策咨询与监督指导的作用。直线职能制旅行社组织结构如图 1-2-3 所示。

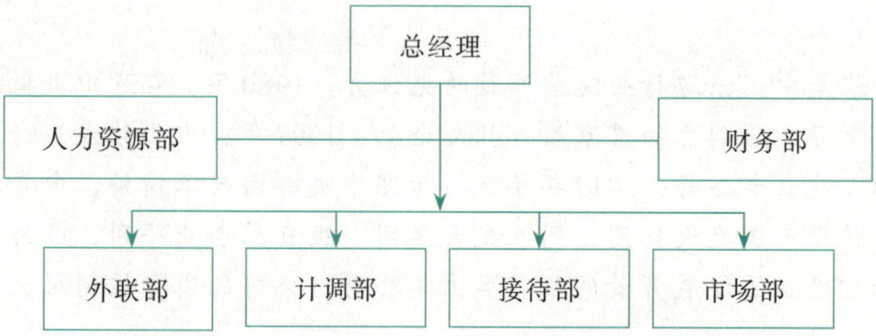

图 1-2-3　直线职能制旅行社组织结构图

直线职能制组织结构的优点：权力高度集中，上下级之间实行单线联系，有利于信息快速传递和提高工作效率；部门责权分明，每个部门都有明确的业务分工，每位成员对自己的任务都有明确的了解；设置财务部、人力资源部等部门，有利于充分发挥专业人才的知识和才能。它的缺点：各业务部门相对独立，容易从本部门利益出发去考虑问题，从而削弱旅行社实现整体目标的能力；各部门利益分配不均，容易引起冲突，增加了部门之间协调的难度。

这种组织结构比较适合中、小型企业或产品品种单一的旅行社，对于产品种类繁多、多角化经营的大企业不太适用。

（三）事业部制组织结构

这种组织结构模式是一种由直线职能制演变而来，更趋向于分权管理的现代旅行社组织结构模式，即将旅行社业务部门设置成若干个与细分市场有关的事业部，授予其营利的权责，由其独立负责细分市场范围内产品设计、外联组团、采购接待的“一条龙”过程，如图1-2-4所示。事业部制有按产品划分的，也有按地区划分的。

事业部制组织结构的特点是“集中决策，分散经营”。其优点有：管理高层可集中精力研究企业战略方针；事业部可发挥主动性；有利于业务专业化发展；有利于培训全面管理人才；减少部门之间的内部冲突。其缺点是：资源重复配置，成本费用增加；对部门管理者素质要求高；各事业部之间形成竞争，忽视整个公司利益。一般而言，这种结构各部门的协调难度较大，只适用于大型旅游集团公司和综合旅游企业。

旅行社的任何一种组织结构都不是完美的，各有利弊。旅行社在设计组织结构时，应视自身的具体情况而定，并在适应环境变化的过程中不断调整和完善。采用什么形式的组织结构，关键看是否有利于旅行社业务的拓展，是否有利于旅行社发挥出最大的效能，以及实现旅行社的目标和任务。图1-2-5为大型旅行社的组织结构框架。

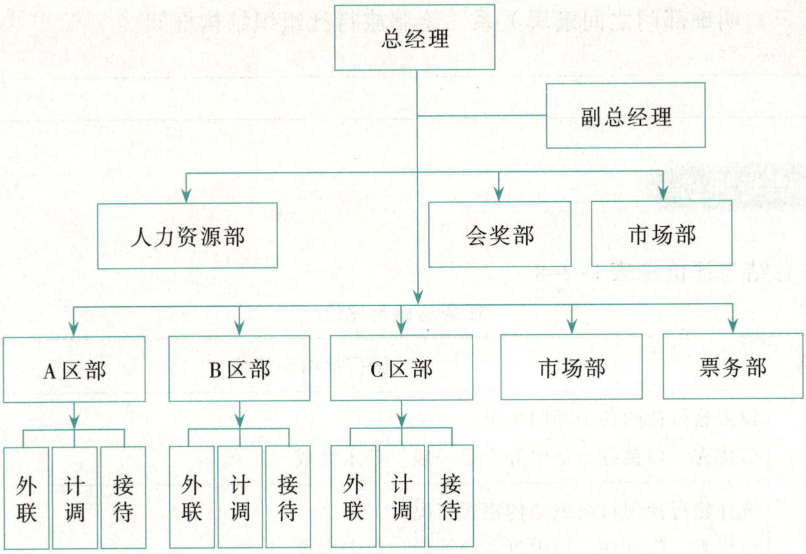

图 1-2-4 事业部制旅行社组织结构图

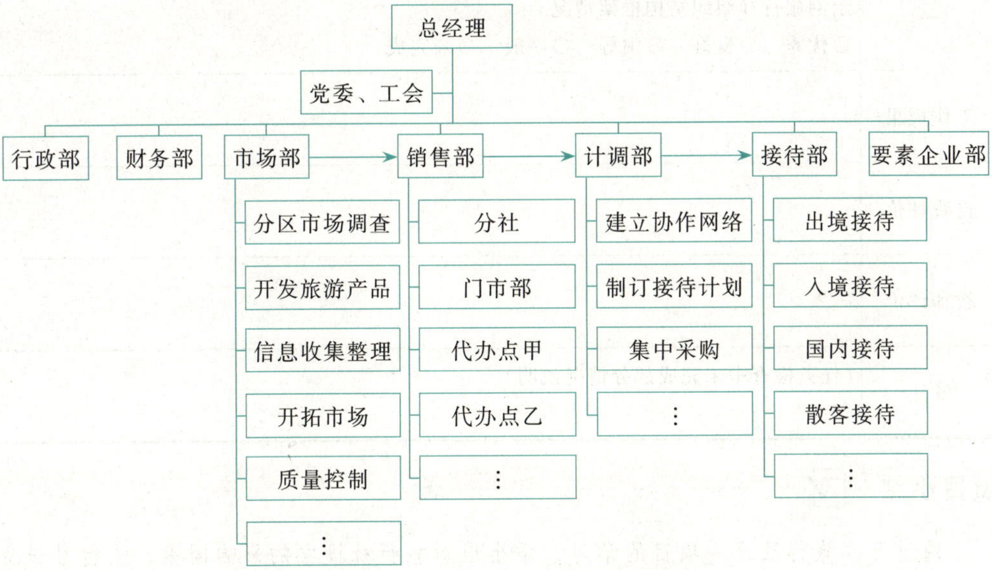

图 1-2-5 大型旅行社的组织结构框架

任务实施

步骤一：针对新开办旅行社的实际情况，恰当设置旅行社的各个部门。

____

____

步骤二：根据旅行社经营目标，确定组织管理方式和旅行社组织结构模式。

____

____

步骤三：明确部门之间隶属关系，绘制旅行社组织结构框架。

____

____

任务总结与评价

任务总结与评价见表1-2-8。

表1-2-8 任务总结与评价

工作任务	设计旅行社组织机构
任务检查	设置旅行社的各个部门情况 ○优秀 ○良好 ○中等 ○一般 ○未完成
	选择旅行社现行组织结构模式情况 ○优秀 ○良好 ○中等 ○一般 ○未完成
	绘制旅行社组织结构框架情况 ○优秀 ○良好 ○中等 ○一般 ○未完成
工作成果	
自我评价	
教师评价	
备注	（任务检查中未完成部分情况说明）

项目小结

通过开办旅行社这一项目的学习，学生应对旅行社设立的影响因素，旅行社设立的条件、程序、行业管理制度和组织结构的设计，各部门的职责有初步的了解和掌握。再通过模拟旅行社申报流程掌握设立的条件与程序，以及组建和设计旅行社组织结构，掌握旅行社职能分配，为日后从事旅行社工作奠定扎实的基础。

项目测试

一、选择题

1.设立旅行社的注册资本要求（　　）。

A.不多于30万元　　B.不少于20万元

C.不少于120万元　　D.不少于30万元

2.旅行社设立的服务网点具有（　　）职能。

A.招徕旅游者、提供导游服务　　B.招徕旅游者、提供旅游咨询

C.提供旅游咨询、设计旅游线路　　D.找来旅游者、提供旅游委托

3.旅行社质量保证金是由旅行社缴纳，旅游行政管理部门管理，用于保障（　　）权益的专用款项。

A.旅行社　　B.旅游行政部门　　C.旅游者　　D.旅游景区

4.旅行社设立的内部因素包括（　　）。

A.资金筹措　　B.营业场所　　C.协作网络

D.客源渠道　　E.人员准备

在线测评
1-2-1
选择题

5.根据《旅行社条例》和《旅行社条例实施细则》的相关规定，设立经营国内旅游业务和入境旅游业务的旅行社需要具备（　　）条件。

A.取得法人资格　　B.注册资本　　C.经营场所

D.营业设施　　E.服务网点

二、简答题

1.旅行社进行组织设计应该遵循哪些原则？

2.直线职能制组织机构有哪些优缺点？

3.事业部制组织机构有哪些优缺点？

2 模块二 旅行社经营

模块概述

党的二十大报告指出，“构建高水平社会主义市场经济体制”“充分发挥市场在资源配置中的决定性作用”。旅行社经营过程中要依托中国特色现代企业制度，遵循旅游市场发展规律，开发旅游产品，探索产品销售，深耕计调操作，重视接待和售后服务。只有科学开展旅行社业务经营活动，才能提升企业竞争力，保持旅行社经营发展的蓬勃生命力。

知识导图

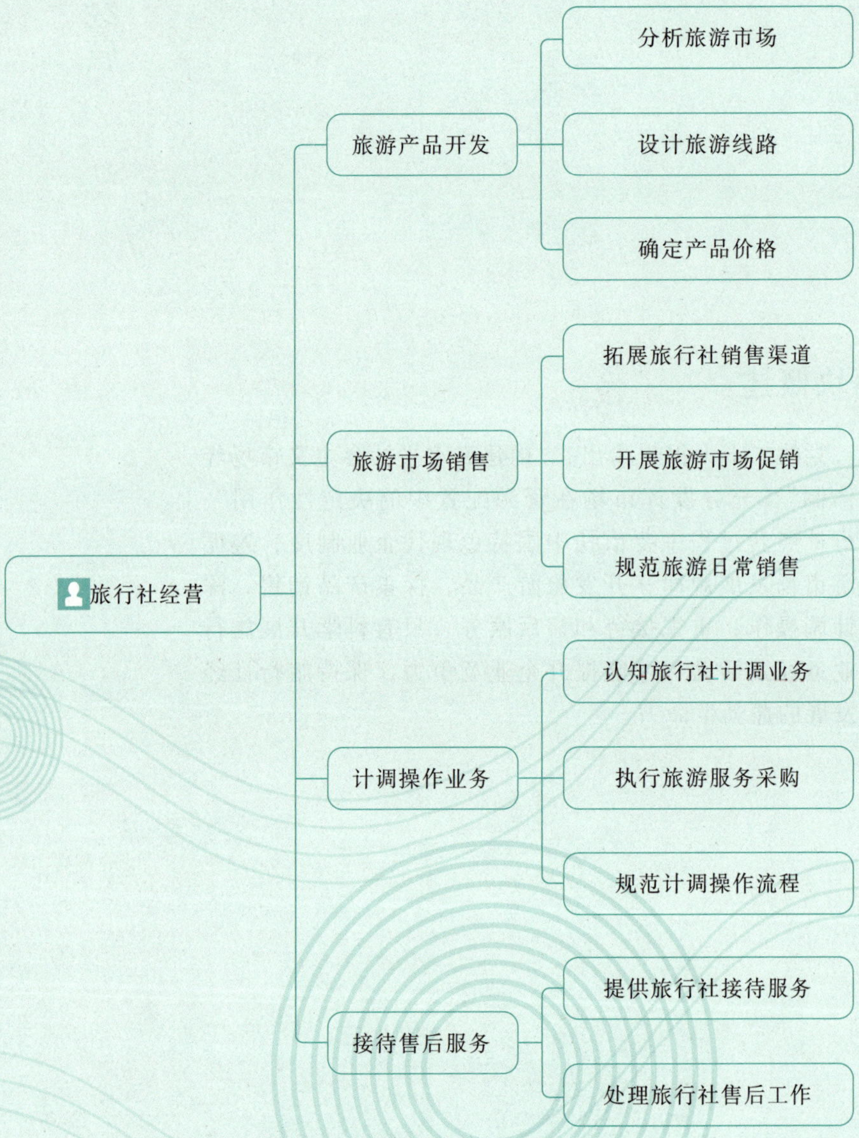
旅行社经营
旅游产品开发
分析旅游市场
设计旅游线路
确定产品价格
旅游市场销售
拓展旅行社销售渠道
开展旅游市场促销
规范旅游日常销售
计调操作业务
认知旅行社计调业务
执行旅游服务采购
规范计调操作流程
接待售后服务
提供旅行社接待服务
处理旅行社售后工作

项目一 旅游产品开发

◎ 学习目标

知识目标：

•了解旅游线路和旅行社产品价格的含义、旅游线路的分类、旅行社产品价格的影响因素；

•熟悉旅游市场调研和市场定位的内容和方法，旅游线路设计的影响因素和旅行社产品价格策略；

•掌握旅游市场细分标准以及目标市场选择策略、旅游线路设计的流程以及旅行社产品定价方法。

能力目标：

•能够有效收集、筛选、整合旅游资源信息；

•能够针对旅游者的不同要求设计旅游线路。

素养目标：

•培养学生关注旅游市场需求动态；

•培养学生的工作责任感、团队合作意识和科学开展工作的创新思维。

任务一 分析旅游市场

任务导入

工作任务：调研中小学生旅游需求。

任务描述：近年来，各地积极探索开展研学旅行，许多地区尝试把研学旅行作为推进素质教育的一个重要内容来开展。新成立的旅行社可以通过市场细分及目标市场选择，确定开拓研学旅行市场。现进行以研学旅行为主题的中小学旅游需求调研，了解研学旅行市场前景，了解中小学生旅游需求特点，分析研学旅行产品的可行性。

任务要点：研学旅行市场前景；中小学生旅游需求特点。

必备知识

◎ 知识点 1 旅游市场的调研

一、旅游市场调研的概念

旅游市场调研是指运用科学的方法，有针对性地、有计划地、系统地收集整理和分析有关旅游营销活动方面的信息，以了解旅游营销环境与市场状况，为旅游经营决策提供依据的活动。

二、旅游市场调研的内容

（一）旅游市场环境调研

1.政治环境

对旅游企业所在国家的政策、法令及政治形势的稳定程度等方面进行调研，包括国家的有关方针政策、制度体制、法律法规等。

2.经济环境

对旅游企业所处的经济环境以及可能对旅游企业造成的影响等方面进行调研，包括综合经济指标、工商农业、财政、金融、基础设施、GDP、产业结构、人口结构等。

3.社会文化

对旅游企业所处的社会文化环境及可能对旅游企业造成的影响等方面进行调研，包括社会生活方式、风俗习惯、宗教信仰、价值观、教育水平等。

4.技术发展

对旅游企业生产和服务相关的技术水平及未来发展趋势进行调研，了解同质产品与服务的技术水平，包括新发展、新发明、新创造、新技术、新工艺等。

5.自然地理

对旅游企业所在地区的自然地理情况进行调研，包括地理位置、自然资源、气候、交通、人口分布、数量、结构等。

（二）旅游市场需求调研

旅游市场需求调研包括旅游消费者的数量及其构成，以及职业、年龄、收入、教育水平、民族、宗教信仰等人口统计特征，以及旅游消费者心理、消费欲望、消费动机、消费观念、消费行为特征等。

案例共享2-1-1　　发力暑期旅游市场　各地推动研学旅行

在2022年的暑期旅游市场中，组织学生通过集体旅行的方式走出校园拓宽视野，在旅途中探索素质教育的研学旅行备受追捧。各地纷纷抢抓暑期旅游旺季，积极推动研学旅行市场发展。

《“十四五”旅游业发展规划》提出，推动研学实践活动发展，创建一批研学资源丰富、课程体系健全、活动特色鲜明、安全措施完善的研学实践活动基地，为中小学生有组织研学实践活动提供必要保障及支持。专家表示，研学旅行是旅游行业转型升级的重要方向，上述规划为研学旅行的发展指明了具体路径，可以说，研学旅行迎来了新的发展机遇。

专家建议，各地要建立中小学开展研学实践教育机制，推动中小学校研学旅行工作常态化开展，建立健全中小学生参加研学旅行的安全机制和评价机制，积极探索并推进研学旅行标准化工作。各相关部门要建立联席会议制度，定期会商研究解决贯彻落实研学旅行工作过程中存在的问题，为研学旅行工作创造良好的条件，进而提高研学旅行质量水平，推进研学旅行健康发展。

资料来源　佚名．发力暑期旅游市场　各地推动研学旅行［EB/OL］．［2022-07-28］．https://www.zgswcn.com/article/202207/202207280937101012.html.

思考：随着研学旅行备受追捧，为满足需求，研学旅行产品不断涌现。旅行社应如何开发适销对路的旅游产品？

（三）旅游市场供给调研

旅游供给是一定时期内旅游市场提供的旅游产品的总量，旅游市场供给调研包括旅游吸引物调查、旅游设施调查、可进入性调查、旅游服务调查、旅游形象调查和旅游容量调查。

（四）旅游企业营销运行状态调研

旅游企业营销运行状态调研主要是对旅游企业当下营销运行中涉及的旅游产品、旅游价格、旅游分销渠道和旅游促销等方面进行调研。

1.旅游产品调研

围绕旅游企业产品和服务进行调研，包括产品设计、产品品牌、产品生命周期等各方面是否符合旅游者需求。

2.旅游价格调研

对旅游企业产品和服务的价格进行调研，包括价格的需求弹性、产品定价策略、竞争对手价格情况等。

3.旅游分销渠道调研

对旅游企业产品和服务的分销渠道、中间商及能力进行调研。

4.旅游促销调研

对主要的促销方式，包括旅游人员推销、旅游广告、旅游公共关系、旅游营业推广等促销方式的实施效果及对比变化进行调研。

（五）旅游企业竞争对手调研

旅游企业竞争对手调研包括对竞争对手的数量、分布和市场营销能力，竞争对手的优势与不足，主要竞争对手的实力、市场营销策略和实际效果，与竞争对手合作的可能性和方式等方面进行调研。

三、旅游市场调研的方法

（一）观察法

观察法是指通过现场观察调研对象活动来取得第一手数据的调研方法。通过观察要调查的对象与背景可以收集到最新资料。观察法有直接观察法、痕迹观察法、行为记录法三种具体形式。

（二）询问法

询问法是将调研内容以面对面、书面或电话询问的方式向调研对象提出，通过调研对象的回复获得所需要的资料的调研方法。一般来说，调研前需要设计好询问程序及调查表或问卷。它包括面谈调研法、电话调研法、邮寄调研法和网络调研法四种。

（三）文案法

文案法是通过收集各种二手资料，筛选出与市场调研问题有关的情报，所以也称间接调研法或资料分析法。对资料进行处理，整理出对调研问题有价值的信息是非常重要的步骤，它包括文献筛选法、报刊剪辑法、情报联络法。

（四）市场实验法

市场实验法是先观察条件相同的两个实验群体的反应，再在一定时期内对实验群体开展市场营销活动，然后对两个群体进行事后调查的方法。市场实验也称为试销，是新产品导入市场时常采用的一种检验产品、了解市场反应的重要方法。例如旅游企

知识链接
2-1-1

中小学生研学旅行的需求问卷调查（学生）

业在相邻的两个省份进行广告投放效果测试就很适合使用市场实验法。

四、旅游市场调研的程序

（一）市场调研准备阶段

旅游企业市场调研的准备情况关系到市场调研后续工作的开展和调研的质量。这一阶段主要涉及确定调研目标、确定调研项目、选择调研方法、估算调研费用等内容，从而为下一步调研工作的顺利进行奠定基础。旅游企业需要根据调研的内容收集资料做初步分析，从而界定调研的主题和目标。调研人员必须明确调研问题的范围，并确定具体的调研目标，这也是市场调研的重要前提。在确定调查目标后，就要制订调查方案和工作计划。

（二）制订调研计划阶段

制订调研计划就是对旅游市场营销调研工作做出整体性的规划。主要包括调查的具体对象、调查的地区范围、调查资料收集和整理的方法等内容。调查工作计划是对某项调查的组织领导、人员配备和考核、完成时间、工作进度和费用预算等事先进行的安排，目的是使调查工作能够有计划地进行，以保证调查方案的实现。

（三）调研资料收集阶段

调研资料一般分为两大类：一类是通过调查、观察、实验等多种方法取得的一手资料；另一类是可通过查阅和网络搜索获取的二手资料，如国家机关、金融服务部门、行业机构、市场调研与信息咨询机构等发布的统计数据，以及各类出版物中提供的相关数据。

（四）调研资料分析阶段

取得大量的旅游市场调研资料之后，由于资料比较零散，需要对其进行审核筛选和分类整理。审核即去伪存真，分类是为了便于后续的分析研究，探索解决问题的方法。

（五）整理调研报告阶段

调研报告是根据调研情况和分析结果整理而成的，调研报告的内容包括调研对象的基本情况、对调研问题的分析和说明、调研者的结论和建议等。

著名的市场营销学者麦卡锡提出应当把消费者看作一个特定的群体，称之为目标市场。市场细分有利于明确目标市场，市场营销策略的应用有利于满足目标市场的需要。

◎ 知识点2　旅游市场的细分

一、旅游市场细分的含义

市场细分的原理和概念是温德尔·R·史密斯于1956年最先提出的。旅游市场细分这一原理的主要根据是：旅游者的欲望、购买实力、购买习惯和购买心理特征的不同决定了旅游者的需求存在广泛的差异。因此，企业可以根据旅游者特点及其需求的差异性，把一个整体旅游市场加以细分，即划分为具有不同需求、不同购买行为的消费者群体。

旅游市场细分是指旅游企业根据旅游者的特点及需求差异，将一个整体市场划分为两个或两个以上具有类似需求特点的旅游者群体的活动过程。旅游市场细分不是从产品出发，而是从区分不同旅游者的不同需求出发来分析并划分市场，每一个具有类似需求特点的旅游者群体都是一个细分市场。旅游市场的细分不可能精确到每一个旅游者，但相对于大众化营销却精细很多。

案例共享 2-1-2　　红色旅游

2004年年底，中共中央办公厅、国务院办公厅颁布《2004—2010 年全国红色旅游发展规划纲要》，提出了“红色旅游”的概念。具体来说，红色旅游是指以中国共产党领导人民在革命和战争时期建树丰功伟绩所形成的纪念地、标志物为载体，以其所承载的革命历史、革命事迹和革命精神为内涵，组织接待旅游者开展缅怀学习、参观游览的主题性旅游活动。与其他类型研学旅行相区别的是，红色研学旅行突出红色内涵，以立德树人为目的，把学习与红色研学实践相结合，以“红色”为主题，以红色文化为教育内容，以红色资源为载体，让广大学生通过实践体验逐步形成高尚品格，这也是旅游市场上一种重要的教育旅游形式。

资料来源　罗波．“十四五”时期贵州推进红色研学旅行高质量发展研究［J］．理论与当代，2022（5）．

思考：红色研学旅行是否属于一类旅游细分市场？

二、旅游市场细分的作用

在旅游市场细分作用的研究中，多数学者对以下三点达成基本共识：市场细分有利于识别和发掘旅游市场，开发旅游新产品，开拓旅游新市场；有利于针对性地制定和调整旅游市场营销组合策略；有利于旅游企业优化资源配置和取得良好的经济效益。

三、旅游市场细分的原则

旅游企业可根据单一因素或者多个因素进行市场细分，所选用的细分标准越多，相应的子市场也就越多，每一子市场的容量相应就越小；相反，选用的细分标准越少，子市场数量就越少，每一子市场的容量则相对越大。如何寻找合适的细分标准，对市场进行有效细分，在旅游企业营销实践中并非易事。一般而言，旅游市场细分要真正发挥作用必须符合某些原则，即一个有效的细分市场必须是可以衡量、可以盈利、可以进入、相对稳定的。

（一）可衡量性

可衡量性指能明显地区分开各细分市场的需求特征、购买行为等，能具体地测量出各细分市场的规模和购买力。要做到这一点，就要保证所选择的细分标准清楚明确，能被定量测定。另外，所选择的标准要与旅游者的某种或某些旅游购买行为有必然的联系，这样才能使各细分市场的特征明显，且范围清晰。

（二）可盈利性

可盈利性指细分出的市场在游客人数和购买力上足以保证企业取得良好的经济效益。企业要想盈利，必须保证细分市场的相对稳定，也就是说，企业在占领市场后的相当一段时间不会改变自己的目标市场，要制定较长期的经营策略。细分市场不仅要保证企业的短期利润，还必须有一定的发展潜力，保持较长时期的经济效益，从而不断提高企业竞争能力。

（三）可进入性

一个有效的细分市场必须具备足够的容量，即经过细分后确定的目标市场要使旅游产品有条件进入并能占有一定的市场份额。旅游企业必须从实际出发，保证细分出的市场是企业的人力、物力、财力等资源所能达到的，是企业经营力所能及的，否则不要贸然开拓。此外，企业营销人员要有与客源市场进行有效信息沟通的能力，要有畅通的销售渠道，这对于具有异地性特征的旅游市场尤为重要。

（四）相对稳定性

相对稳定性是指旅游市场细分后在一定时间内保持相对稳定。细分后的市场能否在一定时间内保持相对稳定，直接关系到旅游企业生产经营的稳定与否。如果细分市场变化太快，会使制定的营销组合失效，造成旅游企业经营困难，严重影响企业的经营效益。旅游市场细分是一项复杂而又细致的工作，因此要求细分后的市场具有相对稳定性。

四、旅游市场细分的标准

要进行有效的市场细分，必须找到科学的细分依据。不同类型的市场，细分的因素也有所不同，而这些因素又处于动态变化之中，因此被称为“细分变量”或“市场细分标准”。总体上来说，旅游市场可以按照以下几种变量进行细分：

（一）地理变量

所谓按地理因素细分，就是按照旅游者所在的地理位置细分旅游市场，以便能够从地域的角度来研究各细分旅游市场的特征。处于不同地理位置的旅游者对旅游产品的需求和偏好是不同的。因此，区域、国家、地区、城市、乡村、不同的气候带等，都可以作为地理细分的标准。例如，世界旅游组织（UNWTO）将国际旅游市场划分为六大区域，即欧洲区、美洲区、东亚及太平洋区、南亚区、中东区、非洲区。按国家、地区划分是旅游业最常用的一个细分标准。

（二）人口变量

所谓按人口因素细分，就是按照旅游者的年龄、收入、受教育程度、职业、种族、性别，以及宗教、家庭规模、社会阶层等人口因素细分旅游市场。一般情况下，旅游企业会选择其中的一个或几个变量作为划分的标准。例如，旅游者在不同的年龄阶段，由于生理、性格、爱好的变化，对旅游产品的需求往往有很大的差别，那么旅游市场可按照人口年龄段细分为6岁以下、6~11岁、12~19岁、20~34岁、35~49岁、50~64岁、65岁以上市场等，或者可细分为儿童市场、青年市场、中年市场、老年市场等。

（三）心理变量

所谓按心理因素细分，就是按照旅游者的生活方式、态度、个性等心理因素细分旅游市场。旅游者在心理上具有许多不同的特征，如旅游动机、生活方式、兴趣爱好、价值取向、旅游习惯等，这些都可以作为旅游市场细分的标准。不同旅游者的心理或精神追求具有很大差异，市场细分可以让旅游者在旅游活动中更多地获得心理上或精神上的满足。例如，根据旅游动机可以将旅游者分为公务旅游者和度假旅游者，与之对应的细分市场就是公务旅游市场和度假旅游市场。旅游经营者应利用各种心理因素差异对市场进行细分，创造不同的市场特色。

（四）行为变量

所谓按行为因素细分，就是按照旅游者对旅游产品的了解程度、利益、消费情况或反应等行为因素细分旅游市场。行为目的、时机、利益、使用者状况、使用率、忠诚度等对细分旅游市场至关重要。不同的旅游者在行为上往往会有很大差异，例如，根据购买组织形式可将旅游市场细分为团队市场和散客市场。又如，有些旅游者在旅游时只选择某一家旅行社或只住某一家酒店。因此，经营者可以按照这种行为习惯将旅游者分为坚定的品牌忠诚者、转移型的忠诚者和无品牌偏好者。

市场细分的标准与变量如表2-1-1所示。

表2-1-1 市场细分的标准与变量

地理变量	人口变量	心理变量	行为变量
•地理区位 •城市级别 •交通状况 •地区经济发展水平 •能源与资源 •人口数量 ⋮	•年龄 •性别 •职业 •收入水平 •消费水平 •受教育程度 ⋮	•消费态度与方式 •性格特征 •购买动机 •生活态度 ⋮	•购买时机 •使用时机 •使用者情况 •使用率 •品牌忠诚度 •对服务、价格、渠道、广告的敏感程度 ⋮

五、旅游市场细分的流程

美国市场学家麦卡锡提出了细分市场的一整套程序，即选定产品市场范围；了解、列举分类顾客的基本需求；了解不同潜在顾客的不同要求；概括潜在顾客的共同要求；根据潜在顾客基本需求上的差异，划分不同的群体和子市场；进一步分析每一细分市场需求和购买行为特点，并分析其原因，以便在此基础上决定是否可以对这些细分市场进行合并或进一步细分；估计每一细分市场的规模。根据麦卡锡提出的市场细分程序，可以将旅游市场细分概括为以下步骤：

（一）确定企业经营市场的范围

旅游企业在确定了总体经营方向和经营目标之后，就要确定其经营的市场范围，这项工作是企业市场细分的起点。市场范围是以旅游者需求为着眼点来确定的，因此企业必须调查分析市场需求动态，同时充分结合自己的经营目标和资源，从广泛的市场需求中选择自己有能力服务的市场范围，不宜过窄或过宽。

（二）确定潜在的旅游市场需求

旅游企业在确定适当的市场范围后，应根据市场细分的标准和方法，了解市场范围内所有现实和潜在顾客的需求并尽可能详细归类，以便针对其需求的差异性，决定采用何种市场细分变量，为市场细分提供依据。

（三）分析存在的旅游细分市场

旅游企业通过了解旅游者对旅游产品和服务的所有需求，再根据主要目标群体在地区分布、人口特征、经济状况、购买行为、消费习惯等方面的特点，推测其潜在的市场需求，分析可能存在的细分市场。

（四）筛选并确定市场细分的标准

旅游企业应分析哪些需求因素是重要的，并通过与实际情况和细分市场的特征进行比较来寻找主要的细分因素。旅游者的共同需求不能作为市场细分的标准，要选出旅游者最具差异性的需求作为细分标准，筛选出最能发挥旅游企业优势和特点的细分市场。

（五）根据细分市场特征为其命名

旅游经营者可以根据实际情况用一个或几个标准来对旅游市场进行细分，然后根据各个细分市场的主要特征，用形象化的语言或其他方式为各个可能存在的细分市场确定名称，以引发旅游者对旅游产品的认同感。

知识链接 2-1-2

国民旅游休闲发展纲要印发 旅游细分市场或迎来发展机遇

（六）进一步了解各旅游细分市场

旅游经营者通过深入分析各旅游细分市场的需求，了解旅游者的购买心理、购买行为等，再对各细分市场进行必要的分解或合并，寻找并发现最终的目标市场。

（七）分析细分市场的规模和潜力

旅游经营者在调查的基础上，评估每一旅游细分市场的规模和潜力，对细分市场竞争状况做出分析，找出旅游市场的主攻方向，进而选择最有利的子市场作为目标市场。

◎ 知识点3　旅游目标市场的确定

一、旅游目标市场的含义

旅游市场细分是旅游企业选择目标市场的依据，选择目标市场是市场细分的延伸。旅游企业需要根据自身的实力与市场情况，从细分的市场中选择出一个或几个作为市场营销活动的对象，这一过程就被称为选择目标市场。

所谓旅游目标市场，是指旅游企业准备进入的细分市场，或准备满足的具有某一需求的顾客群体。

二、目标市场选择的策略

（一）无差异目标市场策略

无差异目标市场策略，又称整体市场营销策略，即旅游企业把整体市场看作一个大的目标市场，不进行细分，只推出一种旅游产品，运用统一的市场营销组合对待整体市场，试图吸引尽可能多的消费者，是一种求同存异的营销策略。有些企业经过市场调查之后，认为某些特定产品的消费者需求大致相同或较少差异，因此采用大致相同的市场营销策略。

（二）差异型目标市场策略

差异型目标市场策略，即旅游企业把整个市场划分为若干细分市场，从中选择两个以上细分市场作为自己的目标市场，并有针对性地进行营销组合以适应旅游者不同的需求，凭借产品与市场的差异，获取最大收益。例如，将旅游市场细分为观光、度假、会议等不同的市场，针对旅游者不同的需求，设计各种旅游线路，提供不同的旅游产品。

（三）密集型目标市场策略

密集型目标市场策略，即旅游企业在市场细分的基础上，集中所有力量对一个或几个细分市场采用专业化的经营方式，来满足细分市场上旅游者的需求。比如有的旅行社专门提供乡村旅游、探险旅游等特色旅游服务。

目标市场选择的策略如图2-1-1所示。

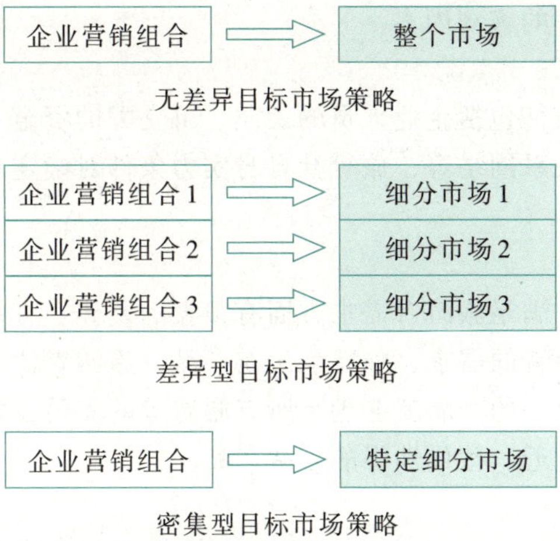

图2-1-1　目标市场选择的策略

案例共享2-1-3　　切入精致露营赛道　中青旅押宝周边游

“精致露营”是近一段时间旅游市场上的“当红明星”，也吸引了许多旅游企业入局。2022年6月1日，中青旅遨游网（以下简称“中青旅遨游”）正式发布露营品牌“遨游露营家”，进军精致露营市场。在当前许多旅游企业都“扎堆”布局露营产品时，如何从品质参差不齐的产品中脱颖而出是经营者们必须思考的问题。

中青旅遨游此次发布的“遨游露营家”新品牌，在露营的基础上延伸出了多种消费场景，包括娱乐互动、户外鞋服和露营装备的展示和售卖等，目前已上线多类型营地产品及天幕、帐篷等多种露营装备。

“早在2020年，中青旅遨游就关注到了露营。当时精致露营风靡了朋友圈，被称为‘精致露营元年’，中青旅遨游注意到了这一点，并开始布局露营市场。”对于此次发布新品牌，中青旅遨游科技发展有限公司总裁韩杰表示，新品牌是中青旅布局户外露营市场的新举措，并将以此为契机继续积极探索“营地+”模式，未来户外营地产品还将朝着多样化、创新化道路发展。

韩杰还进一步表示：“与传统露营相比，精致露营更追求装备、情调和舒适的体验感，更能吸引年轻人。‘遨游露营家’就是想打造更具个性化的露营氛围，并在产品定位选择以及管理服务上，更加注重游客的体验感和参与感。”

在新品牌发布前，“遨游露营家”已经在北京、上海、广州等主要核心区进行了布局。“未来我们将从配套服务入手，进一步推动露营地的有序化发展，并不断培育和丰富产品体系，为消费人群提供多元化的产品。”谈及下一步的发展计划时，韩杰说道。

资料来源　关子辰，张怡然．切入精致露营赛道 中青旅押宝周边游［N］．北京商报，2022-06-01.

思考：随着自驾、民宿、徒步、研学等新兴产品与组合形态逐渐成为旅游消费新亮点，作为新成立的旅行社应如何选择目标市场？

三、影响目标市场选择的客观因素

（一）自身实力条件

旅行社自身实力条件包括企业人员的素质、可支配的资金、管理水平、产品及营销组合设计能力以及关系网络等，旅行社自身实力条件对确定目标市场经营范围的大小起到决定性的作用。

（二）旅游产品特点

不同的旅游产品在满足旅游者需求方面有很大的差异。有些旅游产品需要分成不同档次来满足不同旅游者的需求，如特色旅游产品、旅游餐饮服务等性质差别较大的旅游产品，而有些以单一的产品就能满足所有旅游者的需要，如航空客运服务、标准间客房服务这些性质接近、替代性强的旅游产品。

（三）旅游市场特点

当旅游产品市场上的需求同质时，旅游者的兴趣爱好及其他特点很相近，可采用无差异目标市场策略；相反，对于需求异质的旅游产品市场，则采用差异型或密集型目标市场策略。

（四）产品生命周期。

旅行社应根据产品生命周期的不同阶段采取不同的目标市场策略。投入期的旅游产品往往都是比较单一的产品，价格和销售渠道基本上单一化；成长期的旅游产品一般采用差异型或密集型目标市场策略；成熟期的产品一般采用差异型目标市场策略。

（五）市场竞争特点

如果旅行社的产品垄断性强，竞争者数量少、实力弱，可采用无差异目标市场策略。反之，竞争者数量多、实力强，则采用差异型或密集型目标市场策略。

目标市场的选择是一个系统性的工作，需要旅行社做好充分的市场调研，还要全面考虑各种影响因素，这样才能选择一个准确有效的目标市场。

四、目标市场选择的步骤

选择目标市场就是旅游企业确定到底要进入多少细分市场，以及确定要进入的各个细分市场的重要程度。因此，对旅行社而言，选择目标市场必须在市场细分的基础上，对各个细分市场进行充分的评估，确定各个细分市场的优先等级和先后顺序。同时，对那些值得旅行社作为市场营销发展方向的细分市场，旅行社要根据是否有足够的能力、是否有足够的竞争优势来进行选择。旅行社一般按以下步骤选择目标市场：

（一）评估市场容量

值得旅行社选作市场营销发展方向的细分市场必须具有足够的市场容量。首先，要对各细分市场的销售量及其发展趋势进行评估，收集各类细分市场历年的销售情况，包括接待旅游者数量、旅游者组成情况、旅游天数等。然后，旅行社依据对各细分市场的统计数据预测未来的需求量及发展趋势，进而确定有潜力的细分市场及潜力小甚至会萎缩的细分市场，将有潜力的细分市场作为目标市场。

（二）评估盈利能力

旅行社应该选择能给自己带来较大利润的细分市场作为目标市场。能给企业带来较大利润的细分市场一般需求量比较大，比如接待旅游者数量较多、房间的利用天数较多等。但是有些细分市场虽然需求量很大，但价格偏低、经营费用高，因此企业得不到理想的利润。因此，在选择目标市场时，还要考虑各类细分市场能够获得的利润、其平均价格及销售数量，分析各类细分市场所需要的经营费用等，从而确定能获取较大利润的细分市场。

（三）评估季节影响

旅游活动具有很强的季节性，各个细分市场在不同的季节需求量具有较大差异。绝大多数旅行社不会一年四季都处于旺季，也不会一年四季都是淡季。当处于旺季时，需求量就会很大，不需要特意做市场宣传和推广，旅行社的接待能力可以得到较充分的利用；相对来说，平季的需求量比旺季要小一些，但也可以达到一定规模；淡季的需求量会很小。因此，旅行社要了解各个细分市场的旺季、平季、淡季，把能充分利用旅行社接待能力的细分市场作为市场营销发展的方向。

（四）分析招揽能力

旅行社选择目标市场时，除了要考虑各细分市场是否值得作为市场营销的发展方向以外，还必须分析企业自身是否具有足够的招揽能力。旅行社要分析自身的旅游产品特色、基本设施情况以及服务质量等，是否能满足各类细分市场的旅游者的需求。如果旅游者的需求超出了本社能够提供的产品或服务的范围，就要测算自身能否承担让旅游者满意所需投入的各种成本。

（五）分析竞争对手

旅行社进入细分市场之前，要了解自己的竞争对手。旅行社对目标市场的选择除了要考虑自身的条件外，还要分析竞争对手的情况，即分析各细分市场上竞争对手的优势、劣势，及其产品能否满足这些细分市场的各种需求，从而明确这些细分市场能否作为本社的发展方向。

◎ 知识点4　旅行社市场定位

一、旅行社市场定位的含义

旅行社市场细分和目标市场的选择是让旅行社更准确地招揽旅游者，而旅行社市场定位则是让旅行社在旅游者心目中形成特殊的偏好。旅行社选择和确定了目标市场之后，就必须在目标市场上为自己的产品确定一个位置，为自己的产品树立鲜明的产品形象。

旅行社市场定位是指旅行社根据目标市场上的竞争者和企业自身的情况，通过一定的信息传播途径，从各方面为本旅行社的旅游产品和服务创造一定的条件，进而树立旅游产品在目标市场及旅游者心目中的形象，使所提供的旅游产品具有一定的特色，以求在目标顾客心目中形成一种特殊偏好，与竞争者的旅游产品有所区别。

二、旅行社市场定位的内容

（一）产品定位

有些旅游产品的产品定位侧重于从产品实体上表现出来，如质量、特征、成本、商标、地点等方面的特色；有的可以从旅游者心理上反映出来，如奢华、朴素、新颖等。旅行社在进行产品定位时，要了解竞争对手的产品特色，还要研究旅游者对该旅游产品各种属性的偏爱程度，进而确定本社的产品定位。

（二）企业定位

企业定位是指旅行社通过其旅游产品及其品牌，基于消费者需求，塑造企业独特的个性、文化和良好形象，从而在消费者心目中占据一定位置。

（三）竞争者定位

竞争者定位是指突出本旅行社旅游产品与竞争者同档旅游产品的不同特点，通过评估选择，确定本旅行社的竞争优势并加以开发。竞争者定位最重要的前提是差异化，竞争者定位是确定旅行社相对于竞争者的市场位置，且定位并非一成不变，当环境改变时，旅行社可能需要重新定位。

（四）消费者定位

消费者定位是指对旅游产品潜在的消费群体进行定位。对旅游者的定位也是多方面的，比如从年龄上，有儿童、青年、老年；从性别上，有男、女；从消费层次上，有高、中、低；从职业上，有教师、警察、医生、学生等。消费者定位是依据旅游者的心理与购买动机，寻求其不同的需求并给予满足。

三、旅行社市场定位的形式

（一）产品差异化

产品差异化是指旅行社提供的产品与服务具有独特性，即具有与众不同的特色的一种发展战略。产品的差异化可以表现为产品设计、技术特性、品牌形象、促销及服务方式等具有独特性；也可以表现为塑造良好的产品形象，即充分利用产品的定价、包装树立品牌，利用各种信息传播媒体、特色服务、销售渠道及促销手段，与竞争对手在营销组合方面形成差异。

（二）服务差异化

服务差异化是指旅行社为目标市场提供与竞争者有所不同的优质服务，从而在竞争中取得优势、赢得客户的发展战略。旅游者的需求在不断变化，对旅游产品的要求也越来越高，旅游产品的差异化越来越难，旅行社不得不加大对服务的投入，使服务质量成为其重要的竞争手段。差异化的市场定位是取得竞争优势的一种有效方法。

（三）人员差异化

人员差异化是指旅行社聘用比竞争者更优秀的人员，培训更具市场营销能力的管理人员，以获得差异优势。这种差异主要体现在员工为旅游者提供旅游服务时，能够通过各种方法、手段、途径等，满足旅游者的个性化旅游需求，使旅游者在接受服务的过程中得到完美的旅游体验，并且乐于消费。

（四）形象差异化

形象差异化是指旅行社在产品的核心部分与竞争者产品类同的情况下，塑造不同的产品形象，以获取差异优势。旅游者挑选旅游产品具有极大的选择空间，而旅行社要想让旅游者选择本社的旅游产品，就必须塑造与其他旅行社产品不同的产品形象，使其脱颖而出，受到旅游者的青睐。

四、旅行社市场定位的方法

（一）初次定位

初次定位是指旅行社的新产品初次投入旅游市场或旅游产品进入新市场时，为满足某一特定目标旅游者的需要，必须从零开始，运用所有的市场营销组合，使其产品特色确实符合所选择的目标消费群体的需求。但是，在初次进入目标市场时，竞争对手的产品往往已经上市或已经形成了一定的市场格局，这时，旅行社应认真研究同类旅游产品竞争对手在目标市场上的位置，从而确定本社旅游产品的定位。

（二）避强定位

避强定位是旅行社为避免与强有力的竞争对手发生直接竞争，而将自己的产品定位于另一市场区域内，使产品的某些特征或属性与强势竞争对手有明显区别。这是一种避开强有力的竞争对手进行市场定位的模式。当旅行社意识到自己无力与强大的竞争者直接抗衡时，应选择远离竞争者，根据自身的实际状况及相对优势，凸显出本社独具一格的特色，去服务市场上尚未被竞争者发掘的旅游者需求。

（三）迎头定位

迎头定位又称竞争性定位，是旅行社采取的一种以强对强的市场定位方法。旅行社选择靠近市场现有强势企业产品或与其重合的市场位置，采用与强势企业大体相同的营销策略，与其争夺同一个目标市场。旅行社选择迎头定位应具备能设计出比竞争者质量更好或成本更低的旅游产品的能力，所选择的目标市场容量要足够容纳两个或两个以上的竞争者，并且要拥有比竞争者更多的资源和能力。

（四）重新定位

定位可以在消费者的心目中实现差异化，从而获得认知优势。重新定位就是调整潜在消费者心目中的认知。这些认知可以是关于本企业的，也可以是关于竞争对手的。重新定位的关键在于为自己建立起正面形象。旅行社进行重新定位就是通过改变产品特色等手段，改变旅游者对产品的认识，塑造新的产品形象。

五、旅行社市场定位的步骤

旅行社市场定位包括三个步骤：识别企业的竞争优势，选择合适的竞争优势，传播和传递市场定位。

（一）识别企业的竞争优势

旅游者一般都会选择那些能给自己带来最大价值的产品。赢得和留住旅游者的关键在于能够比竞争对手更好地理解旅游者的需要，并为他们提供更多的价值。旅行社要想确定自己的竞争优势，就要具体了解竞争对手的产品定位、目标市场上旅游者的需要和满足程度、存在的尚未满足的需要。旅行社针对竞争对手的市场定位和目标市场上旅游者尚未满足的需要，找出与竞争对手的差异，确定可采取的行动，并由此确定自己的竞争优势。

（二）选择合适的竞争优势

并不是所有的差异都能成为竞争优势，旅行社要分辨出能够成为竞争优势的差异。大多数旅游者对旅游企业之间的细微差异并不感兴趣，旅行社也不用费尽心思去寻求每一处不同。一般来说，旅行社要选取最能体现自身风格、最符合目标市场上旅游者需要的特性进行宣传，确定差异数量和需要突出的差异。

（三）传播和传递市场定位

一旦选择好市场定位，旅行社必须把它准确无误地传递给目标旅游者，使自身的独特的竞争优势在旅游者心目中留下深刻印象。旅行社只有锁定目标旅游者进行传播，才能让产品信息直达目标受众，使他们了解、熟悉、认同其市场定位，并在他们心目中树立良好的定位形象。酒香也怕巷子深，适当的宣传推广必不可少。旅游产品要想在市场上具有良好的表现，不仅要有过硬的服务和产品质量，还需要适当的传播。此外，旅行社还要不断强化其市场形象并保持与目标旅游者的沟通，以巩固自己的市场地位。

育德启智 2-1-1　以蒸湘特色文化“软实力”打造全域旅游“新高地”

近年来，衡阳市蒸湘区聚焦“制造立市、文旅兴城”发展战略，深化文旅、农旅、城旅融合，不断延伸产业链、创造新价值、催生新业态，走出蒸湘文旅发展新路子。2023年一季度实现旅游人数147.4万人次，同比增加29.83%；旅游收入14.55亿元，同比增长31.47%。

深挖地域文化“强底蕴”。利用雨母山作为衡阳“中心花园”、“城市绿肺”和南岳衡山“姊妹山”的优势，将雨母山景区总体定位为“城市休闲度假区”，大力发展近郊旅游新模式。提升本土文化内涵，讲好景区历史文脉、文化故事，充分发掘具有鲜明地域特色的帝喾根祖文化、大肚岭抗战文化、赤松子养生文化，打造“十里荷塘”清廉文化景观，厚植“福”文化底蕴，推出雨母特色主题旅游产品。

开发农耕文化“赋动能”。坚持“把风景向场景转变、把场景向前景转变”的理念，大力发展乡村生态游、农业观光游、农耕研学游。打造“可食地景”，用生态方式将农业产业融入景观，扮靓一批“小而精、小而美、小而特”的美丽院落。探索打造美丽庭院、发展特色民宿、推动研学实践、协同农旅融合等方面的机制化、常态化、长效化经验，实现联农带农富农“可食地景”，目前已打造3个样板点并在全区推广，预计每年每户可增收5 000元以上。精耕“一米菜园”，创新策划“乡村合伙人”系列宣传推介活动，依托辖区内丰富的农耕、农旅、农产品加工等资源，以基地建设为支撑，将水稻、蔬果种植、采摘与教育研学、农耕体验相融合。

打造夜市文化“扩流量”。推出“蒸湘畅晚”夜间经济品牌，不断提升群众“住”的舒适度、“吃”的品质感、“购”的消费欲。构建夜经济“集聚区”，坚持“整体规划、分步实施、选点布景、分类指导”，编制西合路夜间经济集聚区及示范项目规划，围绕“3+6+N”的工作思路（“3”指打响品牌、打造夜市和打通线上线下，“6”指在夜食、夜购、夜游、夜宿、夜行、夜娱6个方面下功夫，“N”指各镇街、部门举办的系列活动），重点打造“一线三点五段”夜间经济集聚区（一线指西合路沿线，三点指蒸湘万达、金钟大雁城、弘阳广场，五段指蒸水夜游段、夜享美食段、夜娱潮玩段、夜购文创段、夜宿夜学段），构建夜间经济“点、线、面”立体消费体系。

资料来源　曾梦龙．以蒸湘特色文化“软实力”打造全域旅游“新高地”[EB/OL]．[2023-07-24]．http：//www.ctnews.com.cn/xyhn/content/2023-07/24/content_146640.html.

学有所悟：衡阳市蒸湘区的总体定位中注重地域文化、农耕文化和夜市文化等特色元素的思考，强调了文化的重要性和对传统价值的尊重，同时通过挖掘地方特色和推动经济发展，实现了经济、文化和社会的良性互动。蒸湘区在全域旅游发展中挖掘和传承地方文化，可以使游客在旅游过程中感受到传统文化的魅力，并培养游客的良好行为习惯和品德修养。

任务实施

步骤一：选取权威性或官方网站查询信息，全面调研研学旅行发展现状和趋势。

____

____

步骤二：网络结合电话调研，了解当地研学旅行发展现状，运用科学的市场调研方法了解中小学生旅游需求情况。

____

____

步骤三：总结当地研学旅行发展现状和中小学生旅游需求情况，预测当地研学旅行未来发展趋势，撰写当地中小学生旅游需求调研报告。

____

____

任务总结与评价

任务总结与评价见表2-1-2。

表2-1-2　任务总结与评价

工作任务	调研中小学生旅游需求
任务检查	网络调研研学旅行发展现状和趋势情况 ○优秀　○良好　○中等　○一般　○未完成
	运用科学调研方法调研中小学旅游需求情况 ○优秀　○良好　○中等　○一般　○未完成
	撰写当地中小学旅游需求调研报告情况 ○优秀　○良好　○中等　○一般　○未完成
工作成果	
自我评价	
教师评价	
备注	（任务检查中未完成部分情况说明）

任务二　设计旅游线路

任务导入

工作任务：设计研学旅游线路。

任务描述：旅行社为了开拓研学旅行市场，已经进行了以研学旅行为主题的中小学旅游需求调研，了解了研学旅行市场前景和中小学旅游需求特点，分析了研学旅行产品的可行性，现进行研学旅行线路设计。

任务要点：研学旅行线路设计。

必备知识

◎ 知识点1　旅游线路设计的内涵

一、旅游线路设计的含义

旅游线路是联系旅游者和旅游景区、客源地和目的地的重要环节，同时也包含了旅游者从旅游活动开始到结束整个旅游过程中的全部需求，即食、住、行、游、购、娱等各个方面。

旅游线路设计是指在一定的旅游区域内，根据现有旅游资源的分布状况以及整个区域旅游发展的整体布局，以一定的旅游时间和费用为参照，分析、选择、组合各种旅游要素，将其生产并包装为综合性的旅游产品，并使旅游者获得最丰富的旅游经历的过程。

二、旅游线路的类型

旅游线路按照不同的标准可以划分为很多种类型，常见的有以下几种：

（一）以线路距离为标准划分

按线路距离划分，旅游线路可分为短程旅游线、中程旅游线、远程旅游线。短程旅游线的游览距离较短，活动范围较小，一般局限在市内、市郊或相邻区县区域；中程旅游线的游览距离较远，活动范围一般在一个省级旅游区内；远程旅游线的游览距离长，活动范围广，一般是跨省甚至跨国旅游，包括国内远距离、边境和海外旅游线路。

（二）以线路时间为标准划分

按线路时间划分，旅游线路可分为一日游线路、两日游线路、三日游线路和多日游线路。一般一日游、两日游为短程旅游，而三日以上为中长程旅游。

（三）以线路性质为标准划分

按线路性质划分，旅游线路可分为普通观光旅游线、休闲旅游线和专题旅游线。这三种旅游线路性质的划分是相对的，现实中更多的是互相交叉、互相包含的关系，即观光旅游线包含专题的内容，休闲旅游线附带观光的成分，这样的线路才会有更强的市场竞争力。

（四）以对游客吸引范围大小划分

按对游客吸引范围大小划分，旅游线路可分为国际旅游线、国家级旅游线和区内旅游线。

（五）以线路空间布局形态划分

按旅路空间布局形态划分，旅游线路可分为两点往返式旅游线、单通道式（单线贯通式）旅游线、环通道式（环形贯通式）旅游线、单枢纽式（单点轴辐式）旅游线、多枢纽式（多点轴辐式）旅游线和网络分布式旅游线。

案例共享2-1-4　旅游产品说明书

《旅行社服务通则》和《旅行社国内旅游服务规范》对旅游产品提出了相关要求。旅行社在向旅游者或零售商发布产品时应提供产品说明书，详细说明产品应具备的要素。产品说明书应包括以下内容：

（1）线路行程。

（2）所采用的交通工具及标准。

（3）住宿、会议（如有）地点、规格及标准。

（4）餐饮标准及次数。

（5）娱乐安排及自费项目。

（6）购物安排、具体次数及每次停留时间。

（7）产品价格、价格包含及不包含的内容、产品价格的限制条件（如报价的有效时段、人数限制、成人价、儿童价等）。

（8）游览时间及季节差异。

（9）旅游目的地资讯介绍及注意事项。

（10）针对高风险旅游项目的安全保障措施。

（11）投诉电话。

旅行社在团队出发前应向旅游者发放“行程须知”，列明产品说明书中尚未明确的要素。对无全陪的团体或散客须告知旅游目的地的具体接洽办法和应急措施。出境团队出发前应召开出团说明会。

对于产品发布时尚不能确定的要素应于出发前以“行程须知”的方式告知旅游者。不能确定的要素应限于以下四项：

（1）具体航班信息。

（2）酒店具体名称、地址及联系方式。

（3）紧急情况联络方式。

（4）目的地有特别注意事项应做特别说明。

资料来源　王宁，伍建海，廖建华．旅行社经营管理实务［M］．北京：清华大学出版社，2020.

思考：设计一条完整的旅游线路应该包含哪些内容？

三、旅游线路设计的主要内容

从旅游供给角度来考虑，一条完整的旅游线路主要由旅游资源、旅游设施、旅游可进入性、旅游成本、旅游服务等要素组成，它们也是旅游线路设计的主要内容。

（一）旅游资源

旅游资源，又称为旅游吸引物，指自然界和人类社会凡能对旅游者产生吸引力，可以为旅游业开发利用，并产生经济效益、社会效益、环境效益的各种事物和因素的综合。

旅游资源是进行旅游线路设计的核心和物质基础，是旅游者选择和购买旅游线路的决定性因素，也是影响旅游线路竞争力的主导因素。旅游资源按资源特性可以分为自然旅游资源和人文旅游资源。

（二）旅游设施

旅游设施是指完成旅游活动所必备的各种设施、设备和相关的物质条件的总称，是旅行社向旅游者提供旅游线路所凭借的服务性载体。旅游设施的完善与否，直接影响旅游活动顺利与否以及旅游服务质量的高低。旅游设施一般包括专门设施和基础设施两大类。

（三）旅游可进入性

旅游可进入性是指旅游者进入旅游目的地的难易程度和时效性。旅游可进入性的具体内容包括交通状况、通信条件、手续的繁简程度、旅游地的社会环境。旅游者是否能够按时顺利到达旅游目的地是旅游线路设计时应考虑的重要因素。旅游可进入性是连接旅游者需求与各种具体旅游产品的纽带，是旅游线路实现其价值的前提条件。

（四）旅游成本

旅游成本包括旅游时间和旅游价格。旅游时间涉及旅游线路所需总的旅游时间以及旅游过程中各项目的时间安排。旅游价格是旅游者为满足其旅游活动的需要所购买的旅游产品价值的货币表现。旅游供求关系、市场竞争价格、汇率变动及通货膨胀等因素，都会对旅游价格产生一定的影响。

（五）旅游服务

旅游服务是旅游经营者向旅游者提供劳务的过程，旅游服务质量直接影响旅游线路的质量，旅游服务水平决定旅游线路的优劣。旅游服务是旅游线路设计的核心内容，旅游服务的存在与旅游线路设计的实现密切相关。

四、旅游线路的组合形式

旅游线路的组合形式主要包括旅游线路的项目组合、旅游线路的空间组合、旅游线路的时间组合、旅游线路的旅游者组合、旅游线路的功能组合。

（一）旅游线路的项目组合

旅游线路中应包含多种旅游活动，这样更能激发旅游者的兴趣。如果旅游线路涉及的活动太少，会使旅游者感到兴味索然。

（二）旅游线路的空间组合

旅游线路的空间组合是指景区（点）地域密度上的组合。景区（点）密度集中的适合观光度假旅游，景区（点）地域跨度大的适合主题较突出的旅游。如旅游资源丰富的目的地，仅一日游的线路设计就可以包括十余个景点。

（三）旅游线路的时间组合

旅游线路的时间组合是指旅游线路长短强弱节奏的组合。在时间安排上，旅游互动衔接要紧凑而不紧张，快节奏和慢节奏的活动要交叉进行，刺激性活动和休闲活动交叉变换。

（四）旅游线路的旅游者组合

旅游线路的旅游者组合是针对不同的消费群体所进行的组合，主要有散客团、家庭团、单位团，以及朋友、同学组成的团等。

（五）旅游线路的功能组合

旅游线路的功能组合是针对一个特定的景区（景点）而设计的。旅游的六大要素“食、宿、行、游、购、娱”也代表了六大功能。旅游线路设计过程中，不同的功能组合也能吸引不同的旅游者。

◎ 知识点2　旅游线路的开发

一、旅游线路设计步骤

微课2-1-1

旅游线路设计步骤

旅游线路是旅行社根据市场需求，结合旅游资源和接待服务的实际状况，为旅游者设计的包括整个旅游过程中全部旅游项目内容和服务的游览路线。

（一）确定线路名称

线路名称是线路的性质、大致内容和设计思路等内容的高度概括，因此确定线路名称应考虑各方面因素，并力求体现简约、突出主题、时代感强、富有吸引力等原则。

（二）策划旅游线路

旅游线路是以一定的交通方式将线路各节点进行合理连接。策划旅游线路就是安排从始端到终端以及途经地之间的游览顺序，在线路上合理布局节点。

（三）计划活动日程

活动日程是指旅游线路中具体的旅游项目内容和地点及各项活动进行的日期，应体现劳逸结合、丰富多彩、节奏感强、高潮迭起的原则。

（四）选择交通方式

交通方式的选择要体现安全、舒适、经济、快捷、高效的原则，要综合利用各种交通方式与工具，扬长避短，合理衔接。

（五）安排住宿餐饮

吃、住是旅游活动得以顺利进行的保证，应按照经济实惠、环境幽雅、交通便利、物美价廉、有特色等原则进行合理安排，并注意安排体现地方和民族特色的风味餐。

（六）留出购物时间

购物通常在游客总花费中占据30%左右，需要遵循时间合理、能满足大部分游客的需要、不重复、不疲惫的原则适当安排。

（七）筹划娱乐活动

要充分考虑安排游客参与旅游地的节事活动。娱乐活动要丰富多彩、雅俗共赏、健康文明、体现民族文化的主旋律，达到文化交流的目的。

案例共享2-1-5　　亲子研学·童趣版纳·寓教于乐

产品概要见表2-1-3。

表2-1-3　　产品概要

往返交通：飞机往返，航班时间可选	住宿：4晚4星酒店
购物：无购物	团队人数：一单一团
景点：1个景点/场馆	餐食：成人含4早餐3午餐，3次自理 儿童含3午餐，7次自理
服务语言：普通话	接送机：提供目的地专车接送机（站）服务

行程介绍见表2-1-4。

表2-1-4　　行程介绍

行程	用餐	景点/场馆/活动
第1天： 各地—西双版纳—勐海		告庄安纳泰莱度假酒店
第2天： 告庄安纳泰莱度假酒店—曼么新寨（雨林穿越—制作树叶标本）—绿叶宴—版纳勐仑植物园（学生游植物园—版纳闻香之旅）—告庄小镇	早餐：成人含餐，儿童不含餐 享用酒店内自助早餐 午餐：成人含餐，儿童含餐 绿叶宴 晚餐：成人不含餐，儿童不含餐	雨林穿越曼么新寨 制作树叶标本 中科院西双版纳热带植物园 版纳闻香之旅 告庄西双景
第3天： 告庄安纳泰莱度假酒店—野象谷景区（小象公益—中标象餐（宴））—曼掌村（傣族造纸—刻贝叶经—慢转轮陶艺）	早餐：成人含餐，儿童不含餐 享用酒店自助早餐 午餐：成人含餐，儿童含餐 野象谷中标象餐（宴），体验五彩缤纷大象餐美食。 晚餐：成人不含餐，儿童不含餐	野象谷 小象公益 曼掌村傣族造纸 曼掌村刻贝叶经 曼掌村慢转轮陶艺
第4天： 告庄安纳泰莱度假酒店—逛傣楼—勐娜西温泉客栈—茶山采大树茶—勐海茶餐宴—制茶体验—茶道体验	早餐：成人含餐，儿童不含餐 享用酒店自助早餐 午餐：成人含餐，儿童含餐 勐海茶餐宴用茶叶与各种地道食材，做出茶主题餐饮。 晚餐：成人不含餐，儿童不含餐	逛傣楼 茶山采大树茶 制茶体验 茶道体验
第5天： 送机—返回温馨的家！	早餐：成人含餐，儿童不含餐 享用酒店自助早餐	

资料来源　根据携程旅行网站资料整理.

思考：一条成熟的旅游线路应该包含哪些内容？

二、旅游线路设计的原则

（一）市场导向原则

不同的旅游者对旅游市场的需求是不一样的，随着社会经济的发展，旅游者的需求随之变化，旅游市场的总体需求也是不断变化的。旅游线路的设计必须预测市场的需求趋势和需求数量，分析旅游者的旅游动机和影响旅游消费的因素，把握旅游市场的变化状况，坚持市场导向原则，针对不同的旅游者群体设计出不同的旅游线路，最大限度地满足旅游者的需求。

（二）突出特色原则

突出特色（或主题）是旅游线路设计的灵魂，可以使旅游线路充满魅力，获得强大的竞争力和生命力。这就要求旅行社精心选择旅游线路的资源和形式，力求充分展示旅游的主题，做到特色鲜明，以新、奇、美、异吸引旅游者的注意。旅游线路设计突出特色体现了旅游市场营销中旅游产品以差异竞争代替价格竞争的理念，是旅游产品摆脱低水平竞争的根本所在。

（三）不重复原则

旅游者的游览活动并不仅仅局限在旅游景点上，旅途中沿线的景观也是旅游观赏的对象。在游览过程中，如果出现走回头路的现象，就意味着要在同一段游览路上重复往返。根据满足效应递减规律，重复会影响一般旅游者的满足程度，相同的沿途景观会让旅游者感到乏味，从而减弱旅游的兴趣。因此，在旅游线路设计时要尽量避免重复路线。但并非所有的旅游线路都可以按照这一原则，有些旅游景点由于受区位交通不利因素的影响，必须重复经过，这就是无法避免的。

（四）多样化原则

旅游线路的安排要注意旅游景区（点）及活动内容的多样化，如在第一个景点参观古迹，在第二个景点品尝美味，在第三个景点欣赏风景优美、民风淳朴的宁静小镇等。总之，在设计旅游线路时，为增加旅游乐趣，要使景点选择尽量富于变化，避免单调重复。

（五）时间合理性原则

旅游线路在时间上是从旅游者接受旅游经营者的服务开始，到圆满完成旅游活动，脱离旅游经营者的服务为止。在旅游过程中，旅游线路设计必须把握空间顺序和时间顺序的科学性、点间距的合理性以及购物安排的有序性原则，给予旅游者完美的旅游体验。

（六）安全第一原则

在设计旅游线路时，应遵循安全第一的原则，必须重视旅游景点、旅游项目的安全性，把旅游者的安全放在首要地位，“安全第一，预防为主”；必须高标准、严要求地对待旅游工作的每一个环节，对容易危及旅游者人身安全的重点部门、地段和项目，提出相应的要求并采取必要的措施，消除各种潜在隐患，尽量避免旅游安全事故的发生。

案例共享2-1-6　全国乡村旅游精品线路公布，广东5条线路入选

文化和旅游部推出2023年“乡村四时好风光”全国乡村旅游精品线路第一期，共152条线路。广东有5条线路入选，分别为：珠海寻觅唐家湾人文风情之旅、汕头南澳环岛公路海岛风情之旅、中山岐澳古道历史文化探寻之旅、茂名高州“甜美果海”游、梅州“探古道—赏春花—品茶韵”—梅县区赏花踏春古镇游。线路串联起乡村旅游点、民宿、特色餐厅、文创和旅游商品店等，满足了人民群众乡村休闲度假的需求。

资料来源　佚名.全国乡村旅游精品线路公布，广东5条线路入选［J］. 源流，2023（6）.

思考：旅游线路设计如何能够吸引旅游者？

三、旅游线路开发流程

（一）分析构思阶段

动画 2-1-1

旅行社产品开发流程

一个地区在一定的时期内，旅游资源、旅游服务设施和其他客观条件是相对稳定的，关键在于旅行社如何根据市场需求，经过科学的分析和巧妙的构思，设计出各种吸引旅游者的旅游线路。

在旅游线路开发的分析构思阶段，一方面要调查分析市场行情，了解各类旅游群体的不同需求，然后对旅游地交通状况、旅游景区（点）状况、旅游可进入性、旅游设施和服务等进行详尽的研究和精心的选择；另一方面要构思创意，根据市场需求情况，提出旅游线路的设计构思，即确定旅游线路的主题。旅行社只有具备创造性的构思，才能开发出具有竞争力的线路。

（二）筛选方案阶段

筛选就是旅行社专业技术人员根据直观的经验判断，剔除那些与旅行社发展目标、业务专长和接待能力等明显不符或不具备可行性的构思，缩小有效构思的范围。当一条旅游线路的主题确定后，具体的设计组合会有多种方案，对这些方案要进行认真的比较研究，综合考虑多种因素，最后确定一种较为合理、理想的方案。

（三）试产试销阶段

旅游线路设计方案确定后，旅行社即可与有关部门或行业达成暂时协议，将旅游线路设计方案付诸实施，进行试验性销售。旅游线路试产试销的目的主要有三个：一是了解销路情况；二是检验市场经营组合策略的优势；三是发现并解决问题。

（四）投放市场阶段

旅游线路试销成功后，即可正式投放主要目标市场，并进行广告宣传和促销。

（五）检查评价阶段

旅游线路投入市场后，旅行社还应对旅游线路进行定期的检验与评价，对线路进行必要的修订和改进，并广泛搜集各种反馈信息，进一步完善旅游线路。

任务实施

步骤一：选取权威性或官方网站查询信息，全面调研研学旅行线路。

步骤二：结合当地旅游资源设计研学旅行线路。

步骤三：实地考察研学旅行线路，撰写研学旅行线路最终方案。

任务总结与评价

任务总结与评价见表2-1-5。

表2-1-5 任务总结与评价

工作任务	设计研学旅游线路
任务检查	网络调研研学旅行线路情况 ○优秀 ○良好 ○中等 ○一般 ○未完成
	结合当地旅游资源设计研学旅行线路情况 ○优秀 ○良好 ○中等 ○一般 ○未完成
	实地考察研学旅行线路，撰写研学旅行线路最终方案情况 ○优秀 ○良好 ○中等 ○一般 ○未完成
工作成果	
自我评价	
教师评价	
备注	（任务检查中未完成部分情况说明）

任务三 确定产品价格

任务导入

工作任务：制定研学产品价格。

任务描述：旅行社已经进行了以研学旅行为主题的旅游线路设计，现在需要为研学旅行线路定价。

任务要点：研学旅行线路价格。

必备知识

◎ 知识点1 产品价格的内涵

一、旅行社产品价格的含义

从狭义上说，旅行社产品价格就是针对某一种旅游产品而收取的金钱数量。从广义上说，旅行社产品价格是指消费者用来交换拥有或使用某种旅游产品的利益的全部价值量，它是由生产同类旅游产品的社会必要劳动时间决定的。

案例共享2-1-7　　理性看待景区商品价格过高现象

据媒体报道，2023年7月9日，在浙江杭州，一名游客投诉大奇山国家森林公园一瓶零售价2元的矿泉水卖10元、一个西瓜卖200多元，物价高得离谱。7月10日，景区工作人员表示，景区正在和这家商铺洽谈，景区领导也很关注，已经要求商铺全部明码标价。

众所周知，景区商户与城市商场超市相比有一定的特殊性，比如受承包租金、客流周期性等因素影响，其经营成本相对更高。在一些边远区域、山区，其经营的商品还有高昂的运输成本。因此，不能简单地拿常态的物价尺度来衡量景区物价的高低。

此外，不同景区之间也有很大的差异性，如泰山、华山等景区，一些商品靠人力运到山上，矿泉水、方便面等价格自然要高于城市超市价格。此次被投诉的杭州大奇山国家森林公园，矿泉水每瓶卖10元、西瓜每个卖200元，这样的价格与上述因素有很大关系。对此，景区管理机构相关的回应也予以证实。因此，公众对于景区商品价格还应理性看待。

景区物价总体属于市场定价范畴，受市场客观规律支配，这意味着经营者有自由定价的权利与自由，只要商家明码实价，不强买强卖，让消费者拥有充分的知情权和自由交易权，其价格行为就是合法的，如果商家按规定标明了价格，便不存在欺骗的问题。

当然，凡事有度，景区商品物价略高可以理解，但是不能严重背离价值规律。价格行为合法的同时，价格数值亦应在合理区间内，毕竟景区商户带有一定的垄断性，游客看似有消费与否的权利，却又没有更多的选择。因此，景区物价怎样才算合理不时引发争议。

景区物价可以高，但不能高得离谱。一方面，景区应当加强市场价格管理，督促商家严守法规红线，如对商品与服务明码标价，规范调整商品与服务价格，确保价格透明、公平，守住景区物价合法的基本盘。另一方面，景区要引导商家诚信经营，在保证商家合法获利的前提下，倡导合理定价、取利有道的理念。

资料来源　房清江．理性看待景区商品价格过高现象［N］．中国旅游报，2023-07-13.

思考：旅行社应该如何进行产品定价呢？

二、旅行社产品价格的分类

（一）一般旅游价格

1.根据旅游者的购买方式划分

（1）单项服务价。旅游者可以根据需要选择不同的购买方式。如果是散客，可以零星的单项价格向旅行社购买。这种单项价格，就是各个具体服务项目所规定的价格。

（2）团队全包价。如果旅游者参加的是团队全包价旅游，就需要一次性预付旅游活动所需的全部费用。全包价费，是按旅游线路所涉及城市的远近、旅游团的人数、各项服务的等级和数量来决定的。

（3）部分包价。部分包价介于两者之间。不论是全包价旅游产品的价格还是部分包价旅游产品的价格都不是各项单项旅游产品价格的简单相加。旅游产品的价格与人数和选择景区的数量等因素有关。

2.根据旅游范围划分

（1）国际旅游价格。国际旅游价格一般包括从客源国（或地区）到目的地国（或地区）之间的往返交通费、旅游产品价格以及本国及外国旅行社相应费用及利润之和。

（2）国内旅游价格。国内旅游价格也可以分为单项价格、包价及部分包价等。

（二）特殊旅游价格

旅游产品除一般旅游价格外，还有旅游差价和旅游优惠价两种特殊价格类型。

1.旅游差价

旅游差价是指同一种旅游产品由于购销环节、购销地区、购销季节以及产品质量的不同而形成的价格差异。根据形成原因的不同，旅游差价又可分为批零差价、季节差价、地区差价、质量差价等四种。

2.旅游优惠价

旅游优惠价是指在旅游产品的基本价格基础上，给予旅游产品购买者一定折扣的价格。一般情况下，旅游优惠价主要有对象优惠价、常客优惠价、支付优惠价和购买量优惠价四种。旅行社实行旅游优惠价的目的是吸引旅游产品购买者，争取客源市场，使企业的经营状况保持相对稳定。

三、旅行社产品的定价目标

旅行社产品的定价目标，是指旅行社为产品定价时，预先设定的想要通过价格手段达到的目标。

（一）生存导向目标

生存导向目标也叫维持生存目标。当旅行社面临竞争态势异常恶劣、客源大减、资金周转不灵、产品滞销等困难时，为避免破产倒闭，旅行社以保本价格甚至亏本价格出售产品，以争取客源，维持营业。这种定价目标往往只作为特定时期的过渡性目标，一旦旅行社经营出现转机，它将很快被其他定价目标所取代。

（二）利润导向目标

利润导向目标也叫当期利润目标。这种目标通常侧重于短期内得到最大利润。当旅行社及其产品在市场上居领先地位，而其他竞争对手力量不强，旅行社产品在市场上供不应求时，通常采用此目标。利润最大化并不意味着价格最高，这一目标可能会影响到市场占有率，为竞争者提供机会，所以旅行社应慎重采用这一目标，必须有长远的经营战略。

（三）销售导向目标

销售导向目标也叫扩大市场占有率目标，是一种注重长期利益的定价目标。市场占有率也称为市场份额，是指企业产品的销售量在同类产品销售量中所占的百分比。市场占有率高就可以通过规模效益降低成本，并可以获得一定控制市场和价格的能力，从而提高产品竞争力。对于新创立或不满足自己所占市场份额的旅行社，可采取定价低于主要竞争对手同类产品价格的方法，这是一种放弃眼前利益取得长远利益的战略。

（四）竞争导向目标

竞争导向目标也叫应对或防止竞争目标。在旅游市场竞争中，价格是最有效而又最敏感的竞争手段。旅行社可以以有影响力的竞争对手的价格为参考，根据自身的条件对产品价格进行调整。有的旅行社实力较弱，制定的价格一般低于竞争对手；有的旅行社实力较强，资产雄厚、产品质量优异、服务专业，可能会把价格定得高一些。

（五）形象导向目标

形象导向目标也叫树立或维持良好形象目标。旅行社形象，是旅行社通过长期市场营销等活动，而给予消费者的一种精神感知。良好的形象与产品销售市场占有率、竞争能力等密切相关，这些又会通过价格表现出来。所以旅行社产品价格的制定要符合企业形象，实行优质优价服务，树立良好的企业形象。

◎ 知识点2 产品价格的制定

一、旅行社产品的定价因素

旅行社在进行产品定价的过程中，应综合考虑以下因素：

（一）企业营销目标

企业营销目标主要是指营销目标和财务目标。由于价格决策是企业营销决策的重要组成部分，因此，产品的定价既取决于营销目标，又受到企业财务目标的影响。旅行社的营销目标和财务目标直接决定着它的定价目标。具体而言，旅行社可选择利润导向定价、营销导向定价、竞争导向定价等方式进行定价。

（二）企业产品成本

产品成本是影响旅行社产品价格的最直接的因素。企业要维持简单再生产，价格必须高于成本。在一般情况下，产品成本是旅行社定价的基础，成本越低，旅行社定价的弹性越大，但一旦低于成本，企业就难以为继。旅行社在实际经营中非常重视降低成本，节省一切不必要的开支，为降低价格提供空间，实现扩大销售和增加利润的目标。

（三）市场供求关系

市场供给量和市场需求量之间的数量对比关系，在很大程度上影响着旅行社产品的定价。旅行社在制定产品价格时必须充分考虑旅游市场上的供求状况。如果旅游市场上经营同类产品的旅行社数量众多，供大于求，旅行社可能选择低价销售；如果市场上经营同类产品的旅行社数量较少，甚至是某些旅行社独家经营，而且需求旺盛，供不应求，旅行社往往选择提高价格。

（四）竞争者的价格

在旅游市场上，绝大多数旅行社生产和销售同类产品，产品差异小，各旅行社之间竞争激烈。旅游者在购买旅行社产品时，总要在同类产品中论质比价。因此，旅行社在定价时应参照竞争者的产品和价格。

（五）宏观政策因素

旅游目的地为实现其经济发展，必然制定一系列的宏观经济政策，而旅游价格政策是政府宏观经济政策的重要组成部分。宏观经济政策指导价格政策，并对旅游价格产生不同程度的影响。因此，宏观政策因素也是旅行社定价时必须考虑的因素。

案例共享2-1-8　　旅游指南：旅游中影响价格的几大要素

出门旅游，游客当然是希望花最少的钱，看最多的景点，享受最好的服务。但是要注意：影响价格的要素很多，事前一定要看仔细。如果报名时省钱了，而旅游的时候不断往外掏钱，反而得不偿失。那么应该根据哪些因素，来判断一份旅游报价是否合理呢？

第一，往返交通费用，这是长途旅游价格中很大的组成部分，尤其是机票，价格比较高，浮动也大，很影响旅游价格。

第二，旅游过程中的景点门票，这也是最容易产生疑问的地方，哪些景点包含，哪些不包含，哪些是必须消费的，有的时候两个不同景点门票的价格差好几百元，旅游报价也就有差别了。

第三，在住宿方面，酒店类型比较多，从二星到五星都有，各个类型酒店又有挂牌和不挂牌之分，这些不同价格也会有差别。

第四，购物因素，旅游过程中购物店的多少也直接影响到旅游价格，进购物店次数因路线不同而不同。

第五，用餐对旅游价格的影响不太大，除非是高档次团队，可能用餐标准有差别，其他基本差不多。

资料来源　根据网络资料整理.

思考：旅游产品价格的影响因素有哪些？

二、旅行社产品的定价策略

（一）新产品定价策略

1.撇脂定价策略

撇脂定价策略是指新产品投放市场时，在短时期内采用高定价获得高额利润的定价策略。新产品刚上市时，需求弹性较小，旅游者对产品价格的反应不敏感，竞争对手也较少，因而可能在短时期内获得最大的利润。

2.渗透定价策略

这种策略与撇脂定价策略相反，将新产品以低价投放市场，以便尽快扩大产品的销售量，获得较大的市场份额。

3.适宜定价策略

撇脂定价策略与渗透定价策略都是对新产品进行定价的两种极端情况。适宜定价策略是指在上述两种极端定价之间，采取适宜的价格。

（二）心理定价策略

1.尾数定价策略

尾数定价策略又叫零头定价策略，是指旅行社确定的产品价格以零头为尾数，而不是采用整数价格。例如，本可采用2 000元定价，而采用1 999元，虽价格只差1元，却给游客一种价格低廉的感觉。

2.声望定价策略

声望定价策略也称整数定价策略，是指旅行社用高价位或整数价来显示产品的高品质形象。在旅游者心中信誉较高的旅行社或知名的产品才可以用这种定价策略。购买这种产品的旅游者常将此作为身份或社会地位的象征。

（三）折扣定价策略

1. 数量折扣

数量折扣是指旅行社为鼓励中间商大量购买，根据购买的数量或金额给予一定的折扣。数量折扣又可以分为累计数量折扣和非累计数量折扣。累计数量折扣，是指在一定的时期内，按照购买的总数量或总金额给予折扣；非累计数量折扣，是指根据一次性购买的数量或金额给予折扣。

2. 现金折扣

现金折扣也称提前支付折扣，指旅行社在赊销情况下，对那些提前付款的旅游者，给予一定比例的价格优惠。这种折扣可改善旅行社的现金流通，降低收回欠款的费用，减少坏账损失。

3. 功能折扣

功能折扣也叫交易折扣，指旅行社对提供某些宣传、推销等营销服务的中间商，给予一定的价格折扣。旅行社采取此种策略，可减少营销费用，从而省下成本，以折扣的形式转让给客户。

4. 季节折扣

季节折扣又叫季节差价，是旅行社为吸引、鼓励旅游者在淡季购买本社产品而给予的价格优惠。此策略可使旅行社产品生产与销售保持相对稳定，减少淡季时设施与人员的闲置。

案例共享2-1-9　　让高端火车游助推旅游消费多元发展

高端火车游既要见利更要知弊。这种国内新兴的旅游产品在一定意义上推动了我国旅游业的多样性发展，但这种产品的定价不菲，客户人群较狭窄，消费模式难以大范围推广，就怕“昙花一现”。同时因其在国内发展时间较短，“出圈”列车少，一旦宣传上夸大其词，产品大量同质化，让游客现实体验不佳，带来的就是口碑崩盘。

融入地方文化，打造产品生态。此类高端火车游的经营模式不可照搬国外经验，否则只能“红”一阵，不能长久。作为旅游产品，不仅要注意特色饮食和窗外风光，而且需要着眼当地文化，将列车装修风格、服务人员服饰、住宿风格等充分结合当地文化，打造有特色的旅游列车，提供定制化、品质化、深度化而非同质化的旅游产品，让当地文化同列车一起出圈。

找准市场定位，突出竞争优势。一款新兴的旅游产品，要想成为爆款“出圈”，并不是一件易事。旅行社一方面以高端火车游打响旅游品牌，另一方面提高性价比，设置更多中、低价位的产品供消费者选择，产生差异化产品，覆盖更多受众群体，进一步增强盈利能力并扩大影响力，从而打破局限性，助推我国旅游消费市场多元化发展。

资料来源　朱子易. 让高端火车游助推旅游消费多元发展［EB/OL］.［2022-07-20］. https://www.xds.work/xuandiaozixun/xuandiaowangping/2022/07/302817.html.

思考：高端火车游的定价方法是什么？

三、旅行社产品定价方法

（一）成本导向定价法

成本导向定价法是指以旅游产品的成本作为主要依据的定价方法。成本导向定价法又可分为成本加成定价法、目标收益定价法、盈亏平衡定价法和边际贡献定价法。其中，成本加成定价法、目标收益定价法是企业在盈利点上的定价法，盈亏平衡定价法是企业在保本点上的定价法，边际贡献定价法是企业在亏损点上的定价方法。

1.成本加成定价法（总成本+比例利润）

这种方法是旅行社在产品的单位成本上加上一定的毛利计算出单位产品的价格。毛利通常包括产品的营销费用、税金和预期利润等。其计算公式如下：

单位产品价格=单位产品成本×（1+成本加成率）

例如：旅行社某一产品，其成本为800元，旅行社确定的成本加成率为30%，则：

产品售价=800×（1+30%）=1 040（元）

2.变动成本定价法（固定成本忽略+变动成本）

这种方法又称边际贡献定价法，是旅游企业根据单位产品的变动成本来制定产品的价格，制定出来的价格只要高于单位产品的变动成本，企业就可以继续生产和销售，否则就应该停产、停销。而单位产品的预期收入高于变动成本的部分就是边际贡献。

例如：某一旅行社产品的总成本为100元。其中，变动成本为30元，固定成本为70元。现在，产品销售十分困难，企业为了减少亏损只能采用边际贡献定价法来确定产品的价格。那么，产品的价格至少要定在高于30元的水平，如40元。因为产品的价格如果是40元，企业每售出一单位产品只亏损60元，还有边际贡献10元；产品如果不销售，企业在每单位产品上就要亏损70元，因此，企业还是要选择继续经营。同理，也可计算出如果产品的定价低于30达到20元，企业就应该停止经营。

3.目标收益定价法（总成本+目标收益）

目标收益定价法是旅行社根据其总成本及预测的总销售量，确定一个目标收益率，以此计算旅游产品的价格。其计算公式为：

单位产品价格=（总成本+资本总额×目标收益率）÷预计销售量

4.盈亏平衡定价法（固定成本+变动成本）

这种方法又称保本定价法，指旅行社根据产品的成本和估计销量计算产品的价格，使销售收入等于生产总成本。其计算公式为：

单位产品的价格=（单位产品的变动成本+固定成本）÷估计销售量

（二）需求导向定价法

需求导向定价法是根据游客的需求因素来制定旅游产品价格的定价方法，即根据旅游者的需求强度、支付水平以及对旅游产品价值认知程度制定价格。常用的需求导向定价法主要有以下几种类型。

1.差别定价法

差别定价法是指在旅行社产品成本相同或相近的情况下，根据旅游者对同一产品的效用评价差别来制定价格。例如不同游客的差别定价，即同一旅游产品视游客身份不同实行差异价格。

2.声望定价法

声望定价是针对旅游者“便宜无好货、价高质必优”的心理，对在旅游者心目中享有一定声望、具有较高信誉的产品制定高价。

3.心理定价法

心理定价法是为了刺激和迎合旅游者购物的心理需求的定价方法，常见的心理定价法有：零头定价法、整数定价法。

（三）竞争导向定价法

旅行社产品定价除了要考虑成本和旅游者需求外，还需要考虑竞争因素。竞争导向定价法是指在定价中主要考虑竞争对手的定价方法。竞争对手的价格策略会对旅行社产品的销售产生很大影响，这就需要旅行社定价时参照市场上竞争对手的价格。

四、旅行社产品定价程序

（一）收集有关信息

旅行社应充分收集有关产品供求、竞争状况、经济变化等方面的资料和信息，并对此加以分析和判断，进而为制定合理的价格提供依据。

（二）选择定价目标

旅行社应根据自己企业的规模、经营状况等内部条件及外部环境、市场状况等信息，来确定适合的定价目标。

（三）估算产品成本

成本是定价的最低限度，产品价格高于成本才会有盈利。旅行社应对产品进行估算，进行保本分析，注意成本变化，确定市场营销的最低价——保本价格。

（四）分析竞争状况

旅行社在确定价格的同时，要充分了解竞争对手的价格、质量、竞争能力等情况，作为定价参考。

（五）测定市场需求

市场需求的测定，通常是对需求的价格弹性进行分析，测定目标市场的需求数量及需求强度，分析旅游者对价格的接受程度，以此作为制定合适价格的参考。

（六）确定定价方法

旅游产品价格的确定建立在全面、准确的调查、预测的基础上，要运用科学的方法，才能保证价格水平与市场需求相吻合。

（七）进行价格调整

通过定价方法计算出的旅游产品价格仅仅是价格的基准，旅行社还应该综合考虑各种因素对基准价格进行适当的调整，以发挥价格在营销中的作用。

育德启智 2-1-2　文化和旅游部办公厅印发通知：进一步提升暑期旅游景区开放管理水平

2023年7月24日，文化和旅游部办公厅印发《关于进一步提升暑期旅游景区开放管理水平的通知》（以下简称《通知》），明确提出优化预约管理、强化弹性供给、推动产品创新、提升服务质量、实施错峰调控、规范市场秩序、严守安全底线、强化宣传引导等八方面举措，切实提升暑期旅游景区开放管理水平，更好满足人民群众旅游需求。

《通知》提出，推动旅游景区及时应对市场需求变化，优化预约措施，实施科学管理，不搞“一刀切”，实现原则性和灵活性相统一，最大限度满足广大游客参观游览需求。简化预约程序，合理设置在线预约时间，提高预约操作的便捷性。针对中小学生、老年人、残障人士等特殊群体，要保留线下购票渠道。各地要指导旅游景区结合暑期旅游特点，因地制宜强化弹性供给，有效满足游客需求。要提前做好应对，引导旅游景区提前开园、延长开放时间，符合条件的旅游景区要增加夜间游览项目，丰富游览内容，提升景区容量。

《通知》明确，各地要指导旅游景区加强现场服务，耐心细致做好游客咨询，及时回应游客需求。要加强服务保障，备足防暑降温设施和物品，做好特殊天气的游客关怀。畅通游客沟通渠道，及时妥善处理游客投诉。加强区域统筹，整合区域旅游产品，增设旅游线路，实现区域游客分流，缓解热门旅游景区的接待压力。

《通知》要求，各地文化和旅游行政部门要联合公安、市场监管、网信等部门，加大对“黄牛”、第三方平台违规囤票、倒票等行为的打击力度，同时完善旅游景区门票分销系统，有效防止“黄牛”挤占票源。加强旅游市场秩序监管，严查欺客宰客等行为，维护景区游览秩序，净化旅游消费环境。会同发展改革等部门加强价格监管，严厉查处价格违法行为，保障游客权益。同时，进一步压实旅游景区安全责任，推动旅游景区提高安全生产的主动性、科学性和针对性，严防安全事故发生。通过多种渠道发布旅游提示，提醒游客增强安全意识，谨慎参与高风险项目，引导游客安全出行，文明旅游。

资料来源　中华人民共和国文化和旅游部.文化和旅游部办公厅印发通知：进一步提升暑期旅游景区开放管理水平［EB/OL］.［2023-07-26］. https：//www.mct.gov.cn/mctso/s? qt=%E4%BB%B7%E6%A0%BC.

学有所悟：旅游景区门票价格的合理与公平对于提升旅游市场的发展水平非常重要。过高的门票价格可能会让部分游客望而却步，从而影响景区的游客量和收入；不合理的费用设置也可能让游客感到被“宰了”，给游客带来不良体验，进而影响旅游景区的形象和口碑。因此，加强价格监管、保障游客权益是旅游行业良性发展的必要环节。只有合理、公正的价格设置，才能提升游客的信任感和满意度，进而提高旅游景区的经济效益和知名度。这也需要相关管理部门提高监管力度，加大对价格违法行为的查处和打击，确保旅游价格的透明度和公正性。

任务实施

步骤一：选取权威性或官方网站查询研学旅行线路价格信息，全面了解研学旅行线路价格的影响因素。

____

____

步骤二：根据旅行社自身企业情况，选择符合自身企业实际情况的定价目标。

____

____

步骤三：运用科学的定价方法为旅游线路制定价格。

____

____

任务总结与评价

任务总结与评价见表2-1-6。

表2-1-6 任务总结与评价

工作任务	制定研学产品价格
任务检查	分析旅游线路价格的影响因素情况 ○优秀 ○良好 ○中等 ○一般 ○未完成
	确定定价目标情况 ○优秀 ○良好 ○中等 ○一般 ○未完成
	运用科学的定价方法为旅游线路制定价格情况 ○优秀 ○良好 ○中等 ○一般 ○未完成
工作成果	
自我评价	
教师评价	
备注	（任务检查中未完成部分情况说明）

项目小结

本项目详细介绍了旅游市场调研的主要类型、基本内容和调研方法，旅游市场细分的内涵、原则和标准，目标市场选择的标准和策略、旅游线路设计的影响因素和设计流程以及旅行社产品价格的影响因素和定价方法。通过本项目的学习，学生能够有效地收集、筛选和整合旅游资源信息，深入研究旅游线路设计的关键要点，并根据旅游者的不同需求进行旅游线路的设计。

项目测试

一、单选题

1. 由于气候、生活习惯、经济水平等不同，消费者对同一类旅游产品往往会有不同的需求和偏好，因此旅游企业可以以此为标准开展（　　）。

A. 地理细分　　B. 人口细分　　C. 心理细分　　D. 行为细分

2.（　　）旅行社为避免与强有力的竞争对手发生直接竞争，而将自己的产品定位于另一市场区域内，使产品的某些特征或属性与强势竞争对手有明显区别。

A. 避强定位　　B. 迎头定位　　C. 重新定位　　D. 初次定位

3. 当旅行社及其产品在市场上居领先地位，而其他竞争对手力量不强，旅行社产品在市场上供不应求时，通常采用（　　）。

A. 生存导向目标　　B. 利润导向目标　　C. 销售导向目标　　D. 竞争导向目标

4.（　　）是指旅行社为鼓励中间商大量购买，根据购买的数量或金额给予一定的折扣。

A. 数量折扣　　B. 现金折扣　　C. 功能折扣　　D. 季节折扣

5.（　　）是指以旅游产品的成本作为主要依据的定价方法。

A. 成本导向定价法　　B. 需求导向定价法　　C. 竞争导向定价法

在线测评
2-1-1
选择题

二、简答题

1. 简述旅游市场调研的主要类型。
2. 简述旅游市场细分的标准。
3. 简述旅行社产品定价方法。

项目二 旅游市场销售

◎ 学习目标

知识目标：

• 了解旅行社销售渠道的内涵；
• 熟悉旅行社销售渠道选择的影响因素和策略；
• 熟悉旅游中间商的类型，掌握旅游中间商选择与管理；
• 掌握旅行社市场促销的几种方式；
• 掌握旅行社产品销售流程和品牌建设策略；
• 熟悉旅行社电子商务运行和客户关系处理。

能力目标：

• 能够正确选择旅游中间商等销售渠道；
• 能够运用多种方式展开旅行社产品促销；
• 能够为旅行社品牌形象塑造提出实施策略。

素养目标：

• 具有良好的市场销售意识和敬业精神；
• 提高对销售渠道和维护客户关系的认识。

任务一 拓展旅行社销售渠道

任务导入

工作任务：旅行社销售渠道决策。

任务描述：旅行社已经成功开发出研学旅行产品，你作为旅行社销售人员，为了保证产品及时投入目标市场，保持较高的工作效率，需要选择出适合研学旅行产品的销售渠道，并比较各个销售渠道的优缺点，对旅行社产品的销售渠道选择进行决策。

任务要点：选择旅行社销售渠道。

必备知识

◎ 知识点 1 旅行社销售渠道的内涵

一、旅行社销售渠道的含义

旅行社销售渠道，又称旅行社分销渠道，是指旅行社产品在适当的时间、地点，以适当的价格提供给旅游消费者，其产品所经历的各个环节连接起来的通道。简而言之，旅行社销售渠道是指旅行社将产品转移到最终消费者手中所经过的途径。

案例共享2-2-1　吉林省敦化市雁鸣湖镇小山村：生态立村　产业兴村　旅游富村

“湖光山色绝佳处，雁鸣湖畔小山村”。在吉林延边朝鲜族自治州敦化市雁鸣湖镇有一个小山村，这里青山环抱，绿水相依，因著名作家张笑天笔下的《雁鸣湖畔》而被国人所熟悉。

近年来，小山村响应敦化市委、市政府发展全域旅游的号召，立足于本村自然景观优势，因地制宜发展生态乡村旅游产业，形成“合作社+农户+公司”的发展模式。合作社94户村民筹集资金970万元，在村内建立占地12公顷的现代农业观光采摘园和集餐饮、住宿、水上娱乐于一体的雁鸣湖渔港，两处景点的建成吸引了周边城市数以万计的游客参观游玩。据悉，2019年小山村过境游客达15万人次，接待游客达5万人次，旅游收入达120万元，为当地农民提供就业岗位150个，增加农民收入80万元，带动村内8户农户开办起了农家饭庄和农家旅馆。史学良指着“老谭鲜鱼馆”说：“电视剧《美丽乡村》就是在小山村拍摄的，这家饭庄就是重要拍摄地。”

旅游业具有“一业兴、百业旺”的特点。小山村把旅游业作为先导产业和支柱产业培育，注重创新发展，做深做透“生态、休闲、康养、文化”的文章，推进旅游业态多元化。敦化市雁鸣湖镇党委副书记路均表示，未来，小山村将相继建成完善房车营地、帐篷营地、自驾车营地、环湖慢行路、水上游船、牡丹江漂流等项目。创建符合本村特色的活动，利用“互联网+乡村旅游”的全新运行方式，拓宽乡村旅游销售渠道，带领一方百姓致富。

资料来源　薇语. 吉林省敦化市雁鸣湖镇小山村：生态立村　产业兴村　旅游富村［N］. 中国旅游报，2020-07-07.

思考：为何要拓宽乡村旅游销售渠道？销售渠道具有什么作用？

二、旅行社销售渠道的类型

（一）直接销售渠道和间接销售渠道

1. 直接销售渠道

直接销售渠道是旅行社将其产品直接销售给旅游者的途径。这种销售渠道又称为零环节销售渠道，在作为产品生产者的旅行社和作为产品最终消费者的旅游者之间不存在任何中间环节。

直接销售渠道一般有两种形式：一种是旅行社直接向所在地的旅游者销售其产品，如当地居民到本旅行社的门市部直接购买旅游产品；另一种是旅行社在主要客源地区建立分支机构或销售点，通过这些机构或销售点向当地居民销售旅游产品。直接销售渠道如图2-2-1所示。

图2-2-1　直接销售渠道

2. 间接销售渠道

间接销售渠道是指旅行社通过旅游中间商将旅行社产品销售给旅游者的途径。

按中间环节划分，常见的间接销售渠道包括单环节销售渠道、双环节销售渠道和多环节销售渠道。

单环节销售渠道是指在生产旅游产品的旅行社和购买该产品的最终消费者即旅游者之间存在着一个中间环节，如图 2-2-2 所示。

图 2-2-2　单环节销售渠道

双环节销售渠道是指在生产旅游产品的旅行社和购买该产品的旅游者之间存在着两个中间环节，如图 2-2-3 所示。

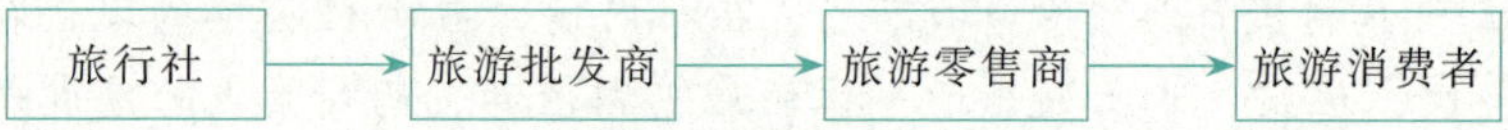

图 2-2-3　双环节销售渠道

多环节销售渠道包括三个或更多个中间环节，旅行社生产的旅游产品经过多层次、多环节销售给旅游消费者，一般有几种形式：旅行社—旅游批发商—旅游零售商—旅游消费者；旅行社—旅游代理商—旅游零售商—旅游消费者；旅行社—旅游代理商—旅游批发商—旅游零售商—旅游消费者，如图 2-2-4 所示。

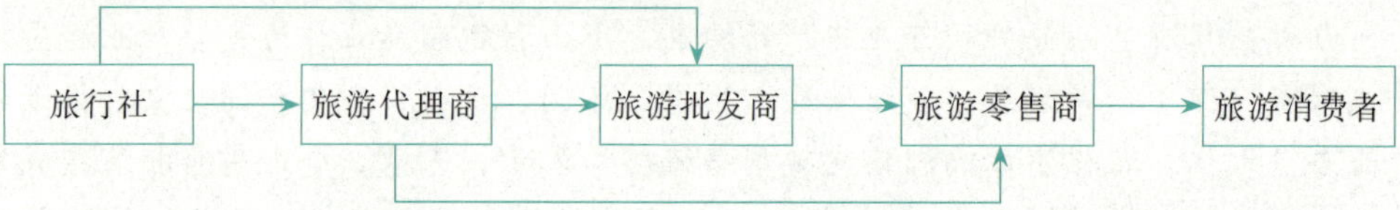

图 2-2-4　多环节销售渠道

（二）长销售渠道和短销售渠道

旅行社产品销售渠道的长度是指旅行社生产的旅游产品从旅行社销售开始到旅游消费者购买为止整个过程所经过的中间机构的层次数。旅行社产品在销售渠道中经过的中间层次越多，销售渠道就越长；反之，销售渠道就越短。我们可根据销售渠道的中间层次的多少，将销售渠道划分为长销售渠道和短销售渠道。例如，旅游者在常住地的旅行社购买了旅游产品，该产品是地方旅行社从旅行总社处购买的，而旅行总社又是从旅游企业的旅游代理商处购买的，即消费者购买的旅游产品经过了多层中间渠道，这就是长渠道。旅游消费者直接到旅行社购买该旅行社提供的旅游产品，不经过任何中间环节，这样的销售渠道就是短渠道。

（三）宽销售渠道和窄销售渠道

旅行社产品销售渠道的宽度是指一个时期内销售网点的数量、网点分配的合理程度以及销售数量。宽渠道是指使用的同类中间商较多、旅游产品在市场上的销售面较广的销售渠道。通常所说的要多设销售网点，就是指加宽销售渠道。所谓窄渠道，就是使用的同类中间商较少、旅游产品在市场上的销售面较窄的销售渠道。

（四）单销售渠道和多销售渠道

根据旅行社所采用渠道类型的多少，销售渠道可分为单销售渠道和多销售渠道。有些旅行社所有产品全部由自己直接销售或交给批发商销售，渠道类型比较单一，这就是单销售渠道。有的旅行社则根据不同层次或地区消费者的不同情况在本地区采用直接销售渠道，在外地采用间接销售渠道，或同时采用长销售渠道和短销售渠道，这就称为多销售渠道。

案例共享 2-2-2 沈阳市旅行社销售渠道及其游客旅游需求分析

旅游业作为国民经济的支柱产业，意义重大。随着社会经济的快速发展和人们旅游观念的日渐成熟，全民兴起旅游热，但旅行社传统的销售渠道已不能满足游客的个性化、多样性和灵活性需求，游客获取旅游信息更多借助于互联网平台而非传统媒介。

以沈阳市旅行社群体为调查对象，采用文献调查法和网络调查法分析旅行社销售渠道。调查研究表明，沈阳市旅行社销售渠道主要包括线下渠道、线上渠道和移动电子商务渠道，销售渠道总体分布情况较好，但也存在网店分布和设置不科学、经营模式不合理、旅游交易会参与意愿较弱、旅游网站宣传建设水平较低、移动电子商务渠道的建立和运行情况较差等问题。因此，沈阳市旅行社要全方位考虑服务网点设立，严格按照标准设立网点；加强对旅行社网点建设，制定提高影响力的措施，对旅行社工作人员进行标准化培训；积极参加旅游交易会，并做好充足准备以最优的形象进行产品展示，同时联系多家兄弟旅行社组织和承办旅游交易会。旅行社要重视互联网对旅游产业的影响，聘请专业网络设计公司为旅行社量身打造优质网站，并且定期进行维护和产品更新，不断强化网络功能。沈阳市旅行社要根据游客需求，适度扩展和开发营销渠道，多层次、多方式和多角度与第三方交易平台强强联合、实现双赢。同时，旅行社还要积极探索和掌握移动电子商务渠道规律，扩大游客对旅行社APP的使用。

资料来源 魏思宇，石小亮，赵薪．沈阳市旅行社销售渠道及其游客旅游需求分析［J］．沈阳农业大学学报（社会科学版），2019，21（1）．

思考：旅行社销售渠道的特点是什么？其作用有哪些？

三、旅行社销售渠道的特点

（一）销售渠道的连续性

旅行社所选择的销售渠道应能够保证旅游产品连续不断地从生产领域经过流通领域，进入消费领域。在此期间旅游经销商应尽可能避免脱节、阻塞和不必要的停滞，否则不仅中间商要承受损失，旅行社也会失去良机甚至信誉。

（二）销售渠道的辐射性

旅行社的性质不同、规模不一、销售目标不同，即便同一种旅游产品，对市场的覆盖也存在差异。旅行社所选择中间商的多少以及中间商的辐射力和经营能力都影响企业产品的市场覆盖面和市场渗透力。

（三）销售渠道的整体性

旅行社的产品决策、价格决策、促销决策都与销售渠道决策密切相关，销售渠道的选择会直接影响到市场上产品的最终价格、产品形式及促销方式等诸多销售环节。旅行社要达成营销目标，必须将渠道策略与其他策略相配合，形成一个有机的整体。

四、旅行社销售渠道的作用

（一）保证旅行社再生产的前提条件

旅行社生产的产品不仅要符合社会需要，更要迎合旅游市场需求。如果销售渠道不畅，就无法保证生产出的优质旅游产品顺利到达旅游消费者手中，必然使旅行社的再生产过程受阻。销售渠道能够加速旅游产品的销售，从而使再生产过程得以顺利进行，实现企业的战略目标。

（二）提高企业经济效益的重要手段

旅行社销售渠道的数量、环节以及容量等都会直接影响旅游产品的销售。合理选择销售渠道、加强渠道的管理以及适时开辟新的销售渠道，能够加快旅游产品的流通速度，加速资金周转，提高旅行社的经济效益。

（三）影响其他营销策略的实施效果

旅行社销售渠道策略与产品营销策略密切相关。随着销售渠道的确定，旅游企业的定价、促销等策略也就相对固定下来，比如旅行社产品的广告宣传活动主要由旅行社进行还是由中间商进行，旅行社产品的价格策略与中间商的价格策略如何相互配合等。建立销售渠道需要较长的时间和大量的资金，还需要渠道成员间长期的合作和信任，所以销售渠道一经建立，一般不轻易变更。

◎ 知识点2　旅行社销售渠道的选择

一、旅行社销售渠道选择的影响因素

旅行社在产品销售过程中既可以选择直接销售渠道，也可以选择间接销售渠道。然而，究竟应该在什么情况下选择直接销售渠道，在什么情况下选择间接销售渠道，常常成为困扰旅行社销售人员的难题。旅行社在选择销售渠道时，会受到许多因素的影响和制约。

（一）旅游产品因素

旅游产品是旅行社进行销售渠道选择时首先要考虑的因素，包括旅游产品的性质、种类以及档次、等级等方面。例如高档旅游产品和特种旅游产品的消费者多为再次光临的旅游者，因此这类产品的营销往往采用直接销售渠道；而大众化的中低档次的旅游产品，由于市场面较广、消费者较多，多采用间接销售渠道，更易于在较大的范围内吸引广大的旅游者。

（二）客源市场情况

对于范围小而潜在旅游者又集中的客源市场，旅行社可以采取直接销售渠道。由于客源集中，旅行社在客源所在地设立销售机构就能将旅游产品销售出去，可以用较小的销售成本招徕较多的旅游者，获得较高的销售利润。对于范围广、潜在旅游者分散的客源市场，旅行社应充分发挥间接销售渠道的作用，广泛招徕旅游者。

（三）企业自身情况

旅行社的自身情况包括旅行社的声誉、财力、管理经验、对销售渠道的控制能力等。若旅行社拥有良好的声誉和财力，可以组织自己的销售网点进行直接销售；若旅行社及其产品的声誉尚未在旅游市场上确立，或者缺乏资金，则可采用间接销售渠道；若旅行社具有较强的管理经验和能力，可以直接向旅游市场推销其产品；若旅行社缺乏在这方面的经验或管理能力较弱，则应该选择有能力的旅游中间商帮助销售产品；若旅行社具有较强的控制销售渠道能力，可以采用在客源市场的地区设立分支机构的方法，采取直接销售渠道；若旅行社缺乏控制销售渠道的能力，则可采取与旅游中间商合作的方式，通过间接销售渠道进行产品销售。

（四）外部环境因素

外部环境因素包括政治、经济、自然的特征与变化等，这些因素对旅行社的销售渠道选择都有相应的影响。首先，旅游市场营销受国家法律、法规和政策的限制和约束，旅行社只能在所允许的范围内选择销售渠道。旅游市场的规模受世界或国家及地区的经济状况影响，在经济繁荣的情况下，旅游客源市场就会发展，而在经济不景气或经济危机时，旅游客源市场就会萎缩，从而影响旅行社对销售渠道的选择。自然环境对销售渠道的影响主要表现在地理条件方面，当旅游产品地处交通便利地区时，开展直接营销的可能性就较大，而地处偏远地区的旅游产品只能采用较长的销售渠道。

（五）经济效益情况

旅行社通过旅游中间商进行产品销售可以节省销售费用，从而降低旅行社产品的销售成本，并提高旅行社的利润。旅行社在决定采用哪种销售渠道时，要考虑经济效益，将所选择的销售渠道所产生的实际经济效益进行对比，从中选择经济效益比较好的销售渠道。

二、旅行社销售渠道的选择策略

（一）直接或间接销售渠道的选择

直接销售渠道与间接销售渠道的选择实际上就是旅行社在市场营销活动中是否使用旅游中间商的问题。在旅游市场营销中，旅行社可以两种销售渠道兼而有之，这是由旅行社自身的特性所决定的。在实际工作中，旅游企业采用直接销售渠道还是间接销售渠道，最终以两项标准来判断，即售出本企业产品的数量或销售额、本企业为维护各种销售渠道所支付的营销费用。

（二）长渠道或短渠道的选择

旅行社销售渠道的长度是指旅游产品从旅行社到旅游消费者的过程中所经历的中间层次的多少。一般情况下，短渠道的中间环节少，营销费用自然少，产品价格就低；同时，短渠道加快了旅游企业与旅游消费者之间的信息沟通速度，可避免过多的中间环节导致的信息失真。然而，旅行社最终所选定的销售渠道长度受多种因素的影响和制约，只能是在众多选择中确定最适宜的销售渠道长度。

（三）宽渠道或窄渠道的选择

旅行社销售渠道的宽度是指不同层次的销售渠道中利用同类旅游中间商数目的多少。旅游产品营销按销售渠道宽度的大小，主要分为广泛性渠道策略、选择性渠道策略和专营性渠道策略三种类型。

1.广泛性销售渠道策略

广泛性销售渠道策略是指旅行社在旅游市场上设法同任何愿意与本旅行社合作的旅游中间商建立业务关系，每一层次均用很多旅游中间商销售自己的产品，通过众多的旅游中间商将旅行社产品广泛地销售到该市场的各个角落，以便及时满足旅游者的需求并尽量扩大旅行社产品销售量的一种销售渠道策略。

2.选择性销售渠道策略

选择性销售渠道策略是指旅行社在一个市场上通过少数几个经过精心挑选的旅游中间商销售其旅游产品的策略。旅行社先对旅游市场上不同旅游中间商进行考察，筛选出在市场营销、招徕客源、企业经济实力、信誉和声誉等方面具有一定优势并且经营业务与本旅行社基本相同的旅游中间商，再通过谈判与他们建立起比较稳定的合作关系。

3.专营性销售渠道策略

专营性销售渠道策略是指旅行社在某一个客源市场只同一家旅游中间商建立合作关系，双方互为对方在当地的独家代理或总代理，这种销售渠道策略是最窄的渠道形式。也就是说，旅行社只向该旅游中间商提供旅游产品，该旅游中间商则只向本旅行社提供客源，双方均不得在当地同对方的竞争对手合作。

案例共享2-2-3　　旅游中间商对旅游行业的影响

在信息时代，新型旅游中间商渐渐变为主流，越来越多的年轻人选择通过它了解旅游目的地并制定出游计划。旅游中间商处于旅游生产者和旅游者之间，参与旅游产品或者商品的流通业务，促使买卖。

旅游中间商是生产者和消费者之间的纽带和桥梁。它的存在对旅游企业和旅游者都有着十分重要的作用。互联网从来都不缺少购买产品的渠道，缺的是能够让消费者购买合适产品的方法，因此现在旅游市场最需要的服务是“导购”。这种导购服务不同于传统意义上为增加销量而配置的导购服务，而是从消费者的真实需求出发，专业地为消费者分析产品的优劣，帮助消费者做出正确的选择。

如果旅游企业能够掌握旅游中间商的优势及劣势，并且努力发挥其优势，尽力避免和弥补劣势，我国旅游业将会有一个质的飞跃。

资料来源　卢玉婕，董方瑞．浅谈旅游中间商对旅游行业的影响［J］．现代营销（经营版），2020（3）．

思考：信息时代，旅游中间商能否被取代？

◎ 知识点3　旅游中间商的确定

一、旅游中间商的含义

旅游中间商是指介于旅行社与旅游消费者之间，从事转售旅行社产品，具有法人资格的经济组织或个人。

二、旅游中间商的类型

通常根据产品在销售渠道中流动时有无所有权的转移，可划分为旅游经销商和旅游代理商。

（一）旅游经销商

旅游经销商是指将旅游产品买进以后再卖出（即拥有产品所有权）的旅游中间商，他们的利润来自旅游产品购进价与销出价之间的差额。其又可分为旅游批发商和旅游零售商两大类。

1.旅游批发商

旅游批发商是指从事批发业务的旅游中间商，他们一般不直接服务于最终消费者。旅游批发商大量订购旅游交通、景点、饭店等单项产品，将这些产品编排成不同时间、不同价格的包价旅游线路，再批发给旅游零售商，最终出售给旅游消费者。

2.旅游零售商

旅游零售商是指那些直接面向广大旅游消费者从事旅游产品零售业务的旅游中间商。旅游零售商主要向游客宣传与销售最终的整体旅游产品，与旅游消费者联系最为紧密。旅游零售商熟悉多种旅游产品的优劣和价格，了解和掌握旅游消费者的经济水平、生活消费需求等情况，能帮助旅游消费者挑选适合的旅游产品。同时，旅游零售商在市场营销活动中具有较强的沟通能力和应变能力，与旅游目的地的宾馆、餐馆、景点以及航空公司等旅游接待企业联系密切，能根据旅游市场及旅游消费者的需求变化相应地调整服务。

（二）旅游代理商

旅游代理商是指那些接受旅行社委托，在特定区域内代理销售其产品的旅游中间商，其收入来源于被代理旅行社支付的佣金。旅游代理商的零售业务包括为游客提供旅游咨询服务、代客预订、代办旅行票据和证件等。

案例共享 2-2-4　　建立分销渠道

一是依托区域旅游合作组织，推动有条件的文旅企业在联盟城市等重要客源市场设立分支机构，直接推广文旅产品，提供咨询和服务。

二是通过并购上、中、下游文旅产业，拓宽营销渠道、多模式经营，发挥“高效低耗”的“价值直接交付”作用，完成文旅产品从生产者到旅游者的便捷传递。

三是经营主体结合产品的特质建立直接分销渠道，充分发挥官网、售票处、自设零售网点、互联网预订、电话预订等直销渠道的作用，这样不仅有利于降低销售成本，而且有利于获取游客信息，提高服务质量。

四是高度重视并充分发挥各级目标市场中的文旅产品代理商、批发商、零售商及其他中介组织和个人等间接分销渠道，以最低的成本，通过适当的途径，在适当的时间把文旅产品提供给目标游客。

五是高度重视与专业运营团队的合作关系。引入专业运营团队参与产品开发、管理和营销；重视与同程、携程、去哪儿等旅游门户网站及各类互联网社交媒体渠道的合作，为日益兴盛的自驾游和散客市场提供直接服务。

资料来源：吴华群. 基于“4P”营销理论的中山市文化旅游市场营销策略探析［J］. 旅游纵览，2023（12）.

思考：旅游企业应如何选择分销渠道？

三、旅游中间商的功能

（一）市场调研功能

旅游消费者是旅行社生产经营的关键所在。消费者数量的多少、层次的高低、购买力的大小都直接影响旅行社经济效益的好坏。旅游中间商可以利用直接面向旅游消费者这一有利条件，真实、客观、全面地调查、掌握旅游消费者的意见和需求，从而为旅游企业提供准确、及时的信息，帮助旅行社对市场的变动及时做出反应，使旅行社产品不断地适应旅游消费者的需求。

（二）市场开拓功能

旅游市场需求时刻变化，这就要求旅行社不断开拓市场，在市场中生存和发展。旅游中间商专门进行旅游产品的购销工作，对市场的变化有着较强的敏感性，善于寻找市场的空隙，寻求市场营销机会。旅行社与旅游中间商良好的沟通协作，能将旅行社产品的生产优势与市场开拓的营销优势结合在一起，使旅行社与旅游中间商得以顺利发展。

（三）促进销售功能

旅行社要让其产品受到旅游消费者的广泛喜爱，就要促进市场中潜在的旅游需求转化为现实的旅游需求。旅游中间商是旅游促销的专家，它们拥有各自的目标群体，与社会各方以及市场中各部分有可能形成良好的公共关系。它们通过宣传、广告、咨询服务和其他多种形式的促销活动，激发旅游消费者的购买欲望，促进市场需求的形成，进而加强旅行社与旅游消费者之间的联系。

（四）组合加工功能

旅行社无法独自提供完整的旅游活动中所需的食、住、行、游、购、娱等环节的各种旅游产品。旅游中间商利用自身与多家旅游相关企业的联系，将各环节的旅游产品组合加工在一起。旅游中间商可根据旅游消费者的不同要求，按照不同的组合方式和价格形式将各种单项旅游产品组合起来，形成一系列完整的旅游产品提供给旅游消费者。

案例共享 2-2-5　　在线旅游企业分类

伴随着旅游业的不断发展与整合，在线旅游业逐渐成为一系列为旅游供应商提供在线分销业务的在线旅游企业总称。现有的在线旅游企业可以根据功能和业务模式分为四类，即在线旅行代理类、垂直搜索类、团购类和用户内容生成类，具体分类与举例见表 2-2-1。

表 2-2-1　　在线旅游企业分类

名称	成立时间	类型	主营业务简介
携程旅行	1999 年	在线旅行代理类	整合高科技产业与传统旅游产业的一站式旅行平台，配备深度神经网络客服机器人，面向全球用户提供一套完整的旅行产品、服务及差异化的旅行内容，包括酒店预订、机票预订、旅游度假、商旅管理、旅游咨询等
同程旅行	2018 年		各类旅游产品与服务的一站式平台，提供交通出行、住宿预订、门票预订、商旅等多项服务
去哪儿网	2005 年	垂直搜索类	通过网站及移动客户端的全平台覆盖，以自有技术驱动，随时随地为旅游服务供应商和旅游者提供专业的产品和服务。凭借便捷、先进的智能搜索技术对互联网上的旅游信息进行整合，提供覆盖国内外机票、酒店、度假、租车、门票、团购等多项服务
飞猪	2010 年		为旅游者提供特价机票、酒店预订、客栈查询、门票购买、签证代理、租车等旅游产品的信息搜索、购买以及售后服务
美团	2003 年	团购类	吃、喝、行、游、购、娱一站式平台，以团购模式提供酒店预订、旅游门票预订等旅行服务
马蜂窝	2006 年	用户内容生成类	独有“内容获客”模式，通过 AI 技术与大数据算法，将个性化旅行信息与来自全球各地的旅游产品供应商实现连接，高效匹配供需，提供旅游目的地交通、酒店、餐饮、购物、当地玩乐等信息与产品预订服务

资料来源　庄伟光，唐珮莹．在线旅游平台的赋能作用与未来高质量发展［J］．新经济，2023（7）．

思考：旅游产品供应商在入驻在线旅游平台时，应考虑哪些因素呢？

四、旅游中间商的选择

动画 2-2-1
中间商的选择与管理

旅行社应当在明确销售目标、了解目标市场的基础上，对旅游中间商进行认真的考察，并在此基础上进行选择。

（一）地理位置的选择

旅游中间商所在的地理位置往往是旅行社选择的首要条件。通常位于旅游客源比较集中的地区或毗邻地区的旅游中间商是旅行社优先选择的对象，因为位于这些地区的旅游中间商熟悉其所在地区的旅游市场，当地的旅游者和潜在旅游者也比较熟悉这些旅游中间商。因此，旅游中间商所处的地理位置在一定程度上决定了其招徕旅游者的能力。

（二）目标市场的选择

旅行社在选择旅游中间商时，要考虑旅游中间商的目标群体是否与旅行社的目标市场相一致，符合这项要求的旅游中间商更具备销售旅行社产品的能力、经验和愿望。

（三）合作意向的选择

旅行社在面对同一地区的众多旅行社选择旅游中间商时，应在那些有合作意向的旅行社中进行客户选择。旅行社应了解旅游中间商是否对本社产品所涉及的旅游目的地感兴趣，以及他们所经营的业务对本地区及本社的依赖程度，重点考察和选择那些在经营业务方面比较依赖本旅行社产品的旅游中间商。

（四）组团能力的选择

旅行社在选择旅游中间商时，要考虑旅游中间商的组团能力。受规模、人手、宣传经费、经验、关系等因素的影响，不同的旅行社在组团能力方面可能有很大的区别，组团能力强的旅行社可以同一时间往同一旅游目的地发送多个旅游团，可以发送系列团，甚至可以单独或与其他旅行社联合发出旅游专列或者包机，而组团能力弱的旅行社可能业务量是零。所以，在选择旅游中间商时一定要对其组团能力进行调查了解、筛选比较，选择组团能力强的旅游中间商。

（五）信誉声誉的选择

旅行社应对旅游中间商的经济实力和偿付能力进行考察，并设法了解其在与其他旅行社合作过程中是否守信用，有无长期拖欠应付账款或无理拒付欠款的情况。旅行社必须选择信誉良好的旅游中间商作为合作伙伴，避免与信誉差的旅游中间商进行业务往来，以防经济受损失。旅行社要选择旅游消费者信任的旅游中间商作为合作伙伴，因为旅游消费者往往通过旅行社在当地合作的旅游中间商来判断该旅行社及其产品的质量和可信度。旅行社选择声誉好的旅游中间商作为合作伙伴不仅能够促进旅行社产品的销售，还有利于树立旅行社在该地区的良好形象。

（六）数量规模的选择

旅行社在同一地区选择中间商，应数量适当、规模适当。旅游中间商的数量和规模并不是越多越好，越大越好。通常我们认为旅游中间商的数量越多、规模越大，似乎客源就越多，客源越多似乎盈利就越多，其实不完全是这样，能否盈利还受旅行社的采购能力的影响。旅行社组团要根据自身的实际采购能力量力而行，当旅游中间商的总体供团能力与本社的接待能力基本持平后，旅游中间商的数量和规模就需要适当控制，避免过多支出费用。由此可见，客户旅行社的数量规模不是越多越好、越大越好，而是应当量体裁衣，以适当为宜。

五、旅游中间商的管理

（一）旅游中间商的建档

旅游中间商的管理首先要建立旅游中间商档案，档案根据中间商不同包括不同内容，可以是详细的档案，也可以是简单的档案，但都要包括旅游中间商的基本信息。

（二）旅游中间商的激励

旅行社应不断采取相应的激励措施，加强与旅游中间商的合作，充分调动旅游中间商的积极性，最大限度地发挥旅游中间商的销售职能。

（三）旅游中间商的协调

旅行社应尽量与旅游中间商结成利益共同体来保证销售渠道畅通，协调各旅游中间商相互合作，这样双方所获得的信息和效益才能更多。

（四）旅游中间商的调整

旅游市场瞬息万变，旅行社应当不断调整旅游中间商队伍，通常可采用增减旅游中间商数量、增减销售渠道等手段，以确保销售渠道畅通。

任务实施

步骤一：全面了解旅行社产品销售渠道选择的因素，对适合研学旅行产品的销售渠道进行分析。

____

____

步骤二：比较各销售渠道的优缺点，确定研学旅行产品销售渠道的最优组合。

____

____

步骤三：对销售渠道进行有效的管理和调整，并撰写销售渠道策划方案。

____

____

任务总结与评价

任务总结与评价见表 2-2-2。

表 2-2-2 任务总结与评价

工作任务	旅行社产品销售渠道决策
任务检查	了解影响旅行社产品销售渠道选择的因素情况 ○优秀 ○良好 ○中等 ○一般 ○未完成
	确定研学旅行产品销售渠道的最优组合情况 ○优秀 ○良好 ○中等 ○一般 ○未完成
	撰写销售渠道策划方案情况 ○优秀 ○良好 ○中等 ○一般 ○未完成

续表

工作成果	
自我评价	
教师评价	
备注	（任务检查中未完成部分情况说明）

任务二 开展旅游市场促销

任务导入

工作任务：确定旅行社产品的促销方式。

任务描述：旅行社已经成功开发出研学旅行产品，你作为旅行社销售人员，要保证产品及时到达目标市场，向旅游消费者传递该产品的有关信息，说服或吸引消费者购买，需要采取一系列策划与活动，对旅行社产品的促销方式进行决策。

任务要点：旅行社产品的促销方式决策。

必备知识

◎ 知识点1 旅行社广告促销

一、旅行社广告的含义

旅行社广告是一种促销手段，就是通过各种媒体，把旅行社产品信息传递给潜在旅游消费者，激发其购买欲望，从而促进旅行社产品的销售。

案例共享2-2-6　　旅游广告具备吸引人的特征

旅游的过程就是消费的过程，旅游消费其实是体验型消费。这种体验过程是消费者、旅游向导以及旅游景点当地居民之间某种信息的交流，通过这种交流产生的体验具备很强的主观性。这种主观性和旅游广告有着非常紧密的联系，广告的好坏在一定程度上决定着观众是否会选择该旅游产品，不同形式的广告会给观众带来不一样的价值取向。好的广告会给观众留下较为深刻的印象，同时引导旅游者做出有倾向的消费选择。在设计旅游广告的时候，应该抓住观众从众的心理，所设计的内容以及所表达的信息都不应该循规蹈矩，而是和其他同类型广告有所区别。旅游广告只有具备较高的创新性，才能抓住消费者的目光，才能在市场中具备较高的竞争力。

资料来源　陈沛雨. 旅游广告媒体对旅游的影响［J］. 当代旅游，2019（11）.

思考：广告有什么作用？

二、旅行社广告的类型

（一）按广告传播媒体划分

1.自办媒体型广告

（1）户外广告。户外广告是以户外的路牌、交通牌、灯箱等为媒体进行促销的广告。这种广告明朗夺目，容易引人注意。

（2）广告传单。广告传单有单页传单、折叠式传单等形式，由专门人员在公共场所散发或在公共广告栏张贴。

（3）纪念品。旅行社可以利用赠送印有本旅行社名称、主要产品、联系地址和电话号码的纪念品进行广告促销。

2.大众传播媒体型广告

（1）电视。当今的大众传播媒体中，电视对潜在旅游者的影响很大。电视广告是以电视为媒体进行旅行社产品促销的广告。

（2）报纸。报纸是最普及的传统大众传播媒体，包括全国性报纸、地方性报纸、专业性报纸，不同的报纸广告价格各不相同，旅行社应根据不同产品与自身财力选择不同的报纸作为广告媒体。

（3）杂志。杂志是一种以一定阶层读者为宣传对象的广告媒体。

（4）广播。广播广告是以广播电台为媒体进行旅行社产品促销的广告。

（5）网络。网络广告是以网络为媒体进行旅游促销的广告。

（二）按广告表现形式划分

1.静态广告

静态广告是以文字或图画为主，抑或图文并茂进行表现的广告。例如《旅游纵览》杂志的封面就是静态广告。

2.动态广告

动态广告是通过声音、动态效果表达信息的广告。例如海南航空公司就曾在上海外滩以动态广告形式进行上海直飞西雅图的航线促销。

（三）按广告的目的划分

1.宣传性广告

宣传性广告是为了让更多的旅游消费者了解、认知旅行社新产品所做的广告。

2.劝说性广告

劝说性广告是以引发旅游消费者对旅行社产品和服务的喜好为目标，强化旅游者对品牌的忠诚度的广告。

3.提醒性广告

提醒性广告是提醒销售地点、提醒某项产品或服务的存在、提醒旅游消费者关注某些信息的广告。

三、旅行社广告的作用

1.传播信息，强化形象

旅行社广告的本质是传播旅游信息，借助多种媒体手段传播旅行社产品信息，为旅行社与旅游者搭建桥梁，帮助旅游者明确清晰地认知旅行社形象，推动旅游事业的发展。

2.开拓市场，提高业绩

旅行社广告搭建了旅行社与旅游者沟通的桥梁，借助旅游广告扩大旅行社知名度，有利于开拓旅游市场，促进旅游产品的销售。

3.沟通交流，传播文化

旅行社广告是一种文化展示，更是一种艺术表达，通过传递信息、增进交流、传播文化、增进了解，从而达到促进产品销售的目的。

育德启智 2-2-1　　文明旅游十大提醒语

1.文明是最美的风景
2.旅途漫漫　文明相伴
3.旅游美时美刻　文明随时随地
4.文明游天下　快乐你我他
5.一花一木皆是景　一言一行要文明
6.游遍天下山川　只留脚印一串
7.出游讲礼仪　入乡要随俗
8.垃圾不乱扔　举止显文明
9.多看美景　不刻美名
10.平安是福　文明是金

资料来源　佚名. 文明旅游十大提醒语 [EB/OL]. [2023-02-07]. http: //www.wz.gov.cn/bmjz_89642/bm/whhlyfzwyh/zwgk_94832/zfxxgkml/jczwgk_150457/lyly/ggfw/wmlyxc/202302/t20230207_11577047_wap.html.

学有所悟：党的二十大报告指出，“中国式现代化是物质文明和精神文明相协调的现代化。物质富足、精神富有是社会主义现代化的根本要求”。文明是现代化国家的显著标志。我们要倡导文明旅游、文明出行，展示新时代公民文明新形象。

◎ 知识点2　旅行社营业推广

一、旅行社营业推广的含义

旅行社营业推广是指旅行社在某一个特定时间与空间内为刺激和鼓励交易，促使旅游消费者尽快购买或大量购买其旅游产品而采取的一系列促销措施和手段，是一种短期激励的促销方式，也是构成旅行社促销组合的一个重要方面。旅行社营业推广不仅仅是针对旅游目标消费者进行的促销活动，还包括分销网络与销售队伍。

案例共享 2-2-7　　途牛旅游网旺季旅游产品营业推广策略

途牛旅游网面向旅游者的营业推广模式具体包括赠送折价券、抽奖促销、联合推广、参与促销、会议促销等，以及“早惠早订”“八折秒杀”活动等新型促销活动。另外，本次营业推广还包括签证五折起、积分换购、分期支付、互动抢好礼、锦鲤红包、开心大转盘等活动。

资料来源　张鹏飞，阎昱宏，何晓爽. 途牛旅游网旺季旅游产品营业推广策略研究——以2019年途牛“双十一大促”为例 [J]. 中国市场，2020 (15)：122-123.

思考：分析途牛旅游网旺季旅游产品营业推广的成功与不足之处。

二、旅行社营业推广的类型

(一) 根据营业推广的目标划分

1.以旅游者为目标

旅行社营业推广以旅游者为目标进行时，主要是为了激发旅游者的购买动机，奖励经常购买本旅行社产品的顾客，鼓励其试销新的产品，从而扩大市场份额。

2.以旅游中间商为目标

旅行社营业推广以旅游中间商为目标进行时，主要是为了获得旅游中间商的支持，促使其向公众宣传其产品，并加深旅游中间商对产品的了解。

3.以推销人员为目标

旅行社营业推广以推销人员为目标时，主要是为了充分调动销售人员的积极性，通过奖励旅游、销售提成、销售竞赛、推销培训等形式鼓励销售人员。

(二) 根据营业推广的形式划分

1.举办竞赛

竞赛是旅行社营业推广的一种形式，例如针对某项旅行社产品进行的有奖知识竞赛。旅行社通常以具有一定价值的奖品或前往某个旅游目的地的奖励性旅游作为公众参与竞赛的奖品。通过参加竞赛，公众会对举办竞赛的旅行社及其产品产生一定的印象甚至好感，有利于旅行社产品的销售。

2.价格折扣

价格折扣是指旅行社通过短期降低产品价格来吸引旅游消费者购买的一种促销方式。这种价格折扣不同于旅行社因市场需求变化所采取的降价行为，而是旅行社以临时性的价格下调来吸引旅游者的注意，并吸引旅游者在某一时期大量购买旅行社的产品。这种价格折扣多集中在节假日期间、新产品试销期间等特殊时期。当旅游者对产品产生良好的印象后，旅行社还会恢复原来价格。

3.赠送礼品

赠送礼品是一种特殊商品促销形式，也是旅行社营业推广的一种常见形式。旅行社将印有旅行社及其产品信息的特殊商品作为礼品赠送给旅游者或客户，通过这些活动，旅行社能够实现对自身及其产品进行“口头宣传”的良好效果。

4.产品展销

产品展销是旅行社开展营业推广的一个重要方式。产品展销是直接接触旅游中间商和广大消费者的重要途径，产品展销可以提高企业形象，促进产品销售。

5.培训活动

培训活动是指由旅行社举办的培训活动，其主要目的在于向旅游中间商传递相关信息、传授新的知识，提高旅游中间商的业务能力，以协助旅行社更好地完成销售任务。目前这类培训活动主要有招待会、研讨会、答谢会等形式。例如，旅行社可以针对中间商举行了解旅程的活动，让旅游中间商在轻松的氛围中亲身体验旅游产品，从而提高其对旅游产品和服务的认知度，进而成为旅行社强大的销售力量。

三、旅行社营业推广的作用

1.加速产品进入市场的进程

旅行社营业推广可以有效地加快本社新产品进入旅游市场的进程。旅游产品投放市场初期，市场认知度和接受度都比较低，必要的促销措施可以为其在短时间内打开销路。

2.抵御竞争者的促销活动

当竞争者大规模地发起促销活动时，如不及时地采取合理的促销手段，就会造成现有市场份额的流失，而营业推广可以有效地抵御和击败竞争者的促销活动。营业推广活动常常是针对竞争对手展开的，通过向旅游中间商或旅游消费者提供比竞争对手更有吸引力的促销措施，有效地对抗和反击来自各方的竞争。

3.增加旅行社产品的销量

旅行社营业推广有利于增加消费者对本社旅游产品的消费，提高销售额，并带动关联产品的销售。营业推广能够有效劝诱消费者购买旅游产品，改善淡季销售低迷的状况以及促进旅行社其他旅游产品的销售。

◎ 知识点3 旅行社人员推销

一、旅行社人员推销的含义

人员推销是指旅行社派出业务员直接与旅游者接触，推销旅游产品，以加速销售的促销方法，又称直接推销。

二、旅行社人员推销的形式

旅行社人员推销主要有两种形式：营业场所外的人员推销和营业场所内的人员推销。

1.营业场所外的人员推销

营业场所外的人员推销，也叫外部推销，是发生在营业场所之外，由推销人员与目标顾客进行的面对面的直接交流。由于离开营业场所，所以要耗费一定的差旅费用，这是一种成本较高的人员推销形式。

会议推销就是利用各种会议进行人员推销，如旅游交易大会、旅游博览会等介绍宣传本企业旅游产品的外部推销方式。

2.营业场所内的人员推销

营业场所内的人员推销指旅行社为提高销售额在营业场所内进行的推销活动。营业场所内的人员推销包括两种：一种是推销人员在营业场所内进行业务洽谈，接待来访者和咨询者；另一种是企业各个部门的员工，在提供服务的过程中推销产品。

另外，营业场所内的人员推销可以是在营业场所面对面地洽谈交流，也可以是通过电话的方式沟通介绍。电话推销在某种程度上可以替代面对面的洽谈交流，以节约成本。

案例共享2-2-8　　直播带货的“本相”与“异相”

智能手机本质上为移动通信工具，其基本功能在于支持随时随地的人际沟通。与此类似，直播带货尽管耀眼鲜亮、令人惊艳，但因其遵循人员推销的底层逻辑，故仍保持着人员推销的“本相”。

互联网技术在社会实践与社会科学领域内催生了许多新景观与新概念，但这些新景观与新概念仍与其历史前身保持着基本的内在一致性。直播带货就是如此，其承续的是人员推销的血脉，令人咋舌的销售业绩一方面来自对人员推销精髓的把握，另一方面则得益于互联网技术对传播、支付、物流、售后服务、供应链等相关领域的赋能与升级。

资料来源　丁汉青. 直播带货的“本相”与“异相”[J]. 新闻战线，2020（10）.

思考：谈谈人员推销的特点。

三、旅行社人员推销的特点

1.具有直接性的特点

人员推销是面对面地洽谈业务，直接接触目标顾客。不仅可以通过语言交流进行沟通，还可以通过肢体、行为等进行沟通、展示，是多方面的直接沟通方式。

2.具有针对性的特点

人员推销传递信息更准确，针对性更强，能够解决目标顾客的实际问题，可以获得更好的促销效果，获得更高的经济效益。

3.具有节省时间的特点

人员推销可以较快地促成交易，可以当面与目标顾客洽谈，如果氛围融洽，双方达成购买意向，就可当场成交，从而大大缩短了交易时间。

4.具有灵活性的特点

人员推销是一种灵活性极强的促销方式。其开始和结束时间不受限制，地点可以根据客户要求进行选择。在洽谈过程中，推销人员可以根据客户需求和态度随时调整策略和方法，以达成交易。

知识链接 2-2-1

直播带货的“本相”与“异相”

5.具有公共关系的特点

推销人员在介绍旅游产品时，通过口头语言的表达、礼貌的肢体语言和真诚的态度给客户留下深刻的印象，有助于树立企业良好的形象，这个过程实际上也是进行公关活动的过程。

◎ 知识点4　旅行社网络营销

一、旅行社网络营销的含义

旅行社网络营销是指以互联网为平台，以网络用户为中心，以市场需求和认知为导向，利用各种网络手段为实现旅行社营销目标而开展的营销活动。

案例共享2-2-9　“我和我的家乡·辽宁省文旅精品”云展播活动举办

为了加大辽宁省冬季旅游网络营销推广力度，激活冬季旅游市场消费，宣传“辽宁冬季旅游不冻手”品牌，12月4日，辽宁省文化和旅游厅举办了“我和我的家乡·辽宁省文旅精品”云展播活动。

此次活动采用线上推介方式，利用10家新媒体平台进行8小时不间断连续直播。活动集聚了来自辽宁各地的文化和旅游特色产品、项目。其中，沈阳对冰雪活动、盛京民俗、满族旗袍等进行了推介；丹东展示了戏冰雪、泡温泉、游边境、品民俗的城市特色，再现鸭绿江畔、美丽丹东的魅力。

辽宁省文化和旅游厅副厅长赵奎伟表示，旅游营销是推进旅游品牌建设的重要工作，依托互联网等融媒体、新媒体平台进行批量营销是旅游营销的新探索。举办此次活动，旨在帮助文化和旅游企业充分利用网络平台，踊跃推介展销特色产品，不断提升网络营销水平和能力。

资料来源　周凤文，吴越．“我和我的家乡·辽宁省文旅精品”云展播活动举办［EB/OL］.［2021-12-05］. http: //www.ctnews.com.cn/news/content/2021-12/05/content_115939.html.

思考：旅行社应如何开展网络营销？

二、旅行社网络营销的特点

（一）营销服务的跨时空性

互联网具有超越时空进行信息交换的特性，借助网络营销，旅行社能用更多时间、在更广的空间进行营销，可以随时随地提供营销服务。

（二）交易活动的交互式

旅行社可以在网络上实时发布产品或服务信息，旅游消费者可在任何地方进行咨询或购买，从而完成交互式交易活动。另外，网络营销使供需双方的直接沟通得以实现，从而让营销活动更有效率。

（三）沟通方式的人性化

网络营销的促销是一对一的、理性的、消费者主导的、非强迫性的、循序渐进式的，是一种低成本与人性化的促销。它避免强势推销的干扰，通过信息提供与交互式交谈，与旅游消费者建立一种长期、良好的关系。

（四）获取信息的高效性

互联网可提供大量的信息供旅游消费者查询，可传送的信息数量与精确度远超过其他媒体，并能适应市场需求，及时更新产品或调整价格，及时有效地了解并满足顾客的需求。

（五）发展前景的成长性

互联网使用者数量快速增长并遍及全球，互联网使用者往往具备很强的购买力和市场影响力。因此，网络营销是一条极具开发潜力的市场渠道。

（六）营销实施的整合性

网络营销可涵盖产品信息、收款和售后服务等，是一种全程的营销渠道。旅行社可以借助互联网将不同的营销活动进行统一设计规划和协调实施，以统一的传播口径向旅游消费者传达信息，避免不同传播方式中的不一致性产生的消极影响。

（七）营销成本的经济性

网络营销没有店面租金成本，实际上是一种直销方式，可以减少商品流通的中间环节，并具有结算功能，可以降低营销成本。

（八）定制化和个性化

定制化和个性化有助于实现以消费者为中心的营销理念。旅行社在网上推出的各类产品可以让消费者比较挑选，从而迅速、经济、实惠地完成采购目标。

任务实施

步骤一：结合中小学学生群体情况，对影响旅行社产品促销方式选择的因素进行分析。

____

____

步骤二：比较各促销方式的优缺点，确定研学旅行产品促销方式的最优组合。

____

____

步骤三：对促销方式进行调整，并撰写研学旅行产品促销方案。

____

____

任务总结与评价

任务总结与评价见表 2-2-3。

表 2-2-3　任务总结与评价

工作任务	确定旅行社产品的促销方式
任务检查	分析影响旅行社产品促销方式选择的因素情况 ○优秀　○良好　○中等　○一般　○未完成
	确定研学旅行产品促销方式的最优组合情况 ○优秀　○良好　○中等　○一般　○未完成
	撰写研学旅行产品促销方案情况 ○优秀　○良好　○中等　○一般　○未完成
工作成果	
自我评价	
教师评价	
备注	（任务检查中未完成部分情况说明）

任务三　规范旅游日常销售

任务导入

工作任务：规范旅游日常销售。

任务描述：你作为旅行社销售部经理，已经全面了解旅行社销售工作，接下来需要针对旅行社大客户进行旅行社产品销售，并完成旅行社品牌logo的设计、官方网站的建立，完善旅行社客户关系管理系统，进行客户关系管理。

任务要点：旅游日常销售流程。

必备知识

◎ 知识点1　旅行社产品销售流程

一、接触客户

微课 2-2-1
门市销售的工作流程

旅行社标准化、规范化的对客服务是其形象的良好展示，也是产品能够顺利销售的基础。旅行社产品销售人员（主要指门市工作人员）与客户初次接触主要有以下几个步骤：

（一）进门问候

旅行社工作人员要仔细观察并判断旅游咨询者进入旅行社的意图；要面带微笑、热情问候，要主动为咨询者提供帮助。

（二）接触搭话

旅行社工作人员要抓住与旅游咨询者接触搭话的机会，接触搭话可采用打招呼法、介绍产品法和服务接近法。

1.打招呼法

打招呼法适用于随意浏览的旅游咨询者。

2.介绍产品法

介绍产品法适用于正注意观察某种线路的旅游咨询者。

3.服务接近法

服务接近法适用于对那些明确表明想要购买的旅游咨询者。

案例共享2-2-10　　众信、携程等旅游门店创业者在危机中等待机遇

旅游行业用了十几年逐步完善互联网布局，而在线旅游机构（OTA）的龙头企业近几年纷纷开始布局线下门店。携程数据显示，截至2019年12月初，“携程旅游”门店已覆盖全国240多个地级城市、507个县域城市，门店总数从2019年年初的1 700家扩张到近8 000家。

2019年12月10日，李鹏加盟的携程门店在河南省开封市九道湾开业，正值春节出游下单高峰期，门店开业的头一个月就收到十几单，“当时很乐观，感觉最快半年就能收回成本”。然而，据携程的统计，2020年年初之后，累计退订数千万订单，涉及金额超310亿元。

旅游门店创业者，只能在危机中等待机遇。

资料来源　鄢光哲. 众信、携程等旅游门店创业者在危机中等待机遇［N］. 中国青年报，2020-06-02.

思考：与网上平台相比，旅行社门店的优势有哪些？

二、推销产品

（一）出示旅游产品

出示旅游产品就是在旅游咨询者表明对某种旅游产品产生兴趣时，门市服务人员要取出该产品的宣传资料交给旅游咨询者，以促使其增加了解，刺激其购买欲望。

（二）介绍旅游产品说明

介绍旅游产品是指在出示旅游产品的同时应向旅游咨询者提供旅游产品的有用信息。这时门市服务人员应实事求是地说明和介绍，并列举旅游产品的一些卖点或者亮点等。

（三）参谋推荐产品

参谋推荐产品就是根据旅游咨询者的情况，在旅游咨询者比较判断的阶段刺激旅游咨询者的购物欲望，促成购买。

（四）提供购买建议

1.直接建议法

当旅游咨询者表示对旅游产品有疑问时，门市服务人员要打消其顾虑，直接建议旅游咨询者购买。

2.选择产品法

促使旅游咨询者在两种旅游产品中做出购买决定，而不是在买与不买之间进行选择。

3.扬长避短法

旅游咨询者犹豫不决时，门市服务人员应该将产品的优点列举出来，使其相信该产品的长处多于短处。

4.最佳时机法

让旅游咨询者相信现在是该产品购买的最佳时机，错过机会就很难再买到，从而坚定购买决心。

5.成功案例法

可以以其他旅游者购买此项旅游产品后的反馈为案例，证实产品介绍，或淡化旅游产品的问题，消除旅游咨询者的疑虑。

三、签订合同

旅行社工作人员应当依法与旅游者订立书面旅游合同，其目的是维护旅游者和旅游经营者的合法权益。

四、收取费用

旅游咨询者一旦签好旅游合同，门市服务人员就应该收取费用，并为旅游者开好发票。收取费用时要注意以下几点：

（1）确认所购产品的价格；

（2）确认所收现款金额；

（3）确认找给余款金额；

（4）确认所付与收进费用相符。

最后门市服务人员应向旅游者表示感谢，赞扬旅游者的选择，说明时间、地点和地接导游或者全陪导游联系方式等，并告知旅游途中要注意的事项。

育德启智2-2-2　　免税导购员的“假期日常”

“您的手腕比较纤细，这款腕表的表链更适合。”“您喜欢运动的话，我推荐这个运动型款式。”“不着急，您慢慢挑。”10月3日，在cdf海口国际免税城欧米茄体验店内，扎着马尾、面带微笑的导购员张昕欣正在导购台前为顾客服务。

在她胸前的工牌上，一枚印有“党员示范岗”字样的徽章闪闪发亮，显得特别耀眼。“我们免税城销售部门共有10名党员被评为‘党员示范岗’，我是其中一员。”张昕欣自豪地说。

为保证假期服务质量，免税城组织党员义务奉献活动，利用休息时间顶替紧缺岗位，包括张昕欣在内的所有党员都积极报名参与。

中秋国庆假期，每天早上9时，张昕欣和欧米茄体验店的其他同事早早到岗，以饱满的热情、亲切的微笑开启忙碌的工作。“放弃节假日休息，虽然很累，但很值得。贴心服务游客，是欢度国庆的最佳方式。”

假日期间，cdf海口国际免税城推出了多个促销活动，免税新体验让海南离岛免税消费市场别样红火，游客接踵而来，感受消费新场景。

“假期进店客流明显增长。”张昕欣说，这几天，往往是前一个客人还未接待完，就有新的客人在后面排队等候了，“经常忙得连喝水的空闲都没有。一天站立8小时后，感觉腿都不能打弯了。”

虽然当导购员不足一年，但张昕欣已精通品牌知识，能为顾客有针对性地推荐产品，细心周到服务每位顾客。每次结账的时候，她也会细心提醒顾客使用优惠券。“努力根据顾客的着装、喜好、工作、年龄做一些精准推荐。”张昕欣说。

正在店内购物的林先生对张昕欣的服务十分满意，当场买下一块欧米茄手表。“这里的导购服务非常贴心，让我非常感动。”林先生夸赞道。

“虽然都是平凡的小事，但游客对我的信任让我快乐，让我感受到了工作的成就感，这个国庆假期我过得很有意义。今后我会一如既往地发挥先锋模范作用，让游客满意。”张昕欣一边说着，一边又投入到忙碌的工作当中。

资料来源　王赵洵．假日我在岗 | 免税导购员的“假期日常”[N]．中国旅游报，2023-10-04．

学有所悟：党的二十大报告指出，“培养造就大批德才兼备的高素质人才，是国家和民族长远发展大计”“引导广大人才爱党报国、敬业奉献、服务人民”。免税导购员张昕欣在假期辛勤工作，对工作热情付出，不仅在导购工作中做到了专业服务，而且在道德上起到了示范的作用。她以饱满的热情和微笑面对每一位顾客，不畏辛劳，尽力为顾客提供优质的服务。她不仅熟悉产品知识，能够向顾客有针对性地推荐商品，而且细心周到地提醒顾客使用优惠券。这种关注细节和关怀顾客的做法值得学习。良好的服务不仅在于产品的质量，更包括对顾客的关注和关心。

◎ 知识点2 旅行社企业形象营销

一、旅行社公共关系

旅行社公共关系是以信息沟通为手段，以树立、维护、改善旅行社或旅游产品形象为目的，促进旅行社与公众良好关系的促销方式。

案例共享2-2-11

随着人民生活水平的日益提高，人们对生活质量的要求也在不断提高，旅游业借机获得了较好的发展动力。在旅游业竞争压力增大的情况下，品牌影响力和号召力作为竞争优势能够使旅游景区获得更多的关注。这需要旅游公共关系的积极引导，在评估公众态度与行为的基础上协调公共利益与组织利益，以项目方式获得公众的理解与支持。在新媒体环境下，旅游公共关系的传播需要更广泛的传播途径与策略。

资料来源 黄乐艳．新媒体环境下旅游公共关系传播策略［J］．中外企业家，2019（25）．

思考：谈谈你对公共关系的理解。

（一）公共关系的形式

1.新闻发布会

旅行社在开发出新产品后，可采取新闻发布会的形式向旅游者及客户进行介绍，所发送的消息必须及时，富有新闻价值，且能够吸引听众对产品的注意力，以刺激他们购买这种产品的欲望。

2.熟识旅行

熟识旅行是指旅行社通过邀请媒体中人免费旅行，使他们对旅行社的产品产生浓厚的兴趣，留下深刻的印象，而后通过他们对旅行社产品进行介绍和报道的一种公关活动。

3.邀请中间商

旅行社邀请旅游中间商前来对旅行社的有关产品进行实地考察是一种行之有效的营销公关活动。

4.专题讲座、学术会议

旅行社可以通过举行专题讲座或赞助学术会议的方式宣传旅行社最新设计和开发的产品，并吸引公众对这些产品的关注。

（二）公共关系的作用

1.形象管理

旅游公关是一项管理工作，其作用是对旅行社实施形象管理，制订旅行社的形象管理计划，策划实施各种活动内容，实现旅行社形象的全方位管理，从而树立旅行社的良好形象。

2.宣传推广

旅游公关是旅游促销活动的手段之一，其目的是宣传旅行社，制造舆论、强化舆论和引导舆论走向，宣传和推广旅行社相关产品，提高旅行社声誉，树立旅行社形象，使其形成与外部环境的良好关系。

3.协调沟通

为建立旅行社与社会公众的良好关系，必须架设沟通的桥梁，做好信息交流，从而形成协调友好的关系。

4.处理危机

处理危机是旅游公关最重要的职能之一。在现今的信息时代，信息传递的速度十分迅速，媒体增强了社会舆论的监督能力，社会公众时刻都在监督着旅行社的行为。公共关系是旅行社应对危机、解决突发事件的重要手段。

案例共享2-2-12　　中国旅游集团发布全新品牌形象

11月7日，中国旅游集团有限公司在京召开主题为“星相伴·行无疆”的品牌形象发布会，正式对外公布集团全新品牌标志。集团视觉识别系统、新的网站域名“WWW.CTG.CN”、邮箱域名“@CTG.CN”、集团官方微信公众号二维码等也正式发布。

中国旅游集团新品牌标志由彩色花环组成，标志中心的镂空五星设计强化用户对中国旅游集团的过往认知，传承集团原有品牌资产和历史印记，同时通过镂空五星的拼接设计体现集团品质创新、多元开发的品牌特点。环绕箭头代表旅游用户通过集团产品，聚集出发去体验更加美好的旅游服务，同时体现中国旅游集团各个业务紧密协同、同心共聚的企业凝聚力和产业引领力。五色箭头中，黄色代表快乐的心情，橙色代表温暖的感受，红色代表热情的服务，蓝色代表舒适度体验，绿色代表健康的产品，整体体现中国旅游集团提供全要素维度的美好旅游。

据了解，中国旅游集团将在新品牌统领下，建立更加清晰的品牌定位、更加丰富的内涵要求、更加明确的文化价值主张，形成一体化高品质品牌体系，力争成为旅游消费者及企业最值得信赖的旅行伙伴、旅游产业供给侧结构性改革的引领者、实现旅游强国战略的主力军、游客全球旅行的系统服务商。

资料来源　王菀．中国旅游集团发布全新品牌形象［N］．中国旅游报，2019-11-08.http：//www.ctnews.com.cn/news/content/2019-11/08/content_55158.html.

思考：旅行社应如何塑造品牌形象？

二、旅行社品牌形象

旅行社品牌形象是指旅行社自身或其旅游产品中的某个品牌在市场上、在社会公众心中所表现出的个性特征，它体现了公众特别是消费者对品牌的评价与认知。

微课 2-2-2

品牌形象塑造策略

（一）品牌形象有形要素

1.领导者形象

领导者形象是指旅行社领导者的知识、能力、魄力、品质、风格及经营业绩给本品牌员工、品牌同行和社会公众留下的印象。

2.员工形象

员工形象是指旅行社员工的服务态度、职业道德、行为规范、精神风貌、文化水平、作业技能、内在素养和装束仪表等给外界的整体形象。

3.服务形象

服务形象是指旅行社的经营规模和盈利水平，以及旅行社产品的服务质量等。旅行社产品的服务质量是其品牌形象的物质基础，是品牌最主要的有形形象。

4.环境形象

环境形象是指旅行社的销售环境、办公环境和品牌的各种附属设施。它反映了企业的管理水平、经济实力和精神风貌。

5.社会形象

社会形象是指旅行社通过非营利的以及带有公共关系性质的社会行为塑造良好的品牌形象，以博取社会的认同和好感。

（二）品牌形象的作用

在激烈的市场竞争环境下，旅行社品牌形象是提高旅行社竞争力的重要因素。

1.体现品牌核心价值

旅行社品牌形象营销能促使旅游者形成对品牌的好感，赢得其对品牌信任和品牌忠诚，而这正是品牌所体现出的企业核心价值。

2.增强品牌的识别度

旅行社品牌的识别度的强弱，往往在于旅行社的品牌符号设计是否科学、有吸引力。品牌不只是一个名称、一种标志，而是消费者心中的一组“无形价值”，它对消费者具有强大的吸引力，是让他们宁愿出较高的价格购买该项产品或服务的关键。

3.加大品牌宣传力度

知识链接
2-2-2

汇聚文旅智慧
共话城市品牌
发展

企业设计品牌、创立品牌、培养品牌的目的是希望此品牌能变为名牌。良好的品牌形象能够加强消费者对旅行社品牌的认知，对他们的消费选择产生较大的影响，能大大提高企业品牌的知名度，起到加大品牌宣传力的作用。

4.增加产品的附加值

强化品牌意识，努力把旅游产品优势转化为品牌优势，增加产品的附加值，为企业带来高效益。品牌一旦形成，便会形成一种推动力，为新产品开发和市场准入奠定基础。

（三）旅行社品牌建设策略

1.确立品牌名称

品牌名称是品牌的核心。一个优秀的品牌名称，能够让消费者迅速识别，与竞争对手产生差距，激起消费者的好奇心和兴趣，并促进品牌回忆，让人一眼难忘。

2.赋予品牌内涵

品牌内涵的关键是旅行社产品和服务的特色。确定品牌内涵的基本思路是从企业目标、企业资源和企业发展战略出发，结合自身特色的产品和服务，形成良好的企业产品形象。

3.设计品牌标志

品牌标志主要涉及品牌的名称、品牌的标记、识别语、颜色、制服、设备等，品牌在顾客心中的形象越统一，品牌地位就越强。

4.加强内涵营销

营销活动将企业精心设计的品牌内涵传递给消费者，可以唤起消费者对品牌的注意，力争取得消费者的认同，促成消费者的购买行为，并重复消费直至建立品牌忠诚。

5.提高服务质量

质量是品牌的根本和基础，也是品牌的生命和灵魂。好的服务就是最好的宣传，吸引顾客和口碑宣传都具有至关重要的作用。因此，服务是创立品牌的利器，旅行社在强化服务意识时应注意以下问题：

第一，树立品牌意识。旅行社必须树立全心全意为旅游者服务的意识，旅行社越为消费者着想，离成功就越近。

第二，秉承顾客至上。顾客至上不仅意味着要围绕顾客需求不断推出新的高品质的产品，还体现出对顾客的信任和尊重。

第三，系统完善服务。在服务过程中，要保证售前、售中、售后全过程的服务，要保证优质的服务。

第四，优化服务措施。在接待服务方面，要加强对计调、导游、司机等人员的培训，健全培训网络，完善设施，不断优化服务措施。

知识链接 2-2-3

正在回归的门店 带来复苏强信号

◎ 知识点3 旅行社电子商务运用

一、旅游电子商务的含义

旅游电子商务是指以网络为主体，以旅游信息库为基础，利用最先进的电子手段，开展旅游产品信息服务、产品交易等旅游商务活动的一种新型的企业运营模式。

案例共享 2-2-13　　电子商务点燃发展“新引擎”

在2022年，我国消费市场持续承压，与此同时，我国电子商务表现出极强韧性。作为消费复苏的重要助推器，电商行业也迈向了高质量发展之路。

国家统计局发布的数据显示，2022年1—11月份，社会消费品零售总额399 190亿元，同比下降0.1%。其中，除汽车以外的消费品零售额358 490亿元，下降0.2%。同期，全国网上零售额124 585亿元，同比增长4.2%，其中实物商品网上零售额108 098亿元，增长6.4%，占社会消费品零售总额的比重为27.1%，增速明显快于社会消费品零售总额。

同时，近两年的数据显示，疫情变化是实物商品网上零售额在社会零售额中占比波动的重要影响因素。当疫情缓解，线下消费逐渐恢复，实物商品网上零售额占比就会相应降低。但是两年来，这一占比始终保持在20%以上，2021年1—2月份甚至高达30.6%。互联网已经成为社会消费的重要渠道之一。

电子商务已经成为消费者必不可少的消费场景，也带动了周边各类业态。国家统计局数据显示，据国家邮政局测算，2022年11月份快递发展指数同比增长1.2%；受“双11”带动，2022年11月1—11日快递包裹处理量超42亿件，日均处理量超3.8亿件，是日常业务量的1.3倍。同时，网络消费、线上服务等也带动了信息服务类消费较快增长。

资料来源　桑雪骐．电子商务点燃发展“新引擎”[N]．中国消费者报，2023-01-06（4）．

思考：谈谈你对电子商务的认识。

二、旅游电子商务的分类

旅游电子商务包括旅行社外部电子商务和内部信息资源管理系统。

（一）外部电子商务管理系统

企业外部电子商务（即狭义的电子商务）主要包含外部建立电子商务网站，包括网上营销、网上服务、网上管理等。

（二）内部信息资源管理系统

企业内部电子商务主要包含内部进行企业资源管理信息化和内部电子商集成。

三、旅行社电子商务

（一）建立官方网站

1.网站组成

（1）域名，即网址。原则上域名的选择可以任意决定，但是一个好的域名，应具有以下特点：一是与旅行社的名称一致；二是包含与旅行社广告语一致的中英文内容；三是尽量简短易记。

（2）主页。主页应包括旅行社的名称、标志、对站点内容进行有效导航的菜单和图标，标明最重要的产品或修改内容，以及公司的联系方式和地址等。

（3）新闻稿档案。无论旅行社的大小，其网站都应设置新闻稿档案，它可以发布有关新产品和新项目的情况，作为档案的一部分，它们又是活的公司年表。

（4）参考页面。创建参考页面并链接到与旅行社相关的特定主题网络论坛或其他网络资源，这是使Web网站除了提供公司的产品和信息之外，成为客户更有用的工具并增加页面访问频率的最简单的办法。

（5）产品和服务。产品页面采用信息分层、页面逐层细化的方法展示公司产品或服务。

（6）雇员页面。雇员是旅行社最宝贵的资源和财富，旅行社通过创建每个雇员页面，可以吸引潜在的客户，同时也是使虚拟企业人格化的有效手段。

（7）客户支持页面。在设计客户页面时，应尽可能站在客户的角度，预计各种潜在的问题，向客户提供有用的信息，使他们对旅行社的产品产生好感。

（8）市场调研页面。旅行社可以通过市场调研页面，收集顾客对产品、服务的评价、建议等信息，由此可建立起市场信息的数据库，作为营销决策的量化基础。

（9）旅行社信息页面。它主要包括公司的数据库、财务表格与投资者的关系等。便于提高旅行社资信的透明度，让访问者了解旅行社的营运状况。

（10）广告。在Web网站中添加一些广告内容可增加站点的吸引力，网上广告因为其高质量和免费的内容而在Web上广为接受。

（二）在线服务

旅行社通过在互联网上建立的网站，完成旅游线路的介绍、网上预订、网上自助旅游等功能；随时反馈游客的咨询，给予客户及时的回复；保证网站的稳定运行，及时更新网站内容，使游客都能了解最新的旅游信息，并顺利地在网上查询和购买。

（三）网络营销

1.网络市场调研

（1）识别公司站点的访问者。通过电子邮件或来客登记簿询问访问者，给予访问者奖品或者免费商品，要求访问者注册后进入主页，向访问者承诺物质奖励，不要提及隐私问题，测试访问者愿意回答问题的数目。

（2）在公司网站上进行市场调研。监控在线服务，测试旅游产品的价格和广告页面，请求反馈信息，发送适当的信息给目标对象。

（3）发送电子调查表给目标对象。

（4）使用电子邮件直接调查目标对象。

2.网络促销

（1）网络广告。网络广告类似于报纸上的分类广告，它可以让大众自由查询，遇到基本符合自身要求的内容可以进一步了解，向旅行社索取更详细的信息。网络广告是一种即时互动式的广告，即“活的广告”，查询十分方便。

（2）双向信息交流。旅行社网上促销也是旅行社同旅游者双向信息交流的过程。旅行社可以通过聊天室、论坛同旅游者进行交流，潜移默化地把旅游信息传输给旅游者，它具有效率高、人情味浓、成本低的特点。

3.定制产品

在互联网上，旅游者可以提出自己特殊的旅游需求，旅行社及时做出反馈，为客人“量身定做”旅游产品，并提供有关签证、机票、客房、接送、导游等一系列配套服务，这种方式更能满足旅游者的个性化需求，为消费者所接受。

4.网络分销联系

互联网所具有的高效及时的双向沟通功能为加强旅行社和分销商的联系提供了有力的平台。旅行社通过互联网络构筑虚拟专用网络，将分销渠道的内部网融入其中，可以及时了解分销过程的商品流程和最终销售状况，还可以帮助旅行社分析市场特征，实时调整市场策略。

5.网上直接销售

网上直接销售创造了实现消费需求的新机会，它不仅指旅行社同旅游者之间的交易，也指旅行社同旅游企业之间的直接交易。网上直接销售是一种高效率、低成本的交易形式，一旦旅行社网站提供适销对路的旅游线路，买主就会立即购买，对于卖方而言，这种模式能节省大量销售成本。

◎ 知识点4 旅行社客户关系处理

一、旅行社客户关系

旅行社客户关系是指旅行社为达到其经营目标，主动与客户建立起的某种联系。这种联系可能是单纯的交易关系，也可能是通信联系，也可能是为客户提供某种接触机会，还可能是为双方利益而形成某种联盟关系。

案例共享2-2-14

客户是旅行社的利润的来源，稳定的客户关系是旅行社经营中迫切需要解决的问题。旅行社自身的特点决定了客户是其最重要的资源，客户关系的维护成为旅行社应对竞争的重中之重。拥有稳定的客户关系意味着旅行社能降低客户开发方面的成本，也意味着旅行社拥有了市场竞争优势。但是在旅行社的经营中，客户资源的重开发、轻维护是普遍存在的现象。

资料来源　李鹏. 旅行社客户关系维系策略研究［D］. 昆明：昆明理工大学，2021.

思考：旅行社如何应维系客户关系？

二、旅行社客户分类

按照与旅行社的关系，旅行社客户可分为一般客户、单位客户、内部客户、分销商和代理商；按照客户的价值，旅行社客户可分为vip客户、主要客户、普通客户和小客户。

三、旅行社客户关系管理

（一）客户数据管理

客户数据管理就是建立客户大数据库，包括客户分析、市场细分、目标市场以及有针对性地宣传促销。旅行社必须基于已有的客户展开分析，对有价值和成长性的客户进行深入的调查和研究，了解客户的消费行为、消费倾向、消费后的感受和意见，以及对旅行社旅游营销方式的接纳程度，并将客户意见及时反馈到旅行社的经营过程中，从而展开有针对性的线路开发和市场营销，达到招徕游客的目的。

（二）客户游程管理

这是旅行社客户关系管理中最为关键的环节。旅行社只有在游客的旅行中为其提供满意的服务，才能留住游客。旅行社在客户游程管理中必须做到以下几点：

1.个性化

随着游客需求的多样化，大众旅游产品已不再具有竞争力，这就要求旅行社在提供服务的过程中，必须敏锐地捕捉市场需求，针对某一集中定位的目标市场，为游客“量身打造”个性化的产品，给游客带来与众不同的独特体验。

2.人情化

旅游服务在游客游览过程中起着至关重要的作用，通过对游客无微不至的服务和人文主义的关怀，可以建立起企业和游客之间的情感联系与牢固的顾客忠诚度。

3.标准化

个性化是旅行社的灵魂，标准化是旅行社的生命。旅行社只有坚持服务程序和服务质量的标准化，才能提高旅游服务的效率，实现旅游服务与国际接轨。

动画 2-2-2

“修学游”产品的成功

（三）客户售后管理

客户关系管理的真正目标是客户的长期满意，而不是一次性的交易。因此，旅行社的客户关系管理必须有一个延伸的阶段，以进一步巩固客户关系，修复出现危机的客户关系。旅行社与客户关系的维持更多应该依靠情感沟通，通过从心理上影响客户的购买行为和意向，使其心甘情愿地与本社长期保持联系。

任务实施

步骤一：全面了解旅行社销售工作，对销售工作进行模拟。

步骤二：为本旅行社设计品牌logo，建立官方网站。

步骤三：选择适合旅行社的客户关系管理系统，进行旅行社客户关系管理。

任务总结与评价

任务总结与评价见表2-2-4。

表 2-2-4　　任务总结与评价

工作任务	规范旅游日常销售
任务检查	模拟咨询及销售工作情况 ○优秀　○良好　○中等　○一般　○未完成
	设计品牌 logo，建立官方网站情况 ○优秀　○良好　○中等　○一般　○未完成
	进行旅行社客户关系管理情况 ○优秀　○良好　○中等　○一般　○未完成
工作成果	
自我评价	
教师评价	
备注	（任务检查中未完成部分情况说明）

项目小结

本项目主要探讨了旅行社销售渠道的不同类型和相关策略，旅游中间商的分类、选择和管理；旅行社产品的促销方式，包括广告促销、营业推广以及人员推销；网络营销的特点。通过本项目的学习，学生能够灵活地运用旅行社销售渠道策略，准确选择旅游中间商，并运用多种促销手段展开旅行社产品的促销活动。

项目测试

一、选择题

1.（　　）通过各种媒体，把旅行社产品信息传递给潜在旅游消费者，激发其购买欲望，从而促进旅行社产品的销售。

A.旅行社广告　　B.营业推广　　C.人员推销　　D.公共关系

2.（　　）是提醒销售地点、提醒某项产品或服务的存在、提醒旅游消费者关注某些信息的广告。

A.提醒性广告　　B.劝说性广告　　C.宣传性广告　　D.批评性广告

3.（　　）不属于营业推广。

A.销售竞赛　　B.价格折扣　　C.赠送礼品　　D.新闻发布会

4.旅行社品牌形象有形要素包括（　　）。

A.领导者形象　　B.员工形象　　C.服务形象

D.环境形象　　E.社会形象

5.旅游中间商的功能包括（　　）。

A.市场调研功能　　B.市场开拓功能　　C.促进销售功能　　D.组合加工功能

在线测评 2-2-1

选择题

二、简答题

1.分析旅行社产品广告促销的优缺点。

2.分析旅行社产品营业推广促销方式的优缺点。

3.简述旅行社产品销售流程。

项目三 计调操作业务

◎ 学习目标

知识目标：

•了解旅行社计调的分类业务范围和岗位职责；

•熟悉计调岗位工作流程和旅游服务采购内容及原则；

•掌握旅游服务采购的方法和策略；

•掌握组团地接计调业务操作流程。

能力目标：

•能够灵活处理旅游服务采购工作；

•具备独立操作接团与发团的能力，能够在专业人士的协助下操作出境团队与入境团队的相关业务。

素养目标：

•培养学生的团队合作意识和与人沟通交往的能力；

•培养学生遵守职业道德规范。

任务一 认知旅行社计调业务

任务导入

工作任务：介绍计调业务。

任务描述：旅行社成立后，计调部门新来了一位实习大学生，计调部主管需要向她介绍一下本部门工作的特点、要求和岗位职责等内容。

任务要点：计调工作特点；计调工作要求；计调素质要求；计调岗位职责。

必备知识

◎ 知识点1 计调的分类和业务范围

一、计调的概念

计调又叫旅游业务操作师，是指在旅行社具体业务操作中担任计划和调度的工作人员，是专门为旅游团（散客）安排接待计划，统计与之相关的信息，并承担与接待相关的旅游服务采购和有关业务调度工作的一种职位类别。在国际旅行社中经常把计调人员称为OP（Operator）。计调的业务范围大致包括：一是对外代表旅行社同旅游服务供应商建立广泛的协作网络，签订采购协议，为游客所需的各种服务提供保障，并协同处理计划变更和突发事件；二是设计各种旅游产品或线路；三是对内做好统计和联络工作，为旅行社计划管理和业务决策提供信息服务。

二、计调的分类

根据不同的分类标准，可以把计调人员分成不同的类型。

按照客源市场的差别，计调人员分为国内旅游业务计调、出境旅游业务计调和入境旅游业务计调等。

按照业务类型的不同，计调人员分为组团类计调、地接类计调、散客类计调和专线类计调、专项类计调等。

（一）组团类计调

组团类计调负责组织本地游客出外旅游，主要与客户、接待社打交道。组团计调与接待计调最大的区别是工作的视角不同。组团计调不仅要对本地区的旅游线路了如指掌，还要对全国的旅游线路非常熟悉，否则无法运用特色对比来策划出好的线路产品。组团计调的业务操作以大交通和地接社安排为主，和地接社对接，完成组团客户的要求。

（二）地接类计调

地接类计调负责安排团队在本地的行程及处理好各种具体的接待事宜，主要与组团社和旅游服务各接待单位打交道，包括订车、订房、订景点门票、订餐、联系购物店、安排文娱活动、选派导游等，千头万绪，非常繁琐。地接计调需要耐心细致，尽可能熟悉所有接待地及周边地区可利用的车辆、酒店、景区、导游等情况，以便编排线路和应对突发情况。

（三）散客类计调

散客类计调分两种类型。一种是办事处性质的，是专线型计调的前身，具备丰富的业务经验后升级做专线计调。他们的主要任务是负责散客拼团业务。一名出色的散客型计调不仅要敏锐地判断出不同时期、不同季节的散客出行量，而且还能够准确地预测并控制车辆数量或者航班机位。另一种是隶属于组团社工作人员，其主要工作是在组团社接收散客。他们因为工作的需要又有不同的岗位要求。散客类计调的业务范围和内容大致与专线类计调相同，但需要更多的耐心与细心。

（四）专线类计调

专线类计调是指针对本地区同业定向收集客源，专门从事某类或某种线路操作，以优惠价格让利旅行社同行，定期发团的专职人员。专线计调是组团社和地接社之间的桥梁，也可以是地接社在这一地区设置或委托的联络机构。专线计调对其专门从事的批发线路，既要熟悉旅游目的地的接待成本，又能按照组团社的发团规律制订接待计划，解决旅行社收到零星散客难以成团的困扰。所以这类计调是专门负责某条线路并为其招徕客源的计调。

（五）专项类计调

随着社会的不断发展和旅游市场的成熟，旅游者的需求越来越个性化，旅行社中便产生了专项类计调。他们专门操作探险游、修学游、商务会展等特种旅游，负责和使馆接触办理签证事宜，以及针对老年、学生团队的业务。

1.修学游计调

修学游计调是指专门为大、中、小学校等教育机构，组织安排春、秋游活动及学生夏令营、冬令营线路的专职人员。修学游计调应及时关注市场变化，实时推出迎合教育新动向的学生游活动产品。

2.特种游计调

特种游计调是为某些游客的特殊需求负责安排行程的专职人员。例如，艺术爱好者前往某地绘画写生、考察摄影的艺术游，探险爱好者挑战极限的探险游等。这种特种游团队往往是一团一议，根据游客需求的不同进行私人定制。

3.老年游计调

老年游计调是指从事设计老年旅游活动产品、满足老年游客特殊需求的专职人员。老年旅游团队和学生团队一样属于特定团体，有其特殊性和适应性，老年游计调在行程安排上必须与普通团队有所区别。

4.商务会展计调

近年来，随着经济和社会的发展，我国商务会展业兴起。专门从事商务会展流程安排的操作人员就是商务会展计调，其与传统计调的不同之处在于，其涉猎面和工作面更为宽泛，涉及会展需要的场地布置、场馆选择、人员接送、用车用餐安排、会间及会后参观游览活动等的接洽与安排。对计调人员的业务能力要求比较高，除传统计调的操作流程要娴熟外，还需要有谈判接洽能力和较强的统筹全局的能力。

5.签证类计调

在旅行社中专门从事签证操作相关事宜的工作人员是签证类计调。在从事出境旅游业务的国际社中，和使馆签证处打交道的签证工作因为要牵涉大量的精力，一般会交给专人负责，要求其对游客递交的资料进行前期的审核及准备工作，对目的地国的法规常识和签证手续办理流程相当熟悉，有较强的责任心，而且要避免表格填写错误或材料遗漏造成拒签，或是遗失游客护照等造成不必要的损失。

三、计调工作的业务范围

计调工作的业务范围主要包括设计行程及计算报价、收集信息、协调联络、选择合作伙伴、业务签约、数据统计、监督服务质量和创收。

（一）设计行程及计算报价

编制计划职能涵盖两个方面：一方面是计调部门的具体业务，就是按照组团社要求的团队接待标准和团队的特点（人数、年龄、职业）编制科学的、符合其喜好的接待计划，如具体的旅游行程。例如，有一个20人的团队想去山东，时间是5~6天，旅行社按照他们的要求，结合本旅行社的资源提供一份旅游线路行程。另一方面是行使旅行社管理职能，即根据旅行社整体接待能力、综合能力和经营目标编制宏观工作计划。

（二）信息收集

随着“互联网+”时代的到来，我们的生活也被信息化所包围。计调人员每天要收集大量关于旅游方面的市场信息，要将这些信息进行分类、整理、分析和再加工、并将分析结果反馈到旅行社。同时，要将旅行社的产品信息通过发布渠道让旅游者知晓。

（三）与合作单位的协调联络

旅行社组织一个旅游团的旅行过程，本身是一个比较复杂的历程。它的涉及面很广，碰到的问题很多，而在第一线的导游人员可能没有足够的时间和充分的条件来处理旅途中遇到的棘手问题。这些都需要计调人员来协助处理。因为整个团队的接待计划、线路行程是由计调人员编制的，行程在哪里出了问题他最清楚。计调人员要及时、妥善地帮助游客处理各种突发问题。例如，发生航班或车、船因故取消或时间的变更，需要马上与饭店、餐厅、车队联系并做出行程上的相应调整，各项旅游服务要保证供应；对于团队在旅途中发生游客生病或死亡等重大事故，或在饭店被盗、发生车祸等，需要向有关部门及保险公司报告，采取相应措施；如果行程各站之间没有衔接上而发生脱节，要立即启用备选方案，联系替补车辆和酒店，尽量妥善安置游客。

（四）对合作单位进行选择

旅行社所提供的旅游产品，特别是旅游线路，其中除了导游以外的所有服务都是向相关的企业购买的，包括游览景点、酒店、餐厅、铁路、航空、娱乐活动等，所以旅行社要向许多旅游服务供应商进行采购。组团类计调人员的主要工作任务是采购各地的接待社，地接类计调人员的工作重点是采购酒店、航空、餐饮、铁路、游览景点、娱乐节目等。在采购旅游服务的过程中，一家旅行社不可能去干涉饭店的经营管理，不可能去调度航空公司飞机的飞行线路和时间，但可以在采购业务过程中发挥选择职能，在众多的采购对象中选择最理想的合作伙伴，货比三家，进行优化组合，构成最佳的服务系统，以保证旅行社的优质服务。

（五）与合作单位签约

旅行社在经营中要与许多旅游服务供应商（如车船队、餐厅、饭店和同业等）及相关行业（如保险、娱乐、景区、交通等）有经济上的合作与往来，一般以签订经济合同的形式来确保双方的利益，稳定彼此的关系。

如果一家旅行社能集中内部所有的购买力，相对集中地投放到相关旅游企业，由此带来的效益要比分散投放到众多的相关旅游企业中大得多。旅行社采购业务的签约职能要求旅行社对外统一签约，以便从旅游供应商那里得到更优惠价格。通过批量采购获得交易条件和价格的优惠是旅行社赖以生存的重要途径。

（六）统计相关数据

统计工作对旅行社来说是必不可少的，主要由计调人员负责，是旅行社提高经济效益和实现经营目标的一项重要保证。其重点主要是对旅行社各项业务的营业数据资料进行统计。例如每月、每季度、每年组团人数、接待人数，省内游人次，出省游人次，接待入境游人数，出境游人数，近郊游成团量，散客人次，一日游人数等，还有出机票的数量，船票数量，每月、每季度、每年营业收入，不同线路最受欢迎程度等，通过对这些信息进行统计和科学分析，能透视旅行社真实的业务经营情况，从而发现问题并及时解决问题，同时还能知晓本社客源的走向及流量，作为今后经营决策的依据。

（七）监督服务质量

对旅游行程中服务质量的监督是旅行社计调人员的重要职能。这种监督包括两方面：一是旅行社作为组团社去监督地接社的接待质量，是否按标准、要求接待，是否顺利履行旅游合同，以避免旅游纠纷，使游客利益得到保障，从而树立组团社的品牌；二是旅行社作为地接社去监督各个服务供应商的接待质量，如酒店、餐饮、旅游车辆等是否符合标准要求，发现问题及时解决纠正，避免游客投诉，影响接待社的信誉。

（八）创收

这也是计调人员最重要的职能之一。在当前我国旅行社业竞争异常激烈的态势下，能否在保证服务质量的前提下降低旅游产品的成本决定了旅行社经营利润的高低。所以计调人员对外洽谈业务时，应根据旅游供给的变化，在协议价的基础上讨价还价，尽量争取到低于竞争对手的最优惠价格，从而降低旅行社的经营成本，帮助旅行社间接提高利润，从而提高企业的经济效益。

◎ 知识点2 计调的岗位职责

一、旅行社对计调工作的要求

计调在旅行社中的地位举足轻重，旅行社业务是否能正常运转，都要靠计调人员的有效操作。当下旅行社行业正朝着网络化、集团化和国际化方向发展，越来越强调服务的个性化，因此对旅行社计调人员素质要求也越来越高，所以一个管理严格的旅行社，会对计调人员的素质提出下列要求：

（一）业务娴熟

计调必须对票务运作、团队的旅行目的地情况、地接社的实力等都烂熟于心。一般情况下，旅行社的地接计调都是做过多年地接导游的，带团的实践经验比较丰富，对行程中的各项内容都十分了解，对地接计调的业务轻车熟路。

（二）工作态度认真严谨

旅游行程是环环相扣的，计调人员的工作就是将这些环节万无一失地紧密连接在一起。如果没有认真负责的工作态度和严谨的工作作风，在用车、票务、接送团队等其中一环没扣好或没扣上，就会出现一招不慎、满盘皆乱的失控局面。计调人员在业务操作中绝不能出现差错，稍有差池就会给旅行社带来不小的损失。因此，在工作中必须做到一丝不苟、认真负责，应保证发出或接收的信息（如预定旅游票据、向同业报价、接收组团社的接团通知等）准确无误。

案例共享2-3-1　　有惊无险的计调错误

5月30日，沈阳某旅行社接待了一个赴韩国考察的公务团，旅游者为某单位领导一行10人，按照计调的操作程序，要在出团前一天打一份出团通知书，通知书的内容包括行程、时间、与领队的交接、目的地国家的注意事项等。可是，在填写集合时间的时候，计调人员却犯了一个低级错误，本次团队的航班起飞时间为15：30，可是计调人员却把这个时间写成了集合时间，而且已经将通知书以传真形式于5月29日下午发给了旅游者了。当计调人员意识到这一点的时候，已经到了5月30日下午13：00左右。于是，计调人员马上给此团的主要负责人打电话，并告知集合时间改为13：30，这次运气比较好，旅游者由于要在沈阳办事情，已经提前到达了沈阳，因此顺利地出国了。所以这件事情也就有惊无险。

思考：计调应如何避免工作上的失误？

（三）较强的应变能力

旅游团队在行程中并不都是一帆风顺的，有可能会遇到各种突发事件，例如旅游车出现故障、游客财物丢失、游客走失、不可抗力导致行程被迫更改等。导游只是一线的服务人员，大多数时候对于行程之外的突发事件并无操控能力，而计调人员作为整个团队的总调度和幕后总设计，对于行程中出现的紧急事件和突发事故应有及时处理和应变的能力，应该及时妥善地帮助现场导游解决问题，如果是重大问题还要及时请示上级领导，排除团队问题，保证团队服务质量和团队行程的顺利进行。

（四）不断创新、学习的能力

当今旅游市场瞬息万变，计调人员只有通过不断学习，多参加业内交流会，才能了解行业发展趋势、相关政策发布、旅游市场需求、各旅游目的地的变化、同业经营情况。同时根据学习的收获，不断对工作进行创新，跟上时代潮流的发展，设计出与时俱进的能满足游客个性化需求的旅游产品。计调人员能否跟上时代潮流，能否设计出更具竞争性和个性化的旅游产品，将成为旅行社之间竞争的主要内容。

（五）敬业精神

计调工作是由众多琐碎的工作环节组成的，没有乐业敬业的精神，就没有办法把本职工作做好。计调人员要热爱旅游事业，不怕困难，有进取心，具有团队合作意识，善于借助团队力量，发挥团队作用，共同做好旅游产品的设计和销售工作，圆满完成旅行社制定的经营目标。

（六）较强的公关和交际能力

计调人员大部分时间都要与旅游者和旅游服务供应商打交道，善于人际协调和沟通对于做好计调工作非常重要，可以说是必须具备的基本能力之一。在与服务供应商、同业的工作交往中，要谦虚谨慎、善于配合、广泛结交朋友，同时还要注意维护本旅行社的地位和声誉。例如，计调在与旅游景区、酒店等部门商谈时，既要保持愉快的合作气氛，又要讨价还价，为旅行社拿到最优惠的协议价格，争取最大限度降低成本、提高利润，所以计调要善于人际沟通，具有较高的谈判水平，掌握与合作社、酒店的谈判技巧，才能在获得利益的同时，又不伤和气，实现双赢局面。

（七）较强的文案写作能力和丰富的地理、历史知识

计调在设计线路行程时，运用惟妙惟肖、恰如其分的修饰比平淡无趣的描述更能打动人，也更能激发游客在看到行程时的参团欲望。与同业及供应商进行业务合作时，互相间往来的公文交流也要求计调具备一定的文学功底和文案写作能力。国内外旅游热点城市与景区的分布、中国传统八大旅游区、人文景观的历史渊源、自然景观的地域特性，以及相应的历史、地理常识等，这些都是计调应具备的业务基础知识和常识。

（八）计算机操作能力

计调人员要熟练操作各种办公自动化软件（如Word、Excel、PowerPoint、Photoshop、MSN、QQ）和旅行社专业管理软件。

（九）有市场意识

在新产品的开发和采购上、在设计线路上，计调人员必须具备强烈的市场意识。要对各旅游目的地的变化、旅游市场、各地接社实力情况等有所了解；按季节掌握各条线路的报价及成本，确保对外报价的可靠性、准确性及可行性，还要不断地进行

创新。

目前，高素质、高水平的计调人才异常缺乏。一方面是由于旅游市场分工越来越细化，计调人员仅熟练流程化流水线作业，而不关心其他更具专业性的业务工作，所以真正达到要求的专业人员不多。另一方面是因为旅游从业人员入行门槛低，文化素质和经验不足。事实上，一些小旅行社计调往往身兼数职，计调、前台接待、导游什么都做，如此大的工作量导致计调人员无法把精力集中在核心业务上。

二、计调人员的职业意识要求

计调作为旅行社的核心岗位，连接着组团社和地接社，因此计调人员不仅应具备一定的职业素养，而且必须具备相应的职业道德和职业意识，保证旅游团队的正常运行。

1.法律意识

计调人员应对旅游相关法律、法规了如指掌，在进行团队操作时应自觉遵守国家法律、法规、社会公共规范。

2.质量意识

旅游产品的广泛性、复杂性和动态性特点使其质量控制尤为重要，计调人员在采购旅游服务产品时要强化服务质量意识，加强旅游品质保障，维护游客权益，提高自身的竞争力和品牌影响力。

3.协作意识

计调人员在日常工作中经常需要与有关部门和旅行社产生各种联系，搞好与各方面的关系是计调人员开展工作的基本前提。在旅行社内部，计调人员要与接待、票务、外联、财务等各部门发生频繁的业务往来，必须注意工作的协调配合；在旅行社外部，计调人员要与交通、宾馆、饭店、景区、购物场所、同业等进行合作。因此，计调人员必须树立较强的协作意识，善于与各部门、各单位合作，善于与他人沟通交流，以便赢得各方面的配合和支持。

4.效率意识

旅行社业务具有较强的时效性，计调人员在安排团队接待计划时，应统筹安排，及时完成各项预订任务，及时处理团队运行中的突发事件。在旅游旺季，计调人员往往同时处理多个团队的接待工作，因此，在操作中必须遵守操作规范，注重效率，避免出现差错，保质保量地完成团队接待工作任务。

三、计调工作的岗位职责

计调部是旅行社工作的核心部门，计调人员应本着求实创新、尽心尽责的态度，履行如下工作职责：

（1）广泛了解和搜集不断变化的同行相关动态及旅游市场信息，对其他旅行社推出的常规、特色旅游线路要认真分析，为更好地策划本社的旅游产品做出方案。

（2）对内负责接待、安排旅游团，对外负责公关协调、发报计划、组织发团等。

（3）操作、协调、安排团队省内外旅游业务时，对有关交通、导游服务及食、住、购、娱等活动，要尽可能考虑周到，在确保团队接待质量的前提下，力争“低成本、高效益”。

(4) 不断地修改、制订和完善本社各条旅游线路及其行程安排，不断推陈出新，制定出符合当前旅游市场需求的旅游线路及适当的消费价位。

(5) 为提高本社的工作效率，在工作中要及时按日、月、季掌握各线路的成本及报价，同时要及时通知各部门，以确保对外报价的统一性、可靠性、可行性和准确性。

(6) 每个旅游团行程结束后，导游和司机报账时要严格把关，并与财务部门仔细核对每一项账目，确保准确无误。

(7) 每个团队操作，必须做到售前、售中、售后完美服务，即出团前的热情服务；团队旅游过程中的质量跟踪监控；团队行程结束后的回访及建立档案。

(8) 必须时刻注意同行动态，特别是要注意收集各种媒体广告，建档保存进行分析。

(9) 要时刻与各业务部门加强联系，及时掌握、了解、分析反馈的信息，然后进行消化、吸收、落实。

育德启智 2-3-1　　以多样化高品质供给满足旅游消费新需求

旅游消费本质上是游客对旅游产品和服务的购买意愿和购买行为。旅游产品和服务在旅游消费中发挥着基础性和引领性作用，产品多不多、服务好不好，直接决定着旅游消费的实现效果以及规模。要将实施扩大内需战略同深化供给侧结构性改革有机结合，进一步释放旅游消费潜力。推动旅游业高质量发展，必须抓好旅游产品和服务这个根本，以质的有效提升和量的合理增长，满足旅游终端需求，实现有效供给。

首先，要在需求分析上下功夫。近年来，旅游需求的多元化、个性化、复合化、品质化特征更加突出，旅游需求的迭代和演进速度日益加快。抓好旅游产品和服务，要防止“来的都是客，全凭嘴一张，相逢开口笑，过后不思量”的心态，要注重对游客选择行为、出行方式、消费习惯进行广泛收集与综合分析，认真思考需求的变化特点、演变趋势等，并在产品和服务上及时做出相应调整和优化。

其次，要在创新求变上下功夫。市场复苏并不意味着回到过去，也不是把老产品重新上架，而是需要面对游客需求的实际情况，综合用理念创新、技术创新、场景创新、管理创新等，及时在前端研发与中端运营中做出相应调整优化。

最后，要在提升质量上下功夫。游客对旅游产品和服务的形式、内容等需求是随着时间和环境变化的，但是对产品和服务质量的要求却是一致的。质量是旅游产品和服务的生命线，也是有效满足游客需求的根本保障。在人民群众对旅游的需求从“有没有”转变为“好不好”的背景下，旅游产品和服务必须做到质的有效提升和量的合理增长相协调，以高品质助推高质量发展。

资料来源　银元. 以多样化高品质供给满足旅游消费新需求［EB/OL］.［2023-08-06］. https：//travel.cnr.cn/dsywzl/20230806/t20230806_526366293.shtml.

学有所悟：旅游产品和服务的供给丰富与质量提升是一项长期工作，也是激发旅游消费活力的基础性、支撑性工作。因此，政府、行业、企业、游客等多方应共同努力，认真贯彻落实党的二十大报告提出的任务要求，以高品质旅游产品和服务，推动旅游业高质量发展，不断满足人民日益增长的美好生活需要。

◎ 知识点3 计调岗位工作流程

一、计调部机构设置

（一）中小型旅行社计调部的机构设置

在我国现阶段的旅行社构成中，中小型旅行社的规模较小，在总经理下设计调部，在计调部经理的领导下执行业务，有3~10名计调员。

（二）大型旅行社计调部的机构设置

与中小型旅行社相比，大型旅行社计调部的机构设置比较复杂，业务分工更加细致，专业性更强。在总经理下设计调中心，在计调中心下分为接待中心、组团中心或者分为国际部和国内部。国际部下设欧洲部、美洲部、亚洲部等；而随着国内旅游竞争的日益激烈，国内部的计调业务主要是根据旅游线路来设置的，所以又常常分为省内线和省外线。一名计调人员管几条线路，负责接听电话、报价、签约等。

案例共享2-3-2　　导游诱导消费　旅行社须担责

太原的马先生在某旅行社报名参加了桂林旅游团。到达旅游目的地后，地接旅游公司导游未征求旅游者同意便直接安排旅游者去指定的商场购物。在得知马先生仅携带1 000元后，导游热情提议马先生可以先借款购物，待返回太原后再归还。于是，经导游介绍，马先生向商家借款10 000元用于购物，在商场共消费11 000元。返程后，马先生认为地接导游擅自安排行程外的购物活动，并在其指定的购物场所故意诱导自己“借款购物”，让自己产生预期之外的大额消费，损害了自己的权益。马先生随后向旅游投诉处理机构投诉，要求旅行社对借款和购物问题给予合理解决，并对所购商品全额退款。

资料来源　佚名．导游诱导消费　旅行社须担责［EB/OL］．［2022-03-15］．https：//jz.sxgov.cn/content/2022-03/15/content_12713465.htm.

思考：计调人员在安排行程中要注意哪些问题？

二、计调业务的特点

（一）繁杂性

首先，计调业务的种类繁杂，涉及采购、接待、票务、交通及安排旅游者食宿等工作；其次，计调业务的程序繁杂，从接到组团社的报告到旅游团接待工作结束后的结算，无一不与计调人员发生关系；最后，计调业务涉及的关系繁杂，计调员几乎与所有的旅游接待部门都有业务上的联系。

（二）具体性

计调工作无论是收集本地区的接待情况向其他旅行社预报，还是接受组团社的业务接待要约而编制接待计划，都是非常具体的事务性工作，总是在解决和处理与采购、联络、安排接待计划等有关的具体工作。

（三）多变性

计调业务的多变性是由旅游团人数和旅行计划的多变性而决定的。旅游团的人数一旦发生变化，就会影响到计调员的所有工作，可以说是“牵一发而动全身”。此外，交通和住宿条件不能始终保证正常供给，也给计调工作带来诸多不确定因素。

(四) 时效性。

旅行社计调在接到旅行团的要求和确定旅游人数后，需要立即制定旅游线路、安排行程、预订各项采购服务、与组团社或地接社联系工作。如果不注意时效性，不及时处理就可能延误工作，影响旅行团的正常活动。

三、计调业务的流程和主要工作内容

计调部是旅行社的核心部门，其工作的好坏直接影响和决定着旅行社业务能否正常运转。旅行社是否能盈利某种程度上掌握在计调的手中，所以说计调业务对旅行社来说是核心内容，是至关重要而不容马虎的。计调业务主要是围绕着旅游接待计划来完成的。

(一) 接受接待计划和提供报价

计调人员从各组团社接收到的计划或者说预报行程是各种各样的，有散客团、特殊团、单项委托、系列团、私人定制游等。当计调人员收到销售部或者其他同业发过来的预报后，应首先根据对方的要求编制线路行程，迅速计算成本并向对方报价；其次要快速记录旅游团资料信息，进行整理、分类、及时处理，编制符合其要求的接待计划；最后把当天所有的业务都记在工作日志上。

(二) 制订接待计划

接待计划的制订是旅行社计调业务中最重要的一项工作。

1.接待计划的具体内容

一份完整的接待计划具体包括以下几项内容：

(1) 旅游团基本信息。旅游团队基本信息包括：组团社名称、团名、团号；团队人数（要注明有无儿童及人数）；团队类别（会议团、观光团、疗养团等）；旅游团等级（标准团、豪华团、纯玩团、经济团等）；旅游线路行程安排中所到城市和景点；食宿要求，特别注明是否有素食或者其他特殊要求；对导游的要求（级别、全陪或地陪的语种等要求）；团队费用结算方式，组团社责任人及接待各方联系人的姓名和联络方式。

(2) 团员名单。团队中所有游客的姓名、年龄、性别、身份证号码，分房要求（单间和双间）。如果是VIP团队，要特别注明客户身份、接待方联系人姓名。

(3) 日程的安排。游览时间及日期；往来各地间所使用的交通工具（火车、飞机、轮船等）及离抵时间；在各地安排的主要游览景点、娱乐活动、民俗体验、购物、餐饮及其他特殊要求；住宿情况（酒店名称及星级标准）；自费项目（例如某些自费景点和索道）；免责条款等。

2.接待计划的制订流程

接待计划是旅游团活动的文字凭证，是组团社与地接社的财务依据。制订完整的接待计划应从以下几个方面着手：

(1) 对旅游团资料进行确认。计调人员要与对方旅行社反复核对和确认旅游团涉及的所有资料信息，包括成员姓名及身份证号码、抵达离开的时间日期、具体行程、有无特殊要求等，还要通过盖有旅行社公章的传真件再次进行确认，以免因疏漏而导致计划制作不完整不周全。

(2) 合理安排旅游行程。计调人员要按照组团社游客的要求编制令其满意的行程。避免将自己主观的想法强加在游客的喜好上。行程的安排要科学合理，有张有弛、留有余地。一个活动量大的项目之后，要安排一个较为轻松的游览项目或者提供一段休息时间（购物），使游客的体力、精力能得到恢复，这样做可以提高游客的游兴，避免过度疲劳。例如，爬完泰山之后安排游客泡温泉就是一种非常好的安排。

（三）发送计划

接待计划做好以后，具体提前多长时间发送计划，视团队和市场情况而定，最好及时发送。如果组团社或游客不满意，还要继续修改，直到满意为止。

（四）计划的确认

确认计划是计调业务流程中至关重要的环节。为了确保接待计划的顺利实施，杜绝各种责任事故的发生，计调人员要对所发送的计划内容进行逐一确认，这个过程耗时费力，繁琐复杂，不能省略和忽视，要求细心谨慎又有耐心。计调人员要注意确认计划时无论是通过传真还是通过其他形式，一定要获得对方的书面确认，以避免后期发生责任纠纷。

（五）接待计划的变更

计划赶不上变化快，一个旅行团不确定在哪个时间哪个环节会发生变化，如果有变更，计调人员要在第一时间将变化后的结果无一遗漏地通知相关各服务部门和导游，以及下一站接待社。例如，如果人数有变化，不管是减少还是增加，都会影响用房、用车、门票、用餐等，所以变更要按时间顺序与原计划放在一起，附在原计划单的后面，以备随时查看，避免出错。变更主要是对原有接待计划的修改，若联系不当，就会导致接待出现混乱，造成失误及游客投诉，因此变更需要书面确认。

（六）接待计划的落实

接待计划制作并确认好之后，就要落实计划中的各项服务，也就是采购各项旅游服务。计调人员需要做的工作有落实接待项目、落实各地交通、委派导游。

（七）收款与结算

与客户达成协议后，如果是散客，需要旅游者缴纳全款，如果旅游者报名参加的是欧美发达国家的线路行程，还需要另外提供相应的证明和数额不等的担保金。

（八）业务建档

旅行社计调人员的工作繁重，业务量巨大。对外要与旅游景点、饭店、交通、同行旅行社等部门联系合作、对内要与导游、外联、接待和财务等相关人员协调，每天往来的传真、电子邮件、记录非常多。团队旅行结束后，计调的工作却并未完结，还有结算统计等后续工作。计调人员要将所有计划作为原始资料归档收存，建立团队业务档案库，妥善保存起来以便查阅，团队计划档案的保存时间为2～3年。

（九）业务统计

旅行社为了更好地发展业务，扩大市场份额，适应市场变化，在竞争中取胜，必须对各项经营活动进行全面而认真的统计。通过科学有效的分析，及时调整经营策略和方向，因此计调人员要统计影响旅行社经营的所有数据，内容包括：

1.对上下游合作单位情况的统计

旅行社与上游企业即饭店、汽车公司、旅游景点、民航、餐厅、铁路、定点商店等都有合作，这些部门的情况分门别类统计好，汇总成表格。例如，饭店房间价格（对本社优惠后的）一览表、车队联系电话一览表、景点门票价格一览表，以及对本社的优惠等，这些表格在做行程时经常会用到，所以要妥善保存好。

2.对客源的统计

计调工作中很重要的一项内容就是对客源进行统计，例如本旅行社近一年及每个季度、每个月份接待的人数、天数、组团人数，客源流向、淡旺季的分布情况等，应该有一个详细的统计资料，通过对本期统计数据和去年同期统计数据进行对比，从中发现问题，解决问题，有利于旅行社的经营战略和决策。

任务实施

步骤一：梳理计调的工作特点、工作要求、素质要求和岗位职责等内容，总结计调工作常识。

____

____

步骤二：通过网络或实地走访旅行社，调研当地旅行社计调业务概况。

____

____

步骤三：撰写当地旅行社计调调研报告，并以PPT形式进行汇报。

____

____

任务总结与评价

任务总结与评价见表2-3-1。

表2-3-1 任务总结与评价

工作任务	介绍计调业务
任务检查	总结计调工作常识情况 ○优秀 ○良好 ○中等 ○一般 ○未完成
	调研计调业务工作情况 ○优秀 ○良好 ○中等 ○一般 ○未完成
	形成调研总结材料情况 ○优秀 ○良好 ○中等 ○一般 ○未完成
工作成果	
自我评价	
教师评价	
备注	（任务检查中未完成部分情况说明）

任务二 执行旅游服务采购

任务导入

工作任务：执行旅游服务采购工作。

任务描述：旅行社开业不久，得到了一个不错的订单，在当地组团往返福建武夷山。请制订标准团行程计划，10人往返福建武夷山纯玩双动4天。根据行程，计调人员完成旅游服务采购工作。

任务要点：根据行程计划采购旅游服务各项目。

必备知识

◎ 知识点1 旅游服务采购的项目和内容

旅游服务的采购是旅行社经营中的一项十分重要的业务，关系到旅行社经营的成败。据经济学家分析，企业在采购中每1元钱的节约都将会转化成1元钱的利润，在同等条件下，企业要想靠增加销售来获取1元钱的利润，则需多销售20元的产品。由此可见，采购管理绝对是企业管理中最有价值的部分。旅行社经营者必须高度重视旅游服务采购工作，审时度势，采取适当的采购策略，为旅行社赢得可靠的旅游服务供给和经济效益。因此，对于旅行社来说，旅游服务的合理采购是其在激烈的竞争中制胜的法宝。

一、旅游交通服务的采购

交通服务在旅游总费用中往往占有很大的比重，是旅行社产品的重要组成部分。特别是中长线旅游产品，有时甚至为旅行总支出的一半以上。按照在旅游途中所乘用的交通工具，旅游交通服务分为铁路服务、航空服务、水运服务和公路服务4种类型。

案例共享2-3-3 2023年首趟“吉泰号”吉林援疆旅游专列开行

2023年首趟“吉泰号”吉林援疆旅游专列在长春发车，700多名游客将开启为期17天的新疆深度游。

“吉林省对口援疆工作前方指挥部精选技术骨干，组建吉林省援疆旅游小组团，针对阿勒泰地区旅游市场未来发展需求，从人才培养、宣传推介等方面开展全面援助，推动阿勒泰地区旅游业高质量发展。截至目前，‘吉泰号’援疆专列和包机已累计为新疆输送游客2万余人次。”吉林省援疆干部、阿勒泰地区文化体育广播电视和旅游局党组成员张博说。

据了解，专列面向吉林省游客，在夏季和秋季期间开行，计划发送3~5趟。专列从长春始发，途经阿勒泰、喀纳斯、可可托海、吉木乃口岸、伊犁那拉提、吐鲁番、帕米尔高原、天山天池、大巴扎等知名景区景点，游客可以把南北疆的精华美景尽收眼底。

张博表示，今年专列在景区选定方面，优先将网上知名度较高、受游客青睐的精品景区景点如喀纳斯、伊犁那拉提等纳入线路，同时在时间充足的情况下，按照游客自愿的原则，增加其他景区景点，满足游客多元出游需求。希望通过这样的活动进一步促进两地交往、交流、交融。

“喀纳斯景区是我一直向往的地方，这次能够乘坐专列一站直达，游遍新疆，心里很激动也很开心。”来自吉林省的游客黄贺说。

资料来源　刘玉萍．2023年首趟“吉泰号”吉林援疆旅游专列开行［EB/OL］．［2023-07-31］．http：//www.ctnews.com.cn/.

思考：旅行社的采购工作的开展要注意哪些问题？

（一）铁路交通服务的采购

铁路交通服务是旅行社向旅游者提供的一种重要的交通服务方式。铁路客运交通分为直达快车、普通快车、旅游专列、特快直达列车等类型，各种类型的火车一般按需设有硬席卧铺、硬席座位、软席座位、软席卧铺及餐车等车厢。

1.铁路交通服务的优缺点

（1）优点。①价格低。在火车、飞机和汽车三种交通工具中，火车票的价格相对最低。②载客多。一列火车一般能够运载一千多名乘客。③受气候和季节变化的影响小。火车一年四季不管春、夏、秋、冬，均能行驶，而且在雷雨、大雪、大风等恶劣天气条件下可以正常运行。④安全。与汽车相比，火车的安全系数要高得多。火车是一种在地面行驶的交通工具，不存在像坐飞机那样有一种悬在空中的心理负担，因此乘客对火车更为放心，尽管从统计数字看火车事故死亡率高于飞机。

（2）缺点。速度慢，长时间旅行容易使乘客感到疲劳。但是，近年来我国铁路部门几次将火车提速，而且在一些城市之间建设了高速铁路，从而大大提高了火车的运行速度，在一定程度上弥补了这一缺点。

2.计调需要掌握的火车票采购常识

（1）列车票面上车次的含义。计调在操作团队时，要经常接触到火车票，例如K28次列车，K是什么意思？这就要求计调要能看懂火车票面的含义。目前常见的列车车次的首字代码有G、D、T、Z、N、K、Y、L（A），以及没有字母的四位车次。

（2）列车车次的编制规律。列车车次的编制和上行下行有关，铁路方面规定进京方向或是从支线到干线被称为上行，反之离京方向或是从干线到支线被称为下行。上行的列车车次为偶数（双数），下行的列车车次为奇数（单数）。

（二）航空交通服务的采购

航空交通是世界上远距离旅行活动中最主要的交通方式，被看作旅行社中长线旅游产品大交通的首选，具有安全舒适、快速省时的优点。航空公司所拥有的大中型喷气客机时速可达700~800千米，而且航线直，能最大限度地缩短旅游交通的距离，满足游客在旅行途中的省时需求。

1.旅游采购中的航空服务形式

旅游采购中的航空服务形式可分为定期航班和旅游包机两种。

（1）定期航班。定期航班是航空公司对大众公布的航班线路和时刻表。飞机严格地按照航班时刻表规定的时间起飞、飞行和降落。旅游团是乘坐这种定期航班到旅游目的地的。世界上几乎所有的航空公司都提供定期航班服务。旅行社要采购的定期航班服务有单程旅行和往返旅行。

（2）旅游包机。在旅游旺季时，旅行社常因无法订购到足够的定期航班机位而引起旅游者的不满甚至投诉。另外，一些旅游非热点地区正常航班的班次也不多，使得旅游者难以乘坐定期航班到达旅游目的地。这些情况会影响旅行社的接待质量，并可能降低旅行社向旅游客源市场推销其产品的能力。因此，旅游包机成了解决这一问题的一条有效的途径。

2.计调需要掌握的航空服务采购常识

（1）民航班机航班号码的编制规律。航班有国际航班和国内航班之分。在国际航线上飞行的航班称国际航班，在国内航线上飞行的航班称国内航班。为方便用户和运输，每个航班都编有航班号。

（2）国内外常用的航空公司代码。操作出境游的组团计调，除了要熟悉国内航空公司外，对常用的国际航空公司的简称及代码也要了解和知道。国内外部分航空公司两字代码表见表2-3-2。

表2-3-2　国内外部分航空公司两字代码表

代码	航空公司	代码	航空公司	代码	航空公司
CA	中国国际航空公司	CZ	中国南方航空公司	ZH	深圳航空公司
HU	海南航空股份有限公司	SC	山东航空公司	F6	中国航空股份有限公司
SZ	中国西南航空公司	MF	厦门航空公司	MU	中国东方航空股份有限公司
G8	长城航空公司	3U	四川航空公司	FM	上海航空公司
AF	法国航空公司	AY	芬兰航空公司	WU	武汉航空公司
BA	英国航空公司	BL	文莱皇家航空公司	AZ	意大利航空公司
ET	埃塞俄比亚航空公司	E5	萨马拉航空公司	CP	加拿大国际航空公司
HY	乌兹别克斯坦航空公司	LR	伊朗航空公司	GA	印度尼西亚鹰航空公司
JS	朝鲜航空公司	KL	荷兰皇家航空公司	JD	日本佳速航空公司
KE	大韩航空公司	LO	波兰航空公司	K4	哈萨克斯坦航空公司
LH	德国汉莎航空公司	NX	澳门航空公司	LY	以色列航空公司
MH	马来西亚航空公司	PK	巴基斯坦国际航空公司	NH	全日空航空公司
NW	美国西北航空公司	QV	老挝航空公司	OS	奥地利航空公司
OZ	韩亚航空公司	SK	斯堪的纳维亚航空公司	PR	菲律宾航空公司
QF	澳大利亚快达航空公司	TG	泰国国际航空公司	RA	尼泊尔航空公司
RO	罗马尼亚航空公司	VJ	柬埔寨航空公司	SQ	新加坡航空公司
SU	瑞士航空公司	6U	乌克兰航空公司	UA	美国联合航空公司
UB	缅甸航空公司			VN	越南航空公司

（三）公路交通服务的采购

公路交通服务的采购是指旅行社为向旅游者提供旅行途中的旅游车服务而进行的采购。汽车是旅游团队最常使用的交通工具，这里的汽车指是旅游汽车，不包含在区间途中使用的汽车卧铺。旅游车服务主要用于近距离旅游目的地之间和市内游览的旅行。另外，在一些铁路和民航交通不太发达的偏远地区，旅游车是旅游者旅行游览的主要交通工具。

（四）水运交通服务的采购

水运交通服务采购是指旅行社为了满足旅游者在各种水域中旅行游览的需求而向沿海航运、内河航运及国际航海等水上客运部门购买的服务，包括豪华客轮、客货混装船、气垫船和普通客轮等。每种客轮分别设有不同等级的舱位供乘客选择。虽然在长途旅行时旅行社多为旅游者选择飞机、火车等交通工具，但是轮船作为一种独特的交通体验方式，越来越受到旅游者的喜爱。

二、旅游住宿服务的采购

高品质的住宿服务能保证旅游者在旅游过程中有充分的休息，以充沛的体力和愉快的心情进行旅游。所以旅游住宿服务在整个旅游服务采购中是非常重要的一环，同时，酒店价格直接影响旅行社的利润。因此，旅行社都非常重视对住宿服务的采购。

（一）住宿酒店的类型

1.旅馆

旅馆是指价格较低、设施较简单、规模较小的旅店，多接待自驾车旅行的旅游者和接待经济型的自由行旅游者。旅馆主要分为乡间旅舍、城市旅馆和汽车旅馆。

2.酒店

根据计价方式、设施规模和特色等标准把酒店划分为不同的类型。

（1）根据计价方式划分：①美式计价酒店；②修正美式计价酒店；③百慕大式计价酒店；④欧陆式计价酒店。

（2）根据设施规模划分：①大型酒店；②中型酒店；③小型酒店。

（3）根据酒店特色划分：①度假型酒店；②商务型酒店；③会议型酒店；④公寓型酒店；⑤经济型酒店。

（二）住宿酒店的等级

根据酒店的服务质量、设施设备水平、服务范围和豪华程度等标准，可以把旅游酒店分为五个星级。

三、旅游景区景点的采购

在景区、景点进行游览和参观是旅游者在旅游目的地的最基本、最重要的旅游活动。除少数特殊游览和参观项目外，绝大多数的游览和参观服务都由各地地接社承担。

四、旅游餐饮服务的采购

餐饮服务采购是旅行社为满足旅游者在旅游过程中的餐饮需要而进行的采购业务。旅行社计调在采购餐饮服务时，要综合考虑旅游者的饮食习惯、团队等级、餐馆的卫生条件、餐饮产品的质量和数量、价格是否公道、服务是否规范等情况，选择合适的餐厅合作。

五、旅游娱乐项目的采购

对于一条完整的旅游线路来说，娱乐项目和景区景点一样是非常重要的环节。我国地域广阔、民族众多，精彩而有特色的文娱活动可以让游客更好地理解和感知不同的地域文化，增加旅游体验，所以在旅游目的地采购文娱活动是很有必要的。

六、旅游购物服务的采购

购物在游客的旅游行程中是不可缺少的，也是旅途中一种很好的调剂，没有购物的旅行是不完美的，它作为游览中的一种必要补充而存在。所以旅行社对旅游购物店的选择就显得很重要。

七、旅游保险服务的采购

在游客的旅游活动中，安全始终是第一位的。所以，旅游保险是旅游活动得到可靠保障的不可忽视的重要因素。

◎ 知识点2　旅游服务采购的方法和程序

一、采购旅游交通服务

（一）采购航空交通服务

航空交通服务采购是指旅行社根据旅行社产品中旅行团的旅行计划或散客旅游者的委托，为旅游者和旅游团队的领队及全程陪同人员购买旅游途中所需的飞机票。旅行社负责航空交通服务采购的票务员需要具备有关航空交通服务的各方面知识，包括航空公司提供的各种服务项目、机票价格、设施设备、相关规定及国家关于民航运输的法律和规定等。

旅行社票务员在购票时必须十分细心，仔细检查飞机票上的各项内容。航空交通服务采购分为两种形式，即定期航班飞机票的采购和旅游包机的预订。

1.采购定期航班飞机票

这项业务包括机票预订、购买、确认、退订四项内容。

（1）预订。①散客预订。在买飞机票之前，票务人员需要了解旅游者和航空公司两方面信息。旅游者信息包括；A.旅游者的姓名；B.旅游者联系电话；C.乘机日期；D.旅游目的地；E.支付方式；F.特殊要求。航空公司方面的信息包括：A.机票价格；B.飞行设施；C.其他信息，如航空公司关于行李托运、手提行李方面的规定。还有因航空公司原因推迟起飞时间、航班取消等情况时，它对旅客在滞留期间的吃住安排等信息。②团队机票的预订。如果是国内旅游团队，计调人员一般提前7天预订机位比较稳妥。10人以上团队机票要提供游客名单，通过航空售票处或直接向有合作关系的航空公司申请。

（2）购买。如果是散客，旅行社可以使用航空公司指定的售票平台或者购票软件采购机票。如果是团队，旅行社一般会首选专门的具有购票资质的机票代理机构为旅游团代购机票。因为旅行社与代理机构有合作关系，可以在第一时间拿票。

（3）确认。有时游客事先自行购买了机票，而这时旅行社需要做的工作就是代游客确认飞机上的座位。计调人员要明确OK票与OPEN票的区别。

（4）退订。退订一般要按照旅行社与航空公司达成的协议办理。

2.采购旅游包机

采购旅游包机就是由旅行社和航空公司达成协议，以旅游目的地为终点，开辟特殊航线。旅行社采购旅游包机大多发生在正常航班较少的地区或旅游旺季的旅游热点地区。此外，旅行社在接待过程中发生误机事故后也会采取包机的方式将旅游者尽快送达目的地。

当出现需要包机的情况时，旅行社计调人员应马上同经营旅游包机业务的航空公司联系，告知乘机的日期、前往地点、人数等情况，并询问所能提供的飞机机型、起飞和降落地点、租赁飞机的费用等信息。如果条件合适，计调人员应即刻向旅行社领导请示，批准后向经营包机的航空公司提出包机申请。申请被接受后，计调人员还要与对方签订包机协议或合同。在包机业务具体操作中，如果是距离不太远的短途航班，一般采用当日对飞的方式；如果是长线航班，旅行社与航空公司通常会选择与目的地旅行社合作的方式来完成包机业务。

（二）采购铁路交通服务

旅行社计调人员必须保证及时购买到旅游活动所需要的各种火车票。火车票的种类有很多，有动车、高铁、特快、普快等。各类型列车都有软座、硬座、软卧和硬卧。计调要注意针对不同游客的身份类型和需要进行购票。

（三）采购公路交通服务

公路交通主要用于市内游览和近距离旅游目的地之间的旅行。采购公路交通服务时应对提供服务的旅游汽车公司进行调查，充分了解公司所拥有的车辆数目、性能、车型、公司的管理状况、租车的费用、驾驶员的技术水平等情况。然后，计调人员将搜集到的有关信息加以分析整理，从中选出管理水平较高的，驾驶员技术水平、车型、和价格均适合的旅游汽车公司进行合作。计调人员要代表旅行社同这些公司洽谈车价，最后签订租车协议。

计调人员在接到旅游者或旅游团队用车计划之后，应根据旅游者的人数及收费标准向旅游汽车公司提出用车请求，并告知旅游者或旅游团队的旅游活动日程，以便旅游汽车公司在车型、驾驶员配备等方面做好准备。为了避免出现差错，计调人员应在旅游者或旅游团队抵达前的2～3天内再次与车队联系，核实车辆落实的情况，对所用汽车的车型、驾驶员的姓名等信息进行确认，并签订用车协议。

（四）采购水运交通服务

旅行社采购人员在采购水运交通服务时，应根据旅游者或旅游团队的旅行计划和要求，向轮船公司等水运交通部门预订船票，计调人员在取票时应逐项核对船票的日期、乘客名单、离港时间、航向、航次、船票金额及船票数量等内容。购票后如因旅行计划变更造成乘船人数增加、减少、旅行计划取消等情况，计调人员应及时办理增购或退票手续，保证旅游者能够按计划乘船，同时减少旅行社的经济损失。

二、采购旅游住宿服务

案例共享2-3-4　计调一味追求高标准的住宿就能满足客人的要求吗？

某旅行社组织一个教师旅游团到内蒙古和山西游览，团队价位比较高，计调部经理想安排好一点，因此决定在内蒙古安排住豪华蒙古包，即二人一包，有独立卫生间；在山西省则住太原的四星级饭店。结果团队对住房并不满意。他们说在内蒙古希望住六人一包的普包，大家凑在一块比较热闹，这样才像住蒙古包，才有来到内蒙古的感觉；而对于在太原安排的四星级饭店，他们也并不喜欢，因为他们是教师团，与饭店里其他客人相比显得穷酸。所以，他们宁愿在平遥古城多住一晚，第二天早晨也不用赶时间，又能在平遥古城好好逛逛。旅行社真是“赔了夫人又折兵”，出了钱还没有让客人满意。

资料来源　佚名. 计调一味追求高标准的住宿就能满足客人的要求吗？[EB/OL].［2020-06-18］. https：//wenku.so.com/d/c0b1dc07e745a98e7ee48442c7b7bd24.

思考：计调人员在进行服务采购工作时应该注意哪些问题？

计调人员应设法在保证住宿服务供给和质量的前提下，尽量降低采购成本及服务价格。酒店房间的价格状况直接关系到旅行社的利润，因此旅行社都非常重视对住宿服务的采购。旅游住宿服务采购业务一般包括选择住宿服务设施、选择预订渠道、确定客房价格和办理预订手续四项内容。

（一）选择住宿服务设施

有条件提供住宿服务的酒店有很多，宾馆、酒店、旅馆、招待所、度假村、疗养院等都可提供住宿服务。但各个企业的基础条件、服务特色不尽相同，即使同样是宾馆，其服务也会有差异。旅行社的采购人员应从地理位置、设施设备、服务类型、经营方向、停车场等方面全面考察各个酒店的综合服务水平和条件，权衡利弊，选择能满足客人需要的酒店作为合作伙伴。

（二）确定房价

酒店房间价格种类很多，旅行社地接计调人员必须熟悉这些价格，以便根据游客的要求、产品的档次、旅行社同饭店的合作关系、市场供求关系、预订日期、入住日期、所用房间和天数等因素与酒店进行谈判，力求获得最优惠的价格。

（三）预订方式的选择

旅行社主要通过地接社、饭店预订中心、组团旅行社和饭店销售代表四个渠道预订饭店。

（四）办理预订手续

旅行社在选定酒店以后，应与对方签订合作协议，并按下列程序办理预订手续：首先，提出用房申请；其次，交纳定金；最后，办理入住手续。

三、采购旅游餐饮服务

旅游服务采购中的“三定”之一就是定点就餐。旅行社计调人员在采购旅游产品中的餐饮服务时，一定要根据团队接待标准，把游客的口味偏好和当地的饮食特色结合起来，选好定点用餐的餐厅，并向对方发送用餐计划单。餐厅核对无误后还要回传确认，如用餐计划有更改，还要发送用餐更改单。

旅行社如何选择合适的饭店，让游客吃得放心满意呢？计调人员要在前期考察踩点时考虑到游客对餐饮服务的评价如何，游客最在意哪些方面？这个问题很重要。它关系到旅游者的满意程度和旅行社产品的销售情况，判断一个餐厅的服务质量，应从以下几方面进行考察。

(一) 游客对餐饮服务质量的评价标准

(1) 就餐环境。从餐厅的装饰、就餐人员构成和餐馆工作人员对宾客的态度、就餐设备、取暖、照明、音响设备等方面，考察该餐厅的就餐环境。

(2) 餐饮质量。从食品和饮料的种类、选择范围、特殊菜肴或饮料的供应及饭菜和酒水的质量等方面，考察该餐厅的餐饮质量。

(3) 卫生条件。从餐馆（酒店里的餐厅）的各种设备是否符合卫生要求、操作人员和服务人员在卫生和健康方面是否符合上岗条件、餐厅和厨房是否干净等方面，考察该餐厅的卫生条件。

(4) 服务水平。从服务速度、服务方式、服务的可靠性、预订设备和是否接受旅行社的结账方式等方面，考察该餐厅的服务水平。

(5) 价格与价值。根据该餐厅提供的菜品价格和质量，判断其是否质价相符，性价比如何。

(二) 旅行社在安排就餐时应遵循的原则

1.按餐标选菜品和就餐环境

旅行社应按照旅游团的餐标来预订团餐和选择菜品。一般标准团的早餐标为5元，主食有粥、馒头花卷和煮鸡蛋，小菜还有腐乳、榨菜等；正餐（午晚餐）20元/人，10人一桌，8菜一汤，主食为米饭。如果北方人到南方旅游，吃不惯当地的米饭，需要提供面食（面条或馒头）。老年团也需要提供面食等软烂食物。

2.定点就餐

旅行社根据地理位置、用餐环境、停车场地、卫生条件、饭菜的口味等因素，经过筛选后选择适合的餐厅进行合作。旅行社提出旅游者的就餐需求和就餐标准，并要求对方提供详细的菜单。

3.一餐比一餐好，最后一餐一定要安排好

这么做是为了不让游客有失落感，而且丰盛的最后一餐会给游客留下深刻而美好的记忆。

4.选择菜品要注意游客的文化背景和民族习惯

计调人员在菜品的选择上要注意游客的文化背景和民族习惯。例如，一家旅行社接待了一个来自欧洲的入境团队，计调人员想在餐饮安排上有点特色，所以要餐厅特地安排了一道当地的特色名菜——活鱼火吃，即把烧好的鱼端上来时，鱼嘴和腮仍一张一合。但游客一看非但不领情，甚至向组团社进行了投诉，因为在欧洲有法律明文规定不能虐待动物。所以在安排餐食的时候一定要注意团队的国籍、宗教信仰及文化背景。这个案例说明在餐饮安排上如果不考虑游客的文化背景，不仅不会让客人满意，反而会弄巧成拙。

一家杭州的地接社接待了一个来自马来西亚的旅游团，上午在游览完西湖之后，中午团队来到餐厅就餐。这是一个典型的中式餐厅，由于旅行社并未向餐厅进行说明，所以团员们被安排坐在大厅里。结果在用餐过程中，因餐厅环境过于吵闹而影响了团员的心情，于是旅游团就用餐环境向旅行社提出了投诉。这个案例中的旅行社在安排就餐时忽略了游客的文化背景和民族习惯，马来西亚是典型的伊斯兰国家，用餐的时候喜欢安静，而此次的用餐却安排在了热闹的中式饭店大厅里，显然是有失妥当的。

四、采购旅游景点和文娱项目

旅行社计调人员要熟悉本地的景区、景点，设法与景区、景点建立长期合作关系，争取在门票价格、索道等设施的服务价格等方面得到较大优惠。

在具体进行旅游景点及文娱项目采购时，应注意以下几点：

（1）在采购娱乐服务时，计调人员一定要根据线路安排，结合当地特色，选择购买最具代表性的文娱活动。例如，山西旅游一线的文娱活动可选择大型情景剧，“又见五台山”“又见平遥”等；华东五市一线的文娱活动可选择“宋城千古情”大型古装文艺展演等。计调人员要提前与文娱单位沟通，争取最优惠价格。

（2）计调人员要将所有收集到的景区景点信息、对本社的优惠价等汇总成一览表，以备核算线路成本和报价时所用。最后由旅行社经理出面与景区方面谈判并签订合作协议，协议中最重要的内容是合作期限、门票价格及付款方式。

（3）计调人员应把签约单位的联系人、电话、名称、交票张数、带团进门方向、进车路线、停车地点信息等整理列表，打印后发给接待人员（导游和司机），并报财务部留底。

（4）计调人员应与各游览景区所属的服务部门（如缆车组、游船队等）以及独立于景区的相关服务部门（游船公司、旅游车船公司、直升机游览公司等）建立合作关系，签订合作协议书，为导游的服务工作和旅游团的顺利游览提供便利。

五、采购购物服务

旅行社计调人员在选择旅游购物店合作时，应选择诚信度高、商品地方特色强、商品质量好、信誉好的、具有综合服务功能的旅游购物商店作为旅游团购物定点商店。

在进行购物服务采购时，应注意做好以下几项工作：

（1）与财务部和接待部协商，明确结算方法。

（2）兼顾多方利益、鼓励多劳多得，制定内部分配政策和奖励措施。例如，行程外的购物、自费景点（项目），在旅行社认可的情况下方可进行。无论有无全陪，佣金流水的分配方式为：公司留存8%（其中3%奖励公司计调，5%返对方组团社），其余部分如无全陪，导游、司机按5∶5的比例分配；如有全陪，按4∶4∶2的比例分配。如未经公司认可擅自分配、加点而造成全陪、司机投诉分配问题的，公司将根据佣金流水单和自费景点回佣进行核算再次分配，并根据情节轻重予以分配差额200%罚款留作公司活动基金。

（3）由旅行社经理出面与选定的购物店负责人进行谈判并签订合作协议，商定下列合作事项：明确经济收益的分配比例及旅行社的义务；旅游团前来购物的时间、结算方式、结算手续等；旅行社与商店的合作方式，如合营或合资。

六、采购旅游保险服务

目前，与我国旅行社组团旅游有关的旅游保险主要有两大类，即旅游意外保险和旅行社责任保险。对于旅游者和旅行社来说，这两类保险具有不同的意义，从不同侧面保障旅游者和旅行社的权益。旅游意外保险是任意险，由旅游者自己购买；旅行社责任保险是强制保险，由旅行社购买。除此之外，游客还可以根据自己的实际需求，选择其他种类的旅游人身财产伤害保险。

在具体操作中，旅行社一般会与保险公司达成协议，将旅游者意外保险和旅行社责任保险打包购买；另外一种方式就是直接购买旅游综合保险。在实际操作中，购买旅游综合保险产品或者打包保险产品，既实惠又方便，很受旅行社的欢迎。

◎ 知识点3　旅游服务采购的策略和原则

旅行社与旅游服务提供商之间应该建立什么样的关系，旅行社的采购部门要怎样建立和维持好这种关系，是旅行社采购管理中非常重要的一部分。旅行社除了要遵守行业内的职业道德，还要重视采购合同的签订，这对于双方来说既能彼此约束，又能互利共赢，共享合作的成果。

一个完整旅游产品是各单项旅游服务的组合，是以服务的形式表现出来的一个整体，由目的地的酒店、交通、景点、餐饮、购物商店、娱乐设施等组成，当中任何环节出现纰漏，都会影响整体产品，牵一发而动全身。旅行社的采购工作要遵循一定的策略和原则，在保质保量的前提下，尽量压缩成本，提高经济利润，使游客在“吃、住、行、游、购、娱”各个环节的服务供给得到保障。

一、旅游服务采购的策略

旅行社计调人员应该根据具体情况，采用不同的采购策略，设法以最低的价格和最小的采购成本从其他旅游服务供应部门或企业那里获得其所需要的各种旅游服务。因此负责采购的计调人员必须经常研究市场行情，了解市场上各种旅游服务的价格，分析供需状况，采取各种切实可行的采购策略，以获得最大的经济效益。在旅行社采购中，可以采用的策略包括分散采购、集中采购和建立采购协作网络三种策略。

动画2-3-1

旅行社包租客房策略

（一）分散采购

分散采购适用于以下两种情况：

1.旅游市场上供过于求

旅游淡季时市场上的服务供给大于需求，此时容易拿到更低的价格，旅行社应采取近期分散采购的策略。计调人员需要先了解旅行社的近期分散采购策略。近期分散采购策略就是旅行社在旅游团没到达本地时，利用旅游服务供应部门无法获得大量客源，而旅游服务又不能储存，特别需要把积压的、大量空闲的服务项目及时销售出去的情况，采取一团一购的方式，尽量压低成本，以最小的代价获得所需服务。

2.旅游市场上供不应求

市场出现因旺季到来而导致旅游产品供不应求的情况时，旅行社从一家或几家企业采购的服务数量已不能满足其所需的服务量。此时旅行社应该采用分散采购策略，从多家同类型服务部门或企业采购服务。

（二）集中采购

集中采购又叫批量采购，是旅行社采购中常用的一种策略，包括两个含义：一是旅行社将其在各部门的采购活动集中交给一个部门，统一对外采购，也就是说，所有采购工作都由计调部门来负责。二是旅行社将在一个时期内（一个月、一季度、半年）所需的某种旅游服务集中起来，全部或大部分投向精心挑选的一个或几个服务供应部门，以最大的购买量争取最优惠的价格和最好的供应条件。比如，只要是去大连的游客，我们都预订速8酒店，用这种方式获得最大优惠。通过扩大购买量来降低采购价格，批发量越大价格越低。这主要适用于淡季或非旅游热点地区。

（三）建立旅游采购协作网络

旅游采购协作网络是指旅行社通过与旅游相关行业就合作内容与合作方式达成共识，签订合作协议，明确双方的权利义务及违约责任，以法律手段保障所需服务的供给。

旅行社为了达到保证供应和降低采购成本的目的，可与旅游服务供应部门或企业协作，建立起广泛而且相对稳定的协作网络。旅游协作网络的建立可从以下几个方面进行：旅游饭店网、旅游交通运输网、旅游景点网、旅游商店网、旅游餐饮网、旅游地接社网、旅游娱乐活动网、旅游保险网和同行合作网。这样可以保证旅行社在旺季时能拿到足够的客位、车辆和房源，从而顺利完成接待任务。

旅行社在构建旅游采购协作网络时，如何维系和协调与这个网络的关系尤为重要，这里必须坚持以下两个原则：

1.在互惠互利的基础上长期合作

旅行社招来一个客户，不仅是旅行社自己的客户，也是所有旅游相关行业的客源。在与各旅游企业交往的过程中，要坚持互惠互利的原则，只有两方都能获得利润，这种合作关系才能长久。旅行社在采购旅游服务时，要从长计议，不能因计较一时一事的得失而急功近利，也不应该乘人之危，利用对方的不利处境使其牺牲经济利益，要着眼未来，顾全大局。

2.业务合作覆盖面广泛

旅行社应该根据自身的经营实力和需要，尽量同各种旅游服务供应部门和企业加强联系，并建立合作关系。只有保证供应渠道，旅行社才能以比较合理的价格获得所需要的旅游服务。为此，旅行社的部门领导和负责采购的计调人员应该加强公关活动，设法与这些旅游服务供应企业建立起良好的人际关系，与对方的负责人经常沟通，联络感情，使采购协作网络不断发展壮大。

二、旅游服务采购的原则

（一）保证供应

保证供应是旅游服务采购要遵循的首要原则。由于旅行社的产品和线路都是采用预售的方式，而旅行社产品主要由其他部门或企业的旅游服务项目构成，所以一旦旅行社不能购买到已经预售出去的线路所包含的服务内容，就会造成无法履约的恶果，引起旅游者的不满和投诉，给旅行社带来经济损失和声誉损害。例如，旅游旺季到来的时候，旅行社拿不到足够的房间或拿不到所需要的机票等。所以在旅游服务采购中，旅行社必须保证采购到已售出的线路所包括的所有内容。

（二）保证质量

旅行社对旅游服务项目的采购不仅要保量，还要保质，如果旅行社只关心旅游服务项目的数量，而忽略其质量，同样会造成游客的不满与投诉，有损于旅行社业务的开展和旅行社的生存和发展。例如，合同上规定的四星级酒店变成三星级，房间标准由双标间变成三人间等。

（三）降低成本

在实际业务中，旅行社采购的各种旅游服务的价格决定了旅行社经营成本。如果采购工作得力且出色，买到的服务价格低于竞争对手，旅行社就可以在竞争中打败对手，抢占市场份额，获得较大利润。所以，旅行社的采购工作应在保质保量的前提下，尽量设法降低成本。

案例共享2-3-5　为接待旅游者选择的交通车辆不具有合法经营资格行政处罚案

2021年6月30日，克拉玛依区城市管理局昆仑街道文化市场综合执法队执法人员依法对克拉玛依市某国际旅行社有限责任公司进行现场调查取证后发现，2021年6月20日，该旅行社为接待游客选择的旅游车不具备合法经营资质，后对该旅行社授权委托人及涉案司机进行案件讯问证实了这一行为。该旅行社违反了《旅行社条例实施细则》第三十八条的规定。

依据《旅行社条例实施细则》第六十条规定，给予当事人没收违法所得196元，罚款588元的行政处罚。

资料来源　佚名．为接待旅游者选择的交通车辆不具有合法经营资格行政处罚案（克拉玛市）［EB/OL］．［2022-03-28］．https：//www.yoojia.com/article/9960757920944609355.html.

思考：计调人员在旅游服务采购过程中应遵循哪些原则？

三、正确处理旅游服务采购中的各种关系

（一）正确处理保证供应与降低成本的关系

除了个别目的地之外，绝大多数地区的旅游市场都有比较明显的淡季和旺季之分。旅行社必须根据旅游市场的供求变化，及时调整采购工作的重点。

在旅游淡季时，市场上供给大于需求，这时旅行社采购的重点是降低采购价格和成本，可以利用旅游服务产品的不可转移和不可贮存的特点，以及这些服务供给部门担忧因缺乏客源而导致收入下降的心理，在谈判中尽量压低价格，以获得优惠。旅行社可以通过在淡季时的采购，降低全年的营业成本，弥补在旺季时为确保服务供应付出较高价格的损失，从而增加利润。

（二）正确处理集中采购与分散采购的关系

不论旅行社采取的是集中还是分散的采购策略，计调部门都应该把内部的购买力集中起来统一对外。通常旅行社可以按以下方法处理二者的关系：如果旅行社判定明年将出现严重的供过于求情况，就可以用分散采购的策略，用近期预订的办法获得优惠价格；同供应商商定适当的数量折扣，不论今后的实际采购量如何，买卖双方都以事先商定的折扣进行集中交易，从而双方都有利可图。

（三）正确处理增订与退订的关系

旅行社产品销售属于预约性交易，旅行社一般在年底根据其计划采购量，与旅游相关服务供应商洽谈第二年的业务合作。计划采购量一般是由旅行社参考前几年的实际客流量，并根据对来年的市场预测确定的。计划数额与实际需求之间总会有误差，这就要求旅行社有良好的预测和应急能力，能处理好退订和增订的关系。

（四）计划变更时的采购调整

突发事件的发生以及旅游计划的变更，都会影响旅游活动的行程，进而影响采购，这就需要计调部门对采购工作进行及时调整。

1.对旅游采购进行调整的原则

旅游计划变更后的采购工作，应遵循以下原则：

（1）客户至上原则。旅游计划是旅游活动顺利进行的依据，旅行社一旦与游客签

订合同，就不能随便更改，尤其是在旅游活动过程中。对于不可抗力引起的行程变动，应充分尊重游客的意见，并求得他们的谅解。

（2）同级变通原则。旅行社应尽量做到变更后的活动安排和服务内容与变更前的安排在档次、级别上基本一致，尤其是在酒店住宿设施和服务方面。

（3）变更最小原则。尽可能不对原计划进行大的调整，将计划变更所涉及的范围控制在最低限度，并尽量不引起其他因素的变动。

2.对旅游采购进行调整的办法

（1）当餐饮、住宿预订出现困难时应就近选择同级别的酒店或餐馆。

（2）如果火车现有软席预订有困难，应争取加挂车厢。

（3）如果火车加挂车厢已不可能，可以考虑汽车。

（4）如果由乘飞机改为乘火车，距离不宜太长，且尽量利用晚上时间。

（5）如定期航班出现问题，可以考虑改用包机，但要注意控制成本。

（6）由于计划变更造成游客利益损失的，旅行社可以采取赠送纪念品、加菜等方式弥补因变更而给旅游者带来的损失，给予游客合理赔偿或补偿，安抚其不满情绪。

（五）对采购合同进行有效管理

为避免和正确处理可能发生的纠纷，旅行社必须与其他同业企业、旅游车队、酒店等合作部门签订合同，确保各自经济利益的实现。当前我国旅游业竞争异常激烈，虽有《中华人民共和国旅游法》出台，但法规建设还不够健全，旅行社的采购协作网络也相对不固定，因此采购中很少使用采购合同。旅行社计调人员在与旅游服务供应商交易时，大多使用传真订购，且文本格式并不统一，版本五花八门，这也是目前买卖双方经济纠纷不断的一个原因。不管是哪种采购合同，其中必不可少的基本内容应有以下几项：

1.付款办法和价格

采购价格是合同中的重要内容，要确定采购量和价格的关系，以及合同内价格变动情况，还要规定付款时间及结算方式等。

2.合同标的

合同标的是指法律行为所要达到的目的。旅游采购合同的标的就是旅行社向旅游企业或相关部门购买的服务项目，如餐饮、客房、陆路交通、航空等。

3.数量和质量

数量指买卖双方商定的计划采购量（非确切购买量）；质量则由双方商定最低的质量要求。

4.违约责任

按照《中华人民共和国民法典》的规定，违约方要承担支付违约金和赔偿金的义务。

5.合同期限

合同期限是签订合同后开始和终止买卖行为的时间，一般为一年一签，也可以按淡旺季的不同签两个合同，从而保证旅行社获得更多的经济利益。

为了方便查找和进行有效管理，以备不时之需，计调人员要将所有的合同分门别类地整理存档并随时更新。这个存档也为续签合同、协商价格、控制成本、把握商机和掌握主动提供有效依据，非常重要。

任务实施

步骤一：了解旅游服务采购的项目、内容、原则等，梳理旅游服务采购工作。

____

____

步骤二：通过网络或电话等途径，根据行程计划要求落实旅游服务采购工作。具体行程安排见表2-3-3。

表2-3-3 武夷山四天游行程安排

日期	行程安排
第一天	上午：××地出发的客人在××集中，乘××前往武夷山。 下午：抵达后接团，旅游车送武夷山度假区酒店安排入住休息。 早餐：敬请自理；午餐：敬请自理；晚餐：敬请自理；住宿：武夷山
第二天	上午：酒店早餐后，游览武夷山景区最精华的【天游峰景区】（含大景区门票、自理观光车票85元/人，大小同价，游玩时间约3小时）。天游峰的一览亭濒临悬崖，高踞万仞之巅，是一座绝好的观赏台。武夷山云窝巨石倚立，背岩临水，地处武夷山风景区精华地带，为武夷首胜之区。从这里凭栏四望，云海茫茫、群峰悬浮、九曲蜿蜒、竹筏轻荡，武夷山水尽收眼底，令人心胸开阔，陶然忘归。 下午：中午安排午餐。参观【大红袍景区】（游玩约1.5小时）。四棵珍贵的大红袍茶树生长在九龙窠下，人称“茶中之王”，出流香涧东行，越一小岭，即可见到此处茶叶名丛，岩壁镌刻“大红袍”三字。游客可以边品名茶边赏佳景，边听有关“大红袍”的动人民间传说。特别安排武夷山【农家茶道养生品茶】。前往农户家中感受武夷山当地人的对茶文化的积淀，自古名山出名茶，武夷灵秀山水孕育出了品质出众的武夷山岩茶，而“大红袍”更属岩茶中的极品。 晚上：晚餐自理，送回酒店休息。 推荐自费活动：印象大红袍208元/人、九曲竹筏漂流190元/人。 1.《印象大红袍》山水实景演出由张艺谋、王潮歌、樊跃共同组成的“印象铁三角”领衔导演，也是以双世遗产地——武夷山为地域背景，以武夷山茶文化为表现主题的大型实景演出。 2.《九曲竹筏漂流》坐筏观山，极目皆图画，丹山、碧水、绿树、蓝天、白云相映成趣，呈现出武夷山大自然五彩缤纷的色彩美。 早餐：已含；午餐：已含；晚餐：敬请自理；住宿：紫阳古城
第三天	上午：酒店早餐后，参观【一线天/虎啸岩】（游玩时间3小时）。一线天是武夷山最奇特的岩洞，素有“鬼斧神工之奇”的称号。一线天数百丈，高千仞，岩端倾斜而出，覆盖着三个毗邻的岩洞：左为灵岩洞，中为风洞，右为伏羲洞。虎啸岩的主要景点有天成禅院和虎啸八景。天成禅院建在虎啸岩的悬崖下，这里千仞悬崖向外斜覆，形成一个巨大的洞府，整座禅院不施片瓦，风雨不侵，此外，虎啸岩还是一处“极目皆图画”的佳境。 下午：参观武夷【茶博园】（游玩1.5小时）。茶博园位于大王峰对面，总体分为景观园区、地下广场、山水实景演出观赏区、茶博馆和游人服务中心等五个部分。景观园区茶魂广场平面呈叶片形，边缘用暗红色花岗岩镶嵌，寓意大红袍的“三红七绿”。广场前端一座茶树状屏风上书有著名辞赋家雪川所作的“大红袍赋”，屹立于后部的是“武夷三圣”——神农、彭祖、武夷君。 特别赠送：藏在武夷山的【天空之境】。映照蓝天白云，大王玉女峰之美尽收眼底，站在天空之境，时光静止，引无限遐想，着一袭红衣轻纱，翩跹起舞仿若一只花红蝴蝶，用相机凝固画面，定格一幅清逸的画，留下惊鸿一瞬。之后入住酒店，自由活动。 早餐：已含；午餐：已含；晚餐：敬请自理；住宿：紫阳古城
第四天	上午：酒店早餐后，旅游车送至××站，乘坐××返回××，结束愉快的双重遗产武夷山之旅。 以上行程仅为参考行程，如果行程受到不可抗力（如自然环境变化）等因素的影响，经与旅游者协商，本公司有权对上述行程次序、景点做临时修改、变动，敬请谅解！ 早餐：已含；午餐：敬请自理；晚餐：敬请自理；住宿：敬请自理

步骤三：总结采购工作各项目的执行情况、遇到的问题和解决方案。

____

____

任务总结与评价

任务总结与评价见表2-3-4。

表2-3-4 任务总结与评价

工作任务	执行旅游服务采购工作
任务检查	梳理旅游服务采购工作情况 ○优秀 ○良好 ○中等 ○一般 ○未完成
	行程计划落实采购工作情况 ○优秀 ○良好 ○中等 ○一般 ○未完成
	撰写采购工作纪实情况 ○优秀 ○良好 ○中等 ○一般 ○未完成
工作成果	
自我评价	
教师评价	
备注	（任务检查中未完成部分情况说明）

任务三 规范计调操作流程

任务导入

工作任务：模拟计调操作流程。

任务描述：旅行社接到了一个咨询电话，某公司集团的50位销售精英要去华东五市游览，请根据计调的工作流程，设计一条华东五市旅游线路，并完成组团及接待任务。

任务要点：设计旅游线路；计调业务操作。

必备知识

◎ 知识点1　组团计调操作流程

一、组团计调概述

组团是指客源地的旅行社通过各种手段招揽本地旅游团体或散客，将其送往指定的旅游目的地游览，并委托当地接待社负责接待完成所约定的旅游活动过程。

组团社指客源地的旅行社，其通过各种招揽方式组团，向游客提供符合其需求的旅游产品，就旅行中的有关事项与游客协商后，签订旅游合同，并监督约束旅游目的地接待社的接待活动，从而保障整个旅游活动顺利进行。

组团计调是在组团社内负责游客出行各项事务操作的专职人员。

案例共享2-3-6　　地接社选择失误造成损失

某组团社接到一个要去华东五市游玩的旅行团，计调小刘当即在网上进行询价，经过挑选后选择了一家报价较低、线路安排比较合理的旅行社。双方通过电话进行了沟通，并确认了行程，按照约定，小刘预付团费60%。

当旅游团到达上海后，却没有接站人员，小刘随即给地接计调打电话联系，但电话显示停机。小刘马上找到这家旅行社总部的电话进行询问，总部回复此人已经辞职一段时间，但他打着旅行社的名号私自接团，现在已经携款逃跑了。

无奈之下小刘只好选择其他地接社完成这次接待任务。由于无人接站，导致游客在机场等候了近3个小时，游客要求组团社赔偿。加上被骗的60%的团款，这次事故导致组团社损失4万元。

资料来源　吕海龙，佟安娜，全烽岐．旅行社计调业务［M］．2版．北京：北京理工大学出版社，2021.

思考：旅行社计调人员在整个发团过程中，工作出现了哪些问题？

二、组团计调的工作内容

组团计调主要负责面向游客进行产品推广和销售，通过产品设计，积累和招徕客户，并了解各线路的发展变化趋势。

①组团计调首先要熟悉本旅行社各条线路的价格、成本、特点、了解竞争对手的产品价格和特点，以及各条线路的设计思路和发展变化趋势。

②组团计调要以客户为中心，树立一切为满足客户需求的理念，切实站在客户的角度，成为游客的朋友和顾问。

③定期查阅信息，核查并落实价格、行程、标准、特殊要求、注意事项等内容，与游客签订合同后及时通知地接社做好接团准备。

④规范团队确认文件，在确认书中一定要写清团队到达时间、行程安排、住宿标准、用餐标准、景点安排、旅游用车标准、导游要求、自费与购物安排，以及团队费用、结款方式、团队特殊要求等。

⑤熟悉导游情况，了解导游的年龄、学历、性格、带团特点、责任心等，能够根据游客情况选择最合适的导游带团。

⑥跟踪团队接待质量，处理团队运行中的各种突发情况，保证团队顺利旅行。

⑦做好结团事宜，如团款结算、团队档案整理、客户回访工作、建立客户档案。

三、选择地接社

旅游团能否按计划顺利完成旅游活动，在很大程度上取决于旅游目的地接待社的接待情况。因此，组团计调在选择地接社时要十分谨慎。组团社应根据旅游市场的需求及其变化趋势，有针对性地在旅游目的地旅行社中进行比较和挑选，选择符合条件的旅行社作为合作伙伴。

（一）地接社选择标准

旅游者的旅游活动主要是由地接社负责接待和运作的，因此组团社必须仔细甄选合作社。在选择地接社时，应注意以下几点：

1.旅行社的合法性

组团社在选择地接社时，要考察该旅行社是否按照合法程序设立，有无旅游行政主管部门颁发的旅行社业务经营许可证，还要明确该旅行社的性质、业务范围和许可证期限。导游人员是否为持证导游员，是否遵守旅游行业相关政策、法规和惯例等情况，以免错将旅游团队交给非法经营的旅行社，从而导致游客利益得不到保障，或者使组团社经济利益受损。

2.旅行社的经营管理模式

组团社应注意考察地接社采用何种经营管理模式。管理模式先进的旅行社，经营管理目标明确，在管理上实行负责制，有良好的激励机制、人性化的经营理念、良好的公众形象、蓬勃发展的朝气和潜力。避免选择经营不正规的“皮包”公司。

3.旅行社的规模

选择地接社时，应根据组团社自身的实际情况和旅游者的需求来选择合适的地接社，不能只盯着规模大、实力强的旅行社，而忽视经营方式灵活、规模较小的旅行社。

4.旅行社的接团业务

组团社通过了解地接社的接团经验、对各线路的熟悉程度、服务质量、游客评价、奖惩情况等，从中挑选出接团经验丰富，接待线路明确，服务质量优，游客评价高，重合同讲信用的旅行社作为合作地接社。

5.其他因素

组团社在选择地接社时，要考虑地接社的报价、地接社对本旅行社及某项业务的依赖性、地接社的发展潜力等因素，还应注重合作的长期性，以本旅行社长期的最大经济效益为目标。

（二）地接社选择途径

1.实地考察，建立档案

组团社可以委派本社经验丰富、资历较深的工作人员赴目的地实地考察，走访当地各家地接社，进行比较分析，挑选出满意的地接社，建立合作关系。另外，建立目的地的地接社档案，记录地接社的业务范围、注册资金、规模、联系方式、接待能力、导游数量、语种等，根据团队实际情况选择适合的地接社。

2.发团考察，适时调整

组团社通过与地接社的业务联系可得知对方的企业规模、办事效率，通过本社的全陪导游，可以了解地接社的导游素质、服务水平、接待用车、用餐情况、业务网络的广泛程度等。根据对地接社档案资料进行的分析和研究，对工作效率不高、经常遭到客户投诉、价格成本偏高的地接社应及时终止合作，另寻其他地接社。

3.参加旅游行业组织，建立广泛的合作网络

组团社可以积极参加一些旅游行业协会和组织，以获取全面、可靠的信息，结识更多的旅行社和相关的旅游企业，形成广泛的合作网络。

四、国内组团计调（中长线）操作流程

国内组团计调（中长线）操作流程如图2-3-1所示。

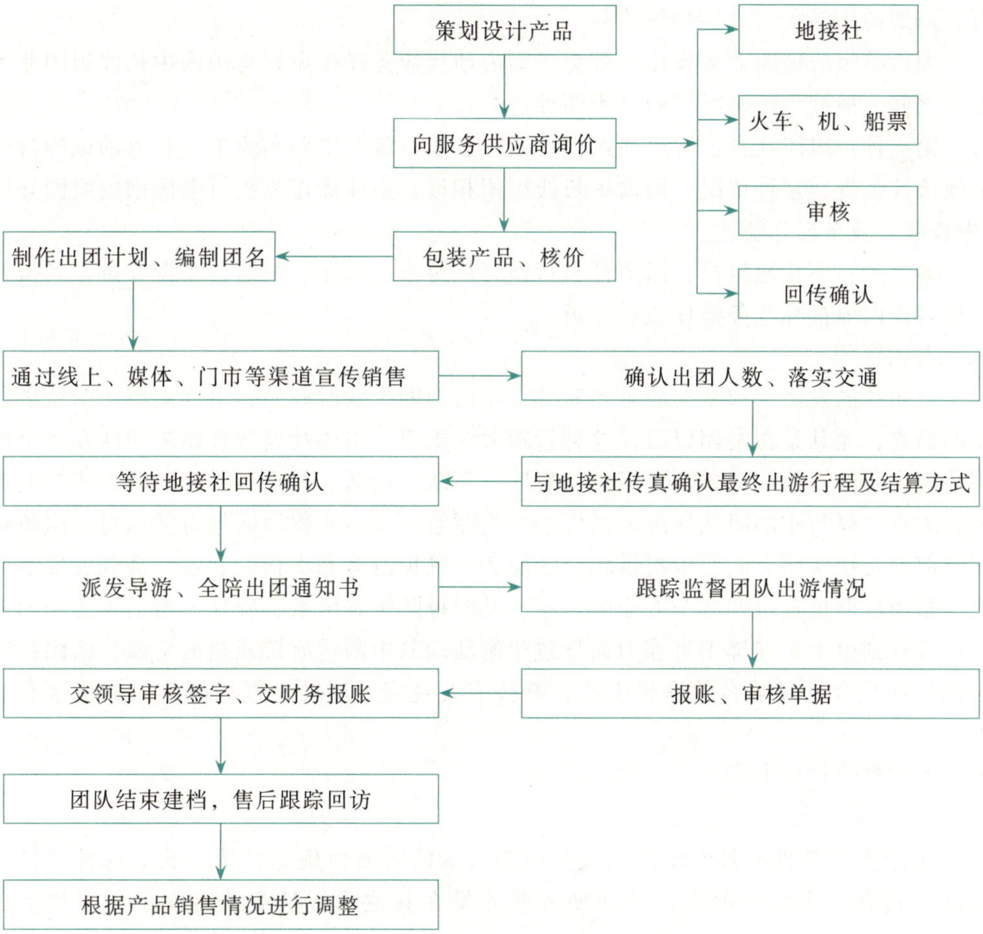

图2-3-1 国内组团计调（中长线）操作流程

组团计调人员主要与地接社和客户打交道，组团计调人员的业务流程主要包括四个阶段：

1.出团前的准备工作

组团计调人员策划并设计产品，向服务供应商问价及选择地接社。其中要注意飞机票与火车票的预订，与地接社确认好酒店情况。

2.出团中的组织工作

组团计调确定出团人数后的出（飞机/火车）票操作，向地接社发传真正式确认最终行程及结算方式，报送领导审核确认操作，再次确认团队所有细节安排。与全陪交接团队事宜，向游客发放出团通知。

3.出团后的监督工作

组团计调24小时开机，随时向全陪或地接社询问团队状况，如果出现问题尽可能在当地解决。

4.下团后的总结回访工作

团队返回后，组团计调与地接社确认好最终账单，核算团队成本。之后处理售后、总结、归档等业务。

五、周边游短线组团计调操作流程

周边游短线组团业务操作流程介于国内地接业务操作流程与国内中长线组团业务流程之间，根据具体情况一般分为两种：

第一种：组团社自己解决往返程交通，一般以旅游空调车为主，在目的地的行程由地接社负责，这种情况与国内中长线组团相近，具体操作流程可参照国内组团计调（中长线）业务操作流程。

第二种：不找地接社，组团社自行预订旅游车、餐厅、酒店，委派导游，其操作流程与国内地接社业务操作流程相近。

六、发团管理

组团社的发团管理从与旅游团队签订旅游合同生效时开始，贯穿旅游团队旅游活动的始终，尤其是在发团以后，这种管理尤为重要。组团社要掌握旅游团队在整个旅游线路中所涉及的接待单位（饭店、餐厅、车队、船队、景点等）的联系方式、负责人、地点，要与旅游团队导游人员保持密切联系，及时获得团队的有关信息。组团社要督促地接社按照合同要求提供相应的服务，维护游客和本社的利益。遇到突发事件时，组团社要负责协调各个方面的关系，及时排除困难因素，确保旅游活动的顺利进行；若碰到由于天气等不可控力而导致旅游活动的中断或旅游线路的更改，组团社要与地接社配合做好游客的思想工作，并按有关规定及时处理理赔事宜，避免事态的扩大。

七、组团社的计价方式

（一）对内报价

旅行社计调部根据市场需求或者外联人员的需要而确定计价方式。这种计价方式必须具有一定的竞争力，才能使外联人员在其他旅行社竞争时赢得更多的市场份额。

组团社计价时，可以根据地接社的地接价加上组团社的往返交通费用、接送费用、全陪费用来进行计价；也可以根据目的地的食、住、行、游分项进行计价。

某个10人旅游团准备于某年6月去云南昆明、丽江、香格里拉一线旅游（此处需要注意没有大理，是一个非常规行程），需要一份报价。计调人员根据该旅游团的需要，做了一份行程表，见表2-3-5。

表2-3-5　**云南昆明、丽江虎跳峡、香格里拉三飞五日游**

日期	行程安排	用餐	住宿
D1	武汉飞丽江8L9824航班，21：35起飞	无	住丽江
D2	丽江乘大巴赴香格里拉：早餐后，前往香格里拉，沿途观看雪山对峙、河谷深切的茶马古道，游览气势磅礴的峡谷——虎跳峡（游览时间约2小时）。抵达香格里拉后游览独克宗古城（约30分钟），晚上可自费参加藏民家访（含藏族风味小吃、青稞酒、酥油茶、歌舞演）	早中晚	住香格里拉
D3	香格里拉：早餐后，游览普达措国家森林公园，“普达措”为梵文音译，意为“舟湖”，是“碧塔海”的藏语原名。普达措国家森林公园是一个无任何污染的童话世界，湖清清，天湛蓝，林涛载水声，鸟语伴花香，一年四季景色各不相同。游览碧塔海，漫游花海草甸，走进森林成毡的净土，赏雪域高原上的美丽湖泊	早中晚	住香格里拉
D4	昆明：早餐后，乘坐8L9917航班（10：35-11：35）由香格里拉飞往昆明，下午游览世博园	早中晚	住昆明
D5	早餐后，乘坐旅游车前往石林，游览喀斯特地貌“天下第一奇观”——石林（游览时间约3小时）。阿诗玛化身石、优美的“凤凰梳翅”、险峻的“千钧一发”等奇石美景，让游客感叹大自然的鬼斧神工和神奇造化。 下午16：20昆明飞桂林，结束愉快旅程	早中	
服务标准	1.门票：景点第一道门票 2.车费：空调旅游车 3.住宿：星级酒店（四星标准） 4.餐费：4早7正 5.导服：中文导游服务 6.往返飞机票 7.保险：旅行社责任险、意外险20元/人 8.接送：100元/人 9.其他成本		

该行程由于游客人数少所以不需要派遣全陪导游服务，而且是一个非常规行程，不安排购物和加点。计价如下：

（1）门票。景点第一道门票：850元/人×10人=8 500元

（2）车费。空调旅游车（33+2座）：（1 120+50元/人）×10人=11 700元

（3）住宿。星级酒店（四星标准）：丽江观光380/间晚×1晚+中甸扎西德勒390/间晚×2晚+昆明锦江A460×1晚=1 620×6间=9 720元

（4）餐费。4早7正（房费含早）：40元×7正×10人=2 800元

（5）导服费。中文导游服务：60元/人×5天×10人（地陪40+司机20）=3 000元

（6）三段飞机票。武汉飞丽江，8L9824（21:35—00:05），八折：（1 510元+50元）×10人=15 600元

香格里拉飞昆明，8L9917（10:35—11:35），八折：（1 050元+50元）×10人=11 000元

昆明飞桂林，CZ3248（16:20—17:45），八折：（670元+50元）×10人=7 200元

（7）保险。旅行社责任险、意外险20元/人

（8）接送费。100元/人

内部计价，即成本：850元门票+1 170元车费+972元房费+280元餐费+300元导服费+3 380元机票+20元保险+100元接送费=7 072元/人

（二）对外报价

对外报价，就是把上述计价加上旅行社的税金（即1+1×10%的计算方法）。

1.组团社的报价

云南昆明、丽江虎跳峡、香格里拉三飞五日游报价：

850元门票+1 170元车费+972元房费+280元餐费+300元导服费+3 380元票+20元保险+100元接送费=7 072元/人+7 072元×10%利税=7 779.2元/人=7 780元/人

2.组团社的利润核算

云南昆明、丽江虎跳峡、香格里拉三飞五日游的税前利润计算：

7 780元/人（计价）-7 072元/人（人均成本）=708元/人×10人=7 080元/团（毛利）

团队在进行竞争时，往往达不到这样高的利润，常常只有5%的利润空间，即：

7 780元/人×5%=389元/人×10人=3 890元/团

◎ 知识点2　地接计调操作流程

地接社在接受组团社委托后，由地接社计调安排在本地活动的行程，主要进行地接报价和接待工作。

一、地接报价方式

（一）分项报价

分项报价是应旅游客源市场需要而产生的一种报价方式。随着旅游者素质的提高和旅游经验的丰富，他们已经不满足于全包价的旅游收费方式，更喜欢灵活的收费方式。地接社将旅游行程中的收费项目详细列出，分项进行收费，透明度高，便于组团社和旅游消者了解费用的组成和价格。消费者可根据自己的需要，自由进行选择消费内容和档次，可以更好地维护自身利益。

分项报价包括以下收费内容：一日三餐的收费及特色风味餐费用、住宿费用、大交通费（轮船、飞机、火车）、景点第一门票及娱乐项目、导游服务费、旅行社责任保险以及其他费用等。

案例共享2-3-7　　北京大学通报“研学团违规预约入校”

北京大学7月24日发布的《校友预约入校违规情况通报》称，7月21日，一支名为“北大金秋暑期定制课”的校外研学团队由部分校友通过预约同行人员的方式，拆分预约139名学员入校，每人收费10 800元，合计收费约150万元。

通报明确，依据《北京大学校门秩序管理规定》《关于北京大学2023年暑假校友预约入校的通知》等规定的相关要求，北京大学关闭相关46名校友的校友预约系统使用权限，不再具有预约本人及同行人员入校的权限。

通报称，保卫部、校友工作办公室进一步完善校友预约系统使用规则，明确预约同行人员但实际未同行的校友，将取消预约同行人员权限，不再恢复。保卫部加强校友预约同行人员的管理，发现无校友同行，或存在其他违规预约行为的，将取消已预约同行人员入校权限。

据悉，为满足暑期公众参观需求，自7月8日起，北京大学、清华大学对提前预约的游客开放参观。两校通过微信公众号“平安燕园”“平安清华”表示，校园参观不收取任何费用，提醒游客拒绝以任何名义提供参观服务的有偿预约行为。

相关高校恢复开放校园参观以来，已发生多起校外人员违规预约入校的情况。“海淀公安”微信公众号近日发布消息称，北京海淀警方会同区文旅、市场监管、属地街镇及景区安保力量，对暑期公园景区周边黑车揽客、无证导游、无照游商等秩序问题开展联合清理整治。特别是针对近期辖区相关高校开放校园参观出现的“有偿”带客入校等违法行为，海淀警方成立工作专班，在高校保卫部门大力配合下，持续加大整治力度。行动开展以来，海淀警方在辖区各热门景点、公园、高校等场所，共行政拘留“黄牛”“黑导游”、无照游商等相关违法人员32名。

资料来源　宋雪. 每人收费10 800元进校园？北京大学通报“研学团违规预约入校”[EB/OL]. [2023-07-26]. http: //www.ctnews.com.cn/.

思考：造成本次事件的原因是什么？事件责任人应由谁来承担？

在进行分项报价时，计调人员应注意以下几点：

（1）餐费。注明一日三餐的标准和次数，有特色风味餐时应注明价格。如果客人要提高用餐标准，应提前告知补差价。

（2）住宿费。注明出行期间每晚住宿酒店的名称、星级标准和价格，如酒店不含早餐，应提前告知。在有些景点如果要住民宿，应提前告诉组团社和旅游者。

（3）交通费。如乘坐旅游大巴，注明旅游大巴座位数和费用，并按照出团人数计算出每个人的价格。

（4）景点门票。一般来说，旅游团的景点门票主要指景点第一道门票，里面的分项收费由旅游者自行负责，但要在报价中有所体现。在报给组团社时，最好注明每个景点的价格和季节差价。

（5）导游服务费。有两种计算方式：一种是算出每人每天的价格乘以总天数；另一种是按照整团的价格计算。

（6）其他费用。客户需要会议室、翻译等特殊服务项目时的收费。

（二）总体报价

总体报价是将所有分项旅游产品的价格加上旅行社利润后形成的价格，包括餐费、住宿费、大交通费、市内交通费、景点门票、导游服务费以及合理的利润。

二、地接计调操作流程

地接社需要牢牢掌控本地区的各种旅游资源，一般包括导游队伍、旅游车队、餐厅、酒店、购物商店、旅游景区等，此外还要有火车票务优势。如果是飞机团，组团社会自行预订往返程机票，地接社代订返程火车票的情况较多。地接计调操作流程如图2-3-2所示。

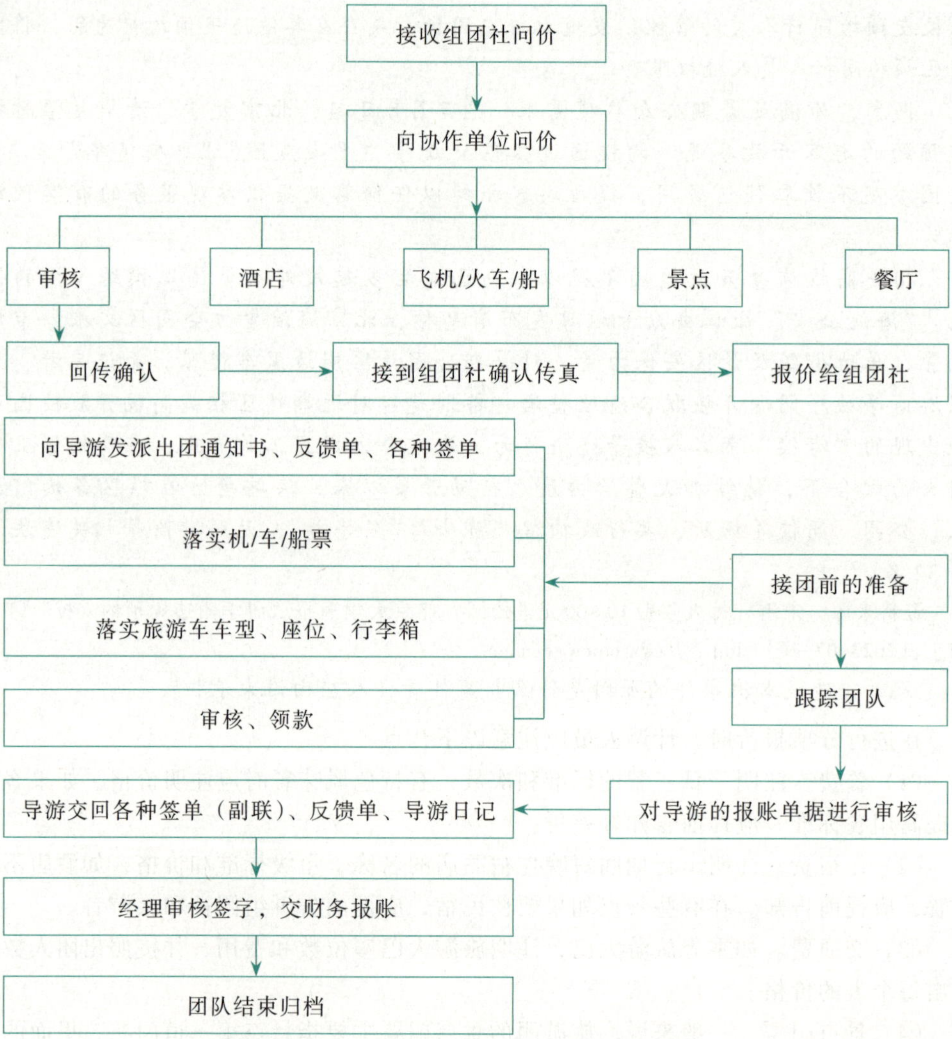

图2-3-2 地接计调操作流程

地接计调的操作流程大致可分为接团前的准备工作、接团中的监督工作和送团后的总结工作。具体的工作步骤和内容如下：

(一) 接团前的准备工作

1. 制订接团计划

当接待社接到组团社发来的预报计划传真时，地接计调应向旅游服务供应商问价并采购以下项目：火车（飞机或轮船）票（确认价格、班次、时间）、旅游空调车、餐厅、酒店、景区等，并与这些部门签订购买协议。

2. 迅速报价给组团社

计调人员应迅速核算接团成本，尽快向组团社报价。这里注意所报价格要为双方的讨价还价留有余地。一般在操作地接团队时只询问房价、车价，餐标按组团社标准报价即可，导游服务费与景点门票都按固定标准，如果组团社要求安排返程交通，计调要向相应票务部门询问并代订。

3. 与组团社确认后妥善做好接团前的准备

组团社发来团队确认传真后，地接计调要预留酒店房间和旅游车，并与旅游服务供应商仔细确认落实每一项服务。

（1）确认用车及代订交通。根据人数和要求安排用车，以传真方式向合作车队发送“团队订车计划单”，与车队签订租车合作协议，特别是在旅游旺季务必要保证团队用车。如用车时间或天数有变动，应及时发送“团队订车计划更改单”；如果需要返程票则由票务人员根据组团社要求订票，填写订票单，这里应注明团名、票别、用票时间、航班（车次）、人数及票量，并由经手人签字。如有变更，要及时告知票务人员。

（2）确定餐厅定点用餐。根据团队要求和人数，以电话或传真方式通知合作餐厅，向其发送“团队订餐计划单”，其中内容包括餐标、桌数、菜品等。如遇变更，则须发送“团队订餐计划更改单”，及时告知餐厅做相应准备，例如若因航班延误而推迟用餐时间，应立即以传真方式发送并要求对方书面确认。

有两种餐厅在选择时要格外注意：一是特色餐厅，这一类型的餐厅很少和旅行社打交道，只能零点不走餐标，需要计调去和餐厅具体洽谈接待方式及选择菜品，以满足高品质团队吃特色风味餐的需求。二是景点附近的餐厅，虽然这里方便游客游览完毕后快速就餐，但这一类型的餐厅往往价高质差，就餐环境也不太理想，临近饭点时团队拥挤，翻台快。餐标稍高的团队菜品还可能有保证，餐标低的普通团队则品质很差，容易引起游客抱怨和投诉。

（3）选择酒店。根据团队标准，以传真方式向合作酒店发送“酒店订房单”并要求对方回传确认。团队人数如有变化，计调要及时发出“酒店订房变更单”，以传真方式再次要求对方书面确认；酒店如果无法接待，计调应及时告知组团社，经同意后调至同级其他酒店。合作酒店等级从二星到五星不等。一般国内高端团队或入境团队会选择四、五星级酒店，常规团三星级标准比较常见，低价团选择整洁、干净、有空调、电视、独立卫浴的二星级酒店即可。地接计调为满足不同团队的需求，应尽可能地多搜集本地区及周边不同位置、等级、价位的酒店信息，签订协议并整理存档。

（4）落实景区。地接计调应将本地及周边景区对旅行社的优惠价格登记列表，包括所有景点淡旺季门票及折扣、学生与特殊群体游客优惠票价政策、是否有合作协

议、开馆闭馆时间、可否签单等信息，

（5）选择购物店。计调或旅行社经理应选择与经旅游局审批的合法旅游纪念品商店签订合作协议。

（6）与组团社确认。将最终确认好行程安排和价格的“团队接待确认单”再次传真给合作组团社并要求对方回传确认。如果发生变更，计调人员要及时做出“团队接待计划更改单”，以传真方式发送给组团社，并要求对方回传确认。

4. 编制预算表

计调对团队接待费用要注明现付费用及用途，做一张预算表，交由计调经理审核，告知地接导游按照计划向财务部门领取款项并填写借款单。

5. 派遣地接导游

选择合适的导游接团，制作“导游带团通知书”交给导游，再按照要求加盖公司专用章。“导游带团通知书”要将准确的日程、团队的抵离时间及地点、团员背景资料、饮食禁忌、宗教信仰、其他特殊要求和与合作单位落实好的接待计划等交代清楚。最后将各种签单、团队质量游客反馈单等交给地接导游。

（二）接团中的监督工作

地接计调在团队游览过程中要全程跟踪，和组团计调及导游保持密切联系，随时关注团队情况，团队遇到问题时要帮助导游及时沟通解决。其中，计调应特别注意的问题有：

（1）在选派导游时将“导游员带团通知书”交给导游，还要加盖旅行社专用章。

（2）计调需向导游强调的事项有：优惠门票的限制价格、全陪或领队的联系方式、团餐的餐厅、餐标。还要提醒导游必须按带团通知书上的标准和内容执行，不得擅自变更游览内容和降低标准。对于团队行进中可能出现的状况做充分考虑和准备，导游必须在领取派团单时问清所有团队注意事项与细节，一旦领取派团单，计调只处理和协调突发状况，对于团队琐碎细节问题不做答复。

（3）导游带团过程中，计调应至少2次通过电话向导游或全陪询问团队接待状况，若出现问题尽可能及时解决。

（4）督促地接导游让游客填写意见反馈单，反映真实的接团情况。

（三）送团后的报账与归档总结

团队结束后，督促导游需要在3日内向旅行社报账，据实填写“导游员报账单”。地接计调逐一核对门票数量与金额、各种支出凭证，审核无误后交给财务报账。然后根据团队的接待情况按照合同协议与组团社沟通，完成团款的结算，并将所有团队资料归档存放。

三、地接社的计价方式

（一）内部计价

地接社的计价，是指本旅行社作为地接社向组团社报价时采取的计价方式。例如：某组团社询问武汉一地的报价，要求是游览东湖、黄鹤楼、归元寺三个景点，人数为30人的内宾团，住宿三星级饭店，市内交通为空调旅游车，派优秀地陪导游。除此之外，计调人员还要询问旅游团抵达的时间和离站的时间。例如，乘飞机下午抵达，第二天乘动车去宜昌。其计价方式如下：

•门票：东湖（免票）+黄鹤楼（80元）+归元寺（20元）=100元/人

•住宿：80元/人天

•用餐：50元/人 · 天=25元×2正（1早2正，房费含早）

•交通：市内30元/人，动车票：96.5+5元手续费，接机费：30元/人，小计：161.5元/人

•导游服务费：10元/人

•合计：401.5元/人

（二）对外报价

1.地接社的报价

按照上述地接社的计价结果进行报价，演示如下：

401.5元/人+401.5元/人×10%（利税）= 441.65元/人

其中，40元是旅行社的利税。一般情况下，价格低的团队利税可以达到10%，如双休游，而价格高的团队则很难达到10%的利税。

2.地接社的利润核算

按照地接社采购当地各类旅游服务所获批零差价或佣金进行计算，演示如下：

微课 2-3-1

旅行社发团和接团管理

•门票：10元（黄鹤楼团队差价）

•住宿：5元/人天

•用餐：无

•交通：市内5元/人

长途费：无

接机费：无

•导游服务费：无

该团的利润：（10元/人+5元/人+5元/人）×30人=600元/团

◎ 知识点3　出入境计调业务操作流程

一、出境组团业务操作流程

出境组团操作流程与国内组团操作流程大致相同，但相对复杂，不仅有语言沟通障碍，还有货币、签证，以及各国法律、关税等问题，这对习惯于国内组团操作业务模式的旅行社来说是个挑战。尤其是大洋洲、欧洲、美洲线路，除了语言障碍，还有巨大的文化差异，让旅行社无法适应，只能选择放弃。这也是很多出境旅行社只能“卖团”和选择简单的东南亚出境线路的原因。

每个国家的线路不同，流程上也会有差异，但大多数出境游线路的操作都有相似的程序。在旅行社组织出境游的发团业务流程中，出境组团计调操作流程如图2-3-3所示。

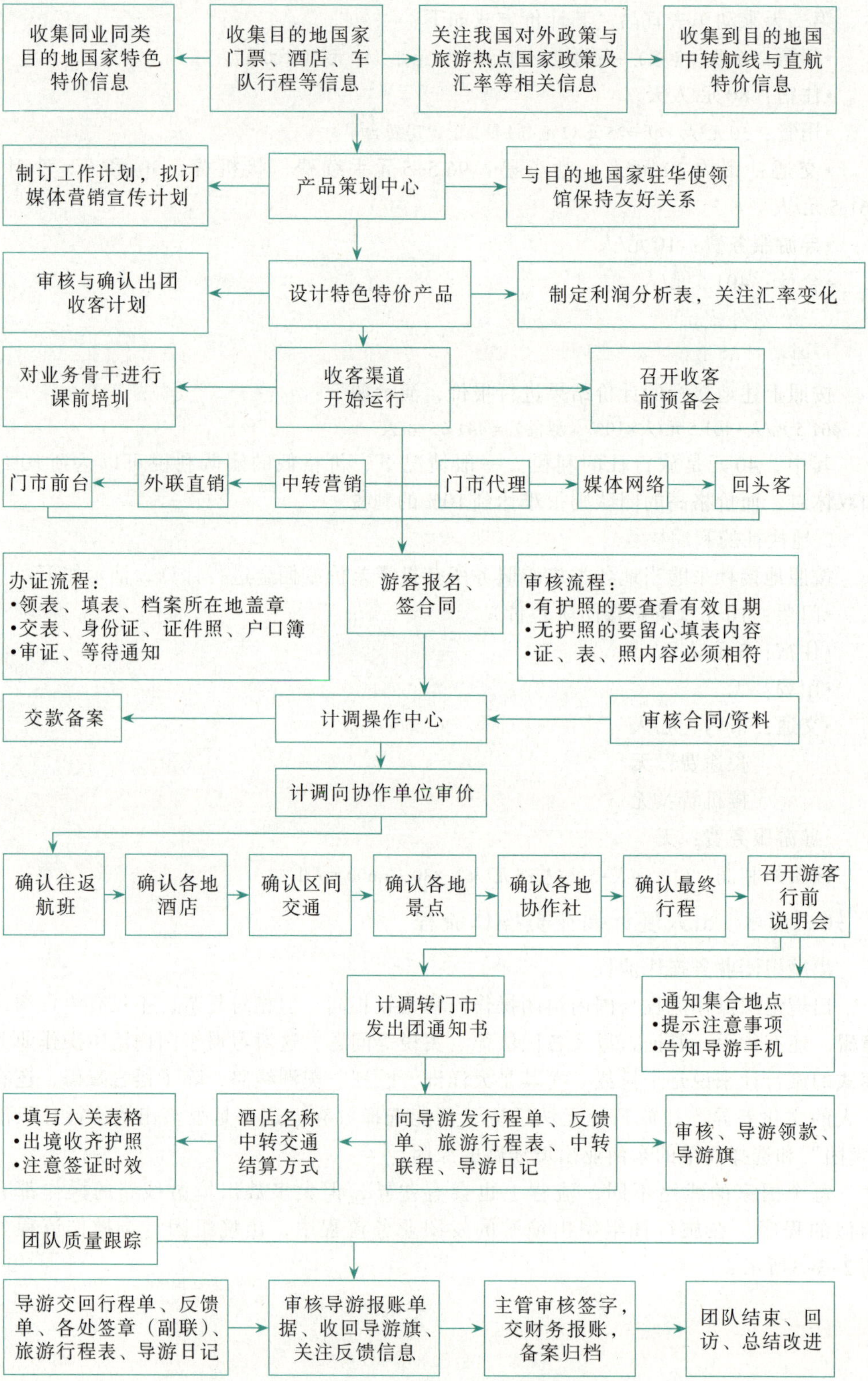

图2-3-3 出境组团计调操作流程

案例共享2-3-8　　　　关系好，也应按业务流程操作

北京世纪国旅入境部的小韩专门负责西班牙语市场，该市场一直不景气。小韩凭借良好的专业素养，争取到西班牙一家大旅行社的一个旅行团，如果做得好，以后可能发系列团给她。天公作美，这个团一路上都很顺利，客人和领队都很满意。可是到了行程的最后两站，就在团队离境的倒数第二天，地陪出现了漏接事故，使得先前各个环节的一切努力都付诸东流。

原来该团是一个二次返北京团，离境的倒数第二天从西安返北京。该团的北京地陪因临时有套团，在此团到北京当天要去机场送另外一个团，送彼团和接此团的时间比较接近，所以就直接到机场等候了。按照常规，二次返北京的团，陪同都是到汽车公司集合的，除非有特殊情况，计调部会根据情况下发变更通知单，另行安排。

小韩和计调部的小戴是很要好的朋友，小戴也是个细心负责的老计调。当时因为小韩有些急事须马上处理，所以就口头对小戴说：陪同临时套团，汽车直发机场了。小戴不经意地回答说：没问题。然而时值旺季，团队非常密集，人手紧缺，所有员工都是以一当十地忙碌着。接完一个紧急电话之后，小戴就把这个临时更改忘得一干二净了。结果在团到的当天，地陪左等不见车，右等不见车。司机也觉得奇怪，眼看旅游团所乘坐的班机都快落地了，可是地陪怎么还不出现，赶紧与计调部联系，可碰巧那天小戴又在外办事，好不容易联系上了，谁料他也是丈二和尚摸不到头脑。接着又与小韩联系……就这样，折腾了半天，结果还是让团队在机场干等了半个小时。这下，一切的努力全部泡汤，领队的脸色可想而知，一切都为时已晚了。

事后，小韩埋怨小戴，而小戴直喊冤枉，友谊从此有了裂痕，系列团也自然没有了。

资料来源　周晓梅．计调部操作实务［M］．北京：旅游教育出版社，2019.

思考：此案例出现的问题是什么？在旅游旺季时，如何能保证计调的业务操作万无一失？

（一）准备期

1.分析与解读产品

分析解读新的旅游线路，根据地图来确定线路中涉及的旅游目的地国家或城市的地理位置，通过相关软件来了解国家或城市之间的距离及行车时间，以明确和知晓线路的设计意图。

2.选择交通工具

出境的交通工具主要是飞机（国际航线），根据始发城市选择主流的大型航空公司。通过对比选定航空公司，并申请机位。

3.确定目的地国签证方式

要去的国家或地区不一样，签证形式和要求也各不相同，计调要与签证部门沟通确定送签类别及所需要的材料证件等。

4.熟悉目的地国近期退税规则和汇率变动

计调人员需熟悉目的地国家的退税规则，了解目的地国家所使用的主要货币和辅助货币。

5.选择与安排出境游线路中的景点

计调人员在进行线路设计时要考虑旅游景点的位置，甄选有吸引力的、易操作、有特色的景点作为线路设计的重点环节，区分有价值景点与无价值景点。

6.设计符合市场需求的出境游产品

出境游产品是旅行社团队研发出来的拥有独特特征的旅游线路，从市场反馈和产品结构组成来分析，这种旅游线路同行是难以模仿和复制的，所以出境游产品是由经典的有价值的景点、当地的亮点和特色、合理的交通及自费项目组合而成的。

7.撰写行程文案

在产品行程的文字或图片表达上要艺术化，即对产品进行包装润色和艺术加工：线路行程+特色亮点+服务标准+报价+注意事项，尤其在线路行程上，文字表述一目了然，简单易懂。语言力求准确、具体和生动，时尚而有动感。

8.确定行程价格体系

（1）机票价格；（2）接待费用；（3）订酒店（或订车）；（4）境外目的地内陆段交通费；（5）签证费；（6）保险费；（7）机场接送费和机场酒店；（8）其他杂费：单房差价、补贴、领队分摊费等。

9.选择好地接社并与其签订协议

首先，对有合作意向的地接社，向其索要ADS接待资质，在政府官方网站查验其公司信息。其次，将合同发送给对方，如果有条款需要修改，须经双方确认无误，之后加盖旅行社公章，一式两份，计调经理保留复印件，公司保存原件。

10.核算成本价并制作预审单

计调人员根据线路行程结合上述几项成本核算最终成本价，根据同行市场价及成本价最终确定报给同业的价格，报送经理审核并签字，如果成本有变动，计调应及时核实并修改。

11.产品出团计划的制作

根据市场需求提炼并总结产品特色，再结合航班日期和截止送签日期，将行程整理成散客月出团计划表，同时检查所有线路计划，包括行程文字、发团日期、LOGO、报价、费用包含与不包含情况等，确保准确无误。

12.选择适合产品的营销模式

为精心策划好的产品设计平面广告，做好全年广告营销计划，认真选择投放广告的媒体和预算广告全年支出的费用，确定好在线网站（OTA）、报纸广告等促销方式。

13.根据反馈调整出团计划

计调人员留心听取市场宣传的反馈信息，明确产品的目标客户群，跟踪产品销售情况并及时发布产品销售的余位情况。

（二）收客期

1.接受游客的相关出境游咨询

销售人员要积极热情地回答游客的咨询，向游客介绍签证所需材料、产品特色及注意事项。

2. 与游客签订协议

当游客决定购买产品后，销售人员要仔细核对参团游客的个人信息，按出境旅游合同模板与游客签订协议、不可撤销担保书或缴纳担保金，明确行程事项，然后收取团费。这里需要特别注意的是，要明确告知游客如出现被拒签或拒绝入境等情况，游客需自行承担机票及签证损失费，以避免产生纠纷。

（三）收取签证材料期

（1）收取需要送签的游客签证相关材料；（2）选派领队；（3）地接接待确认。

（四）送签期

1. 预约送签时间

对于需要预约的使领馆，计调要按时限要求进行操作。

2. 制作领队及游客送签材料

整理和制作领队及游客的签证所需递交材料，这里务必要细心审核，重要文件扫描备存。

3. 送签、出签及取签

签证计调递交签证，并在出签后领取签证。

（五）旅游团出团前

1. 如遇游客被拒签，要继续处理后续问题，降低其损失

如游客遭到拒签，应做到：①通知航空公司凭拒签信退减游客机票费；②及时撤销保险；③及时通知地接社取消相关预订，以减少损失。

2. 与领队交接出团相关事项

与领队交接出团事宜，填写领队派遣单，包括导游信息、地接信息、小费自费收取情况、游客特殊要求、团队注意事项、保险紧急联系电话等。

3. 向团员发送出团通知书，召开出境行前说明会

如需要召开行前说明会，应提前准备材料，通知游客参加，并发放出团通知书。如未召开行前说明会，领队要在机场召集游客进行相关事项的说明。

4. 打印边防名单表

计调人员需在旅游局系统中上传游客边防名单表，填写出境游组团审核表并加盖旅行社业务印章，名单表经审批完毕后，打印“中国公民出国旅游团队名单表”，并贴上条形码。

（六）旅游团出团行程中

计调需要注意的事项有：

（1）在旅游团队出团行程期间，计调要保持手机24小时开机，跟进团队进展状况。如有问题，及时与地接沟通、及时处理，切勿使问题堆积。

（2）如果签证需要销签，领队需要在下团时收齐游客的登机牌、护照。一些领馆需酒店提供入住证明或发票。

（七）旅游团回程下团后

1. 领队报账

领队回团后要在3日内返回旅行社报账，须提交的单据包括：领队日志、领队报账单、意见反馈单、发票、地接社接待情况反馈（酒店、餐厅、导游等）、照片（景

点、酒店、餐厅等及团员合照)。

2.与地接社对账

计调人员需与目的地国家地接社核对账单、购物明细等，核实是否与领队报账存在出入。

3.结算团款

计调人员应在回团一周内完成团款的结算。

4.游客回访与投诉处理

计调人员通知客服部门进行游客回访，如果有游客投诉则需妥善处理，听取反馈意见，完善服务，并总结经验与教训。

5.团队存档

将团队资料存档，须保留2年以上才能做销毁或其他处理。

二、入境旅游业务操作流程

入境旅游业务操作流程介于组团社和地接社二者之间。一般情况下，入境团队在我国游览的行程联线情况很多，不局限于某一地。

三、办理出入境签证的相关常识

签证是外国或本国公民所持的护照或其他旅行证件上的签注、盖印，以表示允许其出入本国国境或者经过国境的手续，是颁发给他们的一项签注式的证明。签证是一个主权国家实施出入本国国境管理的一项重要手段，体现了一个国家的主权和尊严。

(一) 签证的种类

根据不同的分类标准，签证有不同的分类方法。

1.根据出入境事由划分

根据出入境事由，签证可分为非移民签证、移民签证、公务签证、外交签证、留学签证、礼遇签证、工作签证、旅游签证、家属签证和商务签证等。

2.根据时间长短划分

根据时间长短，签证可分为短期签证和长期签证。在目的地国停留3个月以内的签证称为短期签证，申请短期签证所需时间相对较短。长期签证是在目的地国停留3个月以上。申请长期签证不论其访问目的如何，一般都需要较长的申请时间。

3.按人数划分

按人数，签证可分为团队签证和单个签证。团队签证是对两个以上的护照持有人有效的签证。单个签证是指对单个护照持有人有效的签证。

4.按签证样式划分

按签证样式，签证可分为以下三种：①另纸，签证做在另纸上，成为一个单独的文件，但必须同护照配合使用才有效。②戳记，签证章直接盖在护照上。③贴纸，签证印在不干胶纸上，然后粘在护照的签证页上。

除以上的签证种类外，还有一种是落地签证。落地签证属于一种优惠待遇，是在抵达另一个国家入境口岸后现场发给的签证。我国现行的签证有礼遇签证、外交签证、普通签证和公务签证等几种。其中个人及团体旅游签证属于普通签证。

（二）"676"签证和ADS签证

"676"是个人旅游签证，也就是旅行者以个人名义送目的地国大使馆的签证，有些是前往没有签署《旅游目的地国地位谅解备忘录》的国家，有些是去签署了《旅游目的地国地位谅解备忘录》的国家。这种签证有很高的拒签率。

ADS签证是英文"Approved Destination Status"的缩写，意思是"被批准的旅游目的国家"。加注ADS签证后仅限于被批准的旅游目的地国家的一地旅游，持因私护照申请者可通过任何一家有相应资质的旅行社申请，行业内俗称"团签"。

（三）领区划分及发放签证的部门

申请签证一般应在旅行者居住地所属的大使馆或领事馆申请，通常不允许跨领区申请。外国人只有常住地的概念，而没有户口的概念，所以要注意户口所在地和居住地有区别。例如，一个持有广州户口的人，长期居住在上海，如申请美国签证，应该在上海申请且申请人必须出示在上海长期居住的证据，如工作单位证明、暂住证等。

申请不同目的的签证，资料要求的重点也不同。例如，申请个人旅游签证，对个人资产稳定的要求比较严格，主要看是否结婚、工作年薪高低及是否稳定等；商务签证则比较注重对方发来的邀请函，如果是对口单位发来的最好，发邀请函单位的信誉和知名度越高越好；对于探亲签证，国外亲属的工作及经济基础的情况就比较重要。

◎ 知识点4 自驾游计调业务操作流程

一、团队组建

鉴于自驾车旅游的专业化程度较高，旅行社要经营自驾车旅游产品，必须首先建立强大的经营团队，其中包括：

（一）自驾车旅游专线部门

专线部门集计调与外联业务于一体，主要职责是：调研自驾车旅游市场动向；设计旅游线路；采购分项旅游产品；策划并组织自驾车营销活动；对自驾车旅游进行全程监控和质量评估；处理自驾车旅游相关投诉。

（二）自驾车旅游保障团队

保障团队包括产品设计、采购人员队伍；营销和全程陪同导游队伍；包含汽车保险、维修、医疗、通信人员在内的自驾车旅游服务队伍；购置必要的导航设备、通信设备、露营设备和维护设备；掌握沿途主要汽车维修企业联系电话，安排好领航车和应急维护车。

（三）自驾游俱乐部或会员组织

通过丰富多彩且成员相对固定的会员活动，介绍旅游产品，培育忠诚顾客；注意每次出游的质量，提高游客满意度，通过良好的口碑，滚雪球式地发展新会员，形成一定规模的顾客（会员）团队。旅行社还可通过媒体和汽车4S店，采用平面广告、事件促销、网络营销等方式吸引自驾车游客的眼球，达到扩大客源的目的。

案例共享2-3-9　　西双版纳租车自驾游

小陈一行6人到西双版纳旅游，采用了异地租车自驾游的方式，提前在携程预订了成都到西双版纳的机票，还在悟空租车预订了一辆7座别克GL8。当小陈到达西双版纳嘎洒国际机场，悟空租车工作人员与小陈签订了租车合同并检查了车况后，就把车钥匙交给了小陈。小陈一行就开始了西双版纳自驾游。他们完成了西双版纳自驾游之后，又从西双版纳到昆明游览。结束昆明的旅行之后，小陈在昆明长水国际机场把车交还给悟空租车，顺利结束了云南自驾游之旅。小陈一行认为这次异地租车自驾游是一次成功的旅行，表示今后到较远的目的地均可以采取异地租车游。

资料来源　叶娅丽，陈学春．旅行社计调实务［M］．北京：北京大学出版社，2021.

思考：你对异地租车自驾游的旅游市场有什么看法？

二、自驾游计调操作流程

（一）设计自驾游产品

1.自驾游产品设计应该注意的问题

（1）设计自驾游产品必须坚持“过程至上、感受第一”原则。

（2）可以适当采用“时间换空间”的组线技巧。

（3）设计主题旅游活动，突出参与性。自驾车旅游者喜欢参与性活动，每个人都有表现自我的欲望，自驾游计调员在设计旅游线路时，可适当设计一些主题活动，突出参与性。

（4）强调安全意识，永远把安全放在第一位。设计自驾游产品时应有安全意识，将安全因素放在第一位，首先排除局势不稳定的国家或地区，然后排除路况较差的线路、大型货车或弯道过多的线路，优先选择安全畅通的旅游线路。

2.自驾游产品的分类

（1）跟团自驾游产品。跟团自驾游产品的设计方法和流程与其他产品差不多。跟团自驾游人数比较多，旅行社提供的服务内容也比较多。成团人数一般要求在12人以上，按照4人一辆车计价。

（2）散客自驾游产品。人数较少，旅行社的服务内容比较少，主要提供车辆服务，游客的自主性比较大。

（二）确定自驾游产品价格

1.自驾游产品价格构成

（1）餐费。餐费包含早餐和正餐，按照实际费用结算。

（2）住宿费。住宿费一般按照双人标间计算，如产生单房差，费用由游客自理。

（3）门票。按照实际发生费用计算。

（4）租车费。如果是租车，还需要承担租车费，一般按照4人一台车核算，人数不足须补单车差价。

（5）油费、过路费。油费、过路费由每位游客分摊，可以每辆车独立结算。

（6）领队和领航车费。领队和领航车费由每位游客分摊。

（7）异地还车费。如果是异地还车，还需要交一定的异地还车费。

（8）保险费。保险费有自驾险和不计免赔险。

（9）其他费用。如果是主题自驾游，涉及租赁场地、聘请指导教师及其他费用。

2.计价

自带车和租车自驾游价格的计算公式如下：

自带车自驾游价格=餐费+住宿费+保险费+领队和领航车费+门票

租车自驾游价格=租车费+餐费+住宿费+保险费+领队和领航车费+门票+油费、过路费

3.报价

自驾游计调员首先需要向各接待单位询价，各个接待单位以传真等方式报价。自驾游计调员把各个接待单位的价格加起来，然后加上一定的利润就可向自驾游游客报价。

（三）签订自驾游合同

团队或者个人确认了自驾游产品后，就可以与组团社签订自驾游合同。组团社尽量与自驾车旅游者签订单项委托合同而不是包价游合同。自驾游单项委托合同举例见表2-3-6。

表2-3-6　　自驾游单项委托合同

客户热线： ××租车车单				
一、租车人信息			四、订单信息	
承租人：			订单号：	
移动电话：			订单渠道：	
身份证号：			□悟空租车　□携程　□途牛　□其他	
紧急联系人：			预订取车时间：　年　月　日　时　分	
紧急联系人电话：			预订还车时间：　年　月　日　时　分	
二、车辆信息			租期：　天　时	
车辆级别：			预订取车网点/地点	□实体网点　□虚拟网点
车牌号：			预订还车网点/地点	□实体网点　□虚拟网点
车型：			可选服务： □不计免赔服务　□第三者责任险补充险 □旅游意外险　□车上人员责任险补充险 注：其他可选服务以系统展示为准，系统展示之外的服务由租车方与承租方协商解决	
燃油类型：□92#汽油　□95#汽油 □98#汽油　□0#柴油				
三、承租人等级和押金			五、费用明细	
实名认证等级：			租金：	租车费合计 元
车辆押金减免金额：			基本保险费：	
等级	减免金额	勾选项	手续费：	
V1~V2	不减免	□	不计免服务：	
V3~V4	减免5 000元	□	其他：	
V5~V6	减免7 000元	□	特别提示：如承租方车辆不慎出险。请立即致电出租门店（或××租车客服热线），我们将协助您处理后续事宜	
V7	减免10 000元	□		
注：非线上订单以加盟实际车辆收费标准车辆押金实际支付。			六、出租方联系方式	
车辆押金支付情况： 支付方式：□预授权　□消费 支付结果：□已支付　□未支付 支付渠道：□线上支付　□线下支付			温馨提示：承租方已阅读并知悉本租车单内容、验车单内容及“汽车租赁合同”、××租车“线上用车服务协议”全部条款，同意按此执行。	
出租方签章： 出租方代表签字：			承租方签字：	

资料来源　叶娅丽，陈学春．旅行社计调实务［M］．北京：北京大学出版社，2021．

（四）发结算单，收全款

自驾游单项委托合同签订好之后，组团社就应该向团队或个人发一份费用结算通知单，敦促对方把钱款汇入账户。结算通知单见表2-3-7。

表2-3-7　×××旅行社 旅游团（旅游者）费用（　　）结算通知单

年　月　日　　　　　　　　　　　　　　结算单位：元

<table>
<tr><td>国别</td><td></td><td>旅行社等级</td><td>指定服务</td><td rowspan="3">团队人数</td><td>成人　　人</td></tr>
<tr><td>组团社名称</td><td colspan="3"></td><td>6~11岁儿童　　人</td></tr>
<tr><td>旅游团（旅游者）团号</td><td colspan="3"></td><td>2~5岁儿童　　人</td></tr>
<tr><td>游客抵/离时间</td><td colspan="5"></td></tr>
<tr><td colspan="2" rowspan="2">项　目</td><td colspan="4">拨款结算</td></tr>
<tr><td>天数</td><td>单价</td><td>人数</td><td>金额</td></tr>
<tr><td rowspan="4">旅游团（旅游者）综合服务费</td><td></td><td></td><td></td><td></td><td></td></tr>
<tr><td></td><td></td><td></td><td></td><td></td></tr>
<tr><td></td><td></td><td></td><td></td><td></td></tr>
<tr><td colspan="5">旅游团（旅游者）综合服务费合计</td></tr>
<tr><td rowspan="2">陪同</td><td></td><td></td><td></td><td></td><td></td></tr>
<tr><td></td><td></td><td></td><td></td><td></td></tr>
<tr><td colspan="6">结算总金额：RMB</td></tr>
<tr><td colspan="6">结算总金额大写：　万　仟　元整</td></tr>
<tr><td>我社银行资料</td><td colspan="5">户名：　开户行：　账号</td></tr>
</table>

复核：　　　　　　部门审查：　　　　　　制表：

资料来源　叶娅丽，陈学春. 旅行社计调实务［M］. 北京：北京大学出版社，2021.

（五）购买必要的商业保险

旅行社可以购买专门为自驾车旅游设计的商业保险，或者通过旅行社责任险、旅游意外险的方式转移部分风险。

（六）提前预订酒店

只有充足的睡眠才能保证游客第二天具备良好的精神状态，因此，提前预订合适的酒店非常重要。通常住在星级较高的酒店可以享受到优质的服务，而且住宿、停车也安全。

（七）委派领队领航

1.自驾游领队

自驾游中一般把导游称为领队，在自驾游过程中，常常需要领队领航。旅行社组织的自驾游一般有国内长途自驾和海外自驾两种团队，有游客带车和海外租车两种方式。

2.工作要点

一方面，自驾游领队与普通导游一样应提供日常导游服务；另一方面，自驾游领队要承担团队安全管理的责任，工作难度比普通导游大。此外，旅游行程安排不能过紧，应适当给游客沿途观赏的时间，避免因赶路引发交通事故。

（八）行程中的安全监控

行程中应做好以下几项安全监控：

（1）提醒驾驶员随时注意安全。驾驶员在路边或夜间停车时，务必检查门窗是否锁好，贵重物品一律不要暴露或留在车内，以免引起麻烦。

（2）尽量避免赶夜路。赶夜路不安全，一是容易发生拦截抢劫，二是夜间疲劳驾驶容易发生车祸。

（3）中途停车休息。每2～3小时，最好停车休息一会儿，既可以避免因疲劳驾驶而发生的危险，又能防止长时间驾驶对身体造成的伤害，也有利于缓解长途驾驶对车辆的损伤。

（4）不要随便搭乘陌生人，而且要在车上准备好防身用具、灭火器、防盗锁，以预防不测。

（5）控制车速。外出旅行行驶在空旷平直的大道上时，容易因超速导致危险，所以一定要控制车速。

（九）返程中的监控

1.回程安全更重要

经过了几天的游玩，回程时更显疲惫，这时是发生交通事故的高危时段。驾驶员一定要在回程前保障充足的睡眠，这样才有精神应对长途驾车。

2.清洗

长途旅行后除了要对车身的清洗打蜡之外，还要对进气通道、喷油嘴、化油器及空气滤清器等部件进行清洗或更换。

3.检查

底盘检查是车辆跑长途后很重要的检查内容，包括对散热器、冷凝器、空调管路、油底壳、悬挂及传动部件的检查，万一发现碰撞变形，一定要及时修复或更换。同时要对底盘重要部位的螺栓进行标准力矩紧固，并且对相关部位做必要的润滑。

4.补给

自驾游环境变化不一，车辆工作负荷大，其各种油液要比平时消耗得快，因此要格外留意。其中冷却液、发动机油、变速箱油、差速器油等关键油液尤为重要，如果发现亏少或变质，一定要及时进行补充和更换。添加的机油和水箱的水应当是厂家指定的相应规格产品，电池电解液必须是纯净的蒸馏水。

（十）后续工作

1.征求游客的意见和建议

游客是计调所安排的所有旅游活动的全程直接参与者和体验者，他们的意见和建议对改进计调工作十分重要。自驾游计调人员应要求领队回收并上交至少70%的游客意见表。对游客普遍反馈的问题，自驾游计调人员应该予以足够的重视，必要时要亲自调查，找到问题发生的原因并给予妥当处理，并选择适当的方式给游客合理的答复。

2.回收并审阅团队日志

自驾游团队日志是自驾游团队档案的重要组成部分，自驾游计调人员应该要求领队及时认真填写并上交，在仔细研究后做归档处理。

3.审核成本、及时报账

自驾游计调人员不仅要审核成本，还要及时催促领队报账，使领队形成良好的报账习惯；对领队上交的支出凭据进行仔细严格的审核，坚决杜绝不合理的支出发生，进而保证旅行社的利益。

4.资料归档

团队结束后，自驾游计调人员应该尽快将团队各个环节中的相关资料归类存档。这些文件的归档一方面可以健全旅行社的档案资料，另一方面也对自驾游计调业务工作有一个圆满的交代。

任务实施

步骤一：设计一条华东五市旅游线路，线路内容包括：团型、团队人数、时间、行程安排、住宿、餐饮、交通等。

步骤二：根据旅游线路设计、计调的分类，落实计调业务操作流程。

步骤三：旅游线路设计以PPT形式进行讲解，计调操作流程绘制成表格进行汇报。

任务总结与评价

任务总结与评价见表2-3-8。

表2-3-8 任务总结与评价

工作任务	模拟计调操作流程
任务检查	华东五市旅游线路设计情况 ○优秀 ○良好 ○中等 ○一般 ○未完成
	落实计调业务操作情况 ○优秀 ○良好 ○中等 ○一般 ○未完成
	总结性材料形成情况 ○优秀 ○良好 ○中等 ○一般 ○未完成
工作成果	
自我评价	
教师评价	
备注	（任务检查中未完成部分情况说明）

项目小结

本项目主要让学生了解计调工作，掌握计调的分类、计调岗位工作内容及岗位职责等。学会设计旅游线路，对线路产品所包含的内容进行采购，并介绍产品采购的方法、程序、策略以及原则等。熟悉组团计调、地接计调以及出入境计调、自驾游计调操作流程，培养学生对计调工作的认知及理解，为学生进入旅行社工作奠定基础。

项目测试

一、选择题

1.（　　）是负责组成旅游团队，并将团队发送到异地接待社的专职人员。

A.组团型计调　　B.接待型计调　　C.团队型计调　　D.散客型计调

2.在接待夕阳红团队时，计调应提醒导游员的下列做法错误的是（　　）。

A.讲解时声音要洪亮，热情周到，服务要亲切

B.讲解过程中要放慢语速

C.旅程安排和其他团一样，按计划进行

D.做到走路不观景，观景不走路

3.“华东五日游”是按照（　　）对旅游线路进行命名的。

A.交通工具　　B.节日　　C.服务标准　　D.旅游时间

4.在国际旅游活动中，选用最多的交通工具是（　　）。

A.火车　　B.飞机　　C.轮船　　D.汽车

5.下列不属于计调岗位职责的是（　　）。

A.收集信息　　B.对外采购　　C.安排落实　　D.出景职能

在线测评
2-3-1
选择题

二、简答题

1.计调的概念是什么？

2.计调的岗位职责有哪些？

3.计调在采购旅游产品时应遵循哪些原则？

4.简述地接计调操作流程。

项目四 接待售后服务

◎ 学习目标

知识目标：

•了解各类旅游团队的特点；

•熟悉各类旅游团队接待服务规范；

•了解游客产生抱怨的原因和投诉的预防；

•掌握处理游客投诉的程序和规避途径。

能力目标：

•能够操作旅行社团队接待业务；

•能够有效处理游客投诉。

素养目标：

•培养学生良好的旅游专业素养；

•培养学生良好的法律意识、质量意识和服务意识。

任务一 提供旅行社接待服务

任务导入

工作任务：模拟团体旅游接待服务流程。

任务描述：旅行社在年末要进行考核，其中接待服务质量是一项重要考核内容，请以小组为单位，模拟一种类型团体旅游接待服务的流程。

任务要点：接待业务的分类；每一类团队接待服务的特点；接待服务的流程。

必备知识

◎ 知识点1 团体旅游接待服务

一、团体旅游和团体旅游接待的含义

团体旅游是指由10人以上组成、采用包价形式、有组织地按预定的行程计划进行旅游活动的群体游客旅游。团体旅游接待是旅行社对群体游客提供旅游服务的过程。这个过程既是游客对旅行社产品的实际消费过程，也是旅行社产品的价值最终实现过程。团体旅游接待分为入境团体旅游接待、出境团体旅游接待和国内团体旅游接待三种类型。

二、团体旅游接待服务的共同特点

无论是入境团体旅游、出境团体旅游还是国内团体旅游，在接待服务上都有以下共同之处：

1.计划性强

团体旅游接待是旅行社事先与旅游中间商或组团社签订协议，按照预订的计划来安排旅游者的活动日程和食、住、行、游、购、娱。对团体旅游者的接待必须严肃、认真、全面地按照接待计划行事，除了人力不可抗拒的原因外，旅行社不得擅自修改旅游团的旅行路线、旅行时间、服务等级等，否则便是违约，不仅会对旅游团的整个旅游活动造成严重影响，引起旅游者的不满和投诉，而且会给旅行社带来经济损失。如果确有特殊原因需对接待计划进行修改，如更换旅游景点，须征得多数旅游者的同意，并签订书面意见。

2.衔接要求高

旅游团的旅游活动时间相对较长，一般会游览几个城市，涉及食、住、行、游、购、娱多个方面，因而要求接待工作必须环环相扣，紧密衔接。如果有一个环节脱节，必将影响下一环节的顺利进行，甚至影响整个旅游团的行程，尤其是在旅游活动即将结束时，若有一个环节脱节，有可能耽误旅游者按计划离开旅游目的地，从而将对旅行社的声誉和经济利益造成重大损害。所以，做好旅游团各项活动之间的衔接是旅行社做好接待工作的重要方面。

3.协调工作多

团体旅游接待是一项综合性很强的业务，需要旅行社做好各种协调工作。协调工作不仅贯穿于旅游团接待之前、接待过程中和接待结束之后，而且涉及多个方面。

首先，为了接待好旅游团，旅行社要同交通部门、住宿部门、餐饮部门、游览景区景点、娱乐部门和购物部门做好沟通和协调工作，从而适时地、保质保量地提供旅游团所需要的服务。其次，为旅游团服务的既有客源地组团社委派的旅游团领队，也有代表目的地组团社的全程导游人员和代表当地接待社的地方导游人员，他们分别代表不同旅行社的利益，在共同为旅游团服务的过程中难免有意见相左或不协调之处，因此也要求进行相互之间的友好协商。最后，旅游团的游客来自四面八方，具有不同的社会背景、生活习俗、宗教信仰、文化程度和价值观念，所以对某些问题的态度和看法不甚相同，甚至产生分歧和摩擦。为了使全团旅游活动的步调一致，旅行社的接待人员要协助领队做好团员之间的协调工作。

三、团体旅游接待的个性特点

案例共享2-4-1　　接待日本旅游团

一天下午，北京的导游员祝先生在机场接到了一个30人的日本旅游团。在饭店与领队商讨旅游计划时，领队要求每天尽可能多地安排项目，恨不能一天就把北京看完。经过商定，第一天下午游览天坛、天安门广场、北海公园；第二天游览长城、定陵、颐和园，然后购物，晚上吃风味宴后看节目；第三天上午参观故宫、雍和宫，下午出发去西安。由于活动多，时间紧，祝先生要求大家在游览过程中，一定要遵守时间，听从安排。客人们果然很守纪律，每天早上7点就从饭店出发，晚上9点多钟才返回饭店。

活动过程中客人们井然有序，从不单独离开团队，对待祝先生也非常有礼貌，提问时总是欠身示意，对祝先生的导游工作表示感谢时也总鞠躬致礼。由于工作认真负责，祝先生很快就得到了大家的信任，与客人们相处融洽。针对多数人的要求和爱好，他在接待中采取相应的策略：对喜欢参观寺庙的客人，在游览雍和宫等景点时，多讲解佛教和道教的文化内容；对喜爱中国旅游商品的客人，他就帮助他们选购书法和绘画作品、文房四宝和其他各种工艺品；对喜爱茶文化和酒文化的客人，则投其所好，经常和他们共饮。两天的时间很快就过去了，在道别时，客人们纷纷对祝先生的服务致谢，显露出依依不舍之情。游客们讲礼貌、守纪律、不辞辛苦的行为和友好的态度，也给祝先生留下了深刻的印象。

资料来源　王宁，伍建海，廖建华．旅行社经营管理事务［M］．北京：清华大学出版社，2020.

思考：组团社接待部在团队出发前应做哪些接待计划？

（一）入境团体旅游接待的特点

1.停留时间较长

从多年我国接待境外旅游团队安排的日程来看，入境旅游团队在我国旅游目的地停留的时间一般比较长，少则一周，多则十几天，甚至一个月。

2.外籍人员多

入境旅游团队多以外国旅游者为主体，另外还包括我国香港、澳门和台湾地区的旅游者，他们的文化传统、生活习惯、审美观、语言、宗教信仰与我国旅游目的地的居民有较大差异。即使由华侨或外籍华人组成的旅游团队，也由于多数旅游者长期居住在国外，其生活习惯、语言、价值观都已发生了重大变化，因而要求陪同人员具有较高的综合素质和较强的外语会话能力。

3.预订期长

入境团体旅游从境外旅游中间商通知目的地旅行社旅游团出发日期起到旅游团实际抵达目的地，往往需要一段较长的时间，因为旅游客源国旅行社（组团社）和旅游目的地旅行社（接待社）要就旅游团的活动日程、人员数量和构成、旅游者的特殊要求等进行多次磋商与调整。另外两地旅行社为旅游者办理出入境手续、预订交通票、集合旅游者、落实各项旅游服务等都需要一定的时间。这样，相对于国内团体旅游，入境旅游预订期更长。

4.活动日程变化多

由于旅游团是由各方面的人员组成，他们的兴趣爱好、身体状况、性格特征各异，加上境外人员的个性自由，因而常常引起活动日程发生变化，如出发时间的变化、乘坐交通工具的变化、游览景点和娱乐活动的变化等。因此，要做好旅游接待工作，使旅游活动顺利进行，就需要在不影响总体接待计划实施的情况下做出必要的调整。

（二）出境团体旅游接待的特点

1.活动日程稳定

出境（含边境）旅游的活动日程是事先经过国内组团社和目的地国家（地区）接

待社经多次协商、周密安排的，具体的接待标准和内容都事先做了安排并签订了协议，一般不会发生变化，比较稳定。

2.消费水平高

我国出境旅游团在境外旅游期间一般都要求乘飞机、坐豪华车、下榻较高档次的饭店，尤其是购物欲望十分强烈，往往采购的商品价值高、数量大，其消费水平甚至超过了入境旅游者。

3.外语水平低

除少数人外，我国出境旅游者普遍外语水平低，可能会在同当地人接触中发生误会甚至上当受骗。因此，在组织出境旅游团时，组团社应委派外语水平高、责任心强的人员当领队，在境外充当翻译，帮助旅游者克服语言障碍。

4.文化差异大

出境（含边界）旅游者，有许多人是第一次到旅游目的地国家（地区），甚至很多人是第一次出国，因此缺乏对旅游目的地国家（地区）的历史文化、风俗习惯等的了解。尤其是到西方国家旅游，中西方文化差异大，同时出境旅游者精通外语者很少，大多数人基本上不能在目的地用外语进行交流，从而增大了出境旅游者与旅游目的地国家人们交流的障碍，加重了出境陪同人员的工作负担。

（三）国内团体旅游接待的特点

1.预订期较短

国内旅游团由于无须办理护照和签证手续，从旅游者进行旅游咨询到成团出发的时间往往在一周左右，因而预订期较短，以致客源地旅行社来不及用书面形式通知目的地的接待社，所以常用电话通知，然后补发书面的旅游计划。这就要求接待社的人员在接到旅游计划后能在较短的时间内安排好当地的活动日程，做好接待的各种准备工作。

2.日程变化小

国内旅游者由于对出访地区旅游项目比较了解，参团前做出了比较慎重的选择，因此他们要求旅行社恪守所签协议，对于旅行社对日程做出变更的反应比入境旅游者强烈得多，常常对由此造成的损失要求索赔。所以，对国内旅游者的接待，除不可抗拒因素外，要谨慎修改活动日程。

3.消费水平差别大

国内旅游者虽然目前总体的消费水平较低，但同一旅游团内，由于不同旅游者收入水平差异大，在旅游消费水平和对设施档次、旅游活动（如有的要求多游览，有的则青睐于购物）等方面的要求差别也较大。因此，旅行社的接待应根据其不同要求有适当的灵活性，在满足大多数旅游者的同时，尽可能照顾少数旅游者的需求。

4.讲解难度大

国内旅游者在出游之前，一般对即将前往的旅游目的地有一定了解。另外，绝大多数国内旅游者具有一定的文化积累，对于导游讲解过程中使用的历史典故、成语、谚语等比较熟悉，有的游客甚至就是某些方面的专家。因此，导游人员在导游讲解中要十分熟悉景区景点的内容，全面掌握有关旅游知识，生动地向旅游者进行讲解。

5.接待服务难度大

随着人们生活水平的不断提高和生活观念的改变，国内旅游者越来越多，旅游经验越来越丰富，旅游意识和法律意识越来越强，他们对旅游服务的要求也越来越高，因此旅行社接待服务的难度也越来越大。旅行社只有顺应旅游团队的需要，策划适应市场需要的各种旅游产品，满足不同消费层次的需求，才能提高旅游者的满意度，赢得更多的客户。

四、团体旅游接待的原则

团体旅游接待是一项十分特殊的业务。一方面，为了保证接待服务的质量，旅行社应对接待服务过程和内容进行规范化管理；另一方面，由于旅游团成员具有不同文化背景、不同生活习惯和不同个人爱好，旅行社在强调规范化的基础上，还应注重接待服务的个性化，以满足不同旅游者的需求。因此，旅行社团体旅游接待中应坚持规范化和个性化相结合的原则。

（一）规范化原则

团体旅游接待服务的规范化，是指旅行社按照一定的标准向旅游团提供旅游过程中的各种相关服务。为了加快我国旅行社行业与国际旅行社行业的接轨，旅行社在接待服务过程中必须坚持下列要求：

1.标准化

团队旅游接待标准化的内容主要有几个方面：实行“三定”，即安排旅游者到定点旅馆住宿、定点餐馆就餐、定点商店购物，并确保向旅游者提供符合合同规定的服务。采取必要措施以保证旅游者人身、财产安全，完善行李交接手续，保证旅游者行李运输安全和准确无误。旅行社和委派接待的导游人员必须通过全国导游员资格考试，取得导游员资格证书，并在接待前做好一切相关的准备工作。对不同国别、职业、性别、年龄的旅游者要一视同仁，热情接待。

2.程序化

接待服务程序化是旅行社和保证团体旅游接待服务质量的有效措施。接待服务程序化能够使旅行社在接待过程中减少事故隐患，保证接待过程中各个环节工作的落实，从而提高旅行社接待服务的质量。同时，接待服务程序化还有利于旅行社对接待服务质量的监督和管理，使得接待服务和接待管理有章可循。

（二）个性化原则

旅行社接待服务的旅游者来自不同地区和国家，他们有着不同的生活习惯、文化背景、宗教信仰、价值观念和个人爱好，对旅游接待服务的要求也有差别。旅行社应针对旅游团成员的不同特点，在坚持规范化原则的同时，在力所能及的范围内充分照顾到旅游者的个性化要求，提供富有个性化和人情味的服务，使旅游者感到温馨和愉快。

◎ 知识点2 散客旅游接待服务

散客旅游又称自助或半自助旅游，它是由游客自行安排旅游行程，零星现付各项旅游费用的一种旅游形式。随着旅游者自主旅游意识的不断增强及各项旅游条件的不断改善，散客旅游人数将会超过参加团队旅游的人数。旅行社应不断扩大散客旅游接待业务，并加强散客旅游接待业务的管理。

案例共享2-4-2　　低价旅行团里的秘密：散客拼团成潜规则

由于平时工作繁忙，对于不少游客而言，旅行社提供的两日、三日游是个不错的选择。可两三天内就能游览很多景点的短期游真的有旅行社宣传的那么好吗？五一前夕，记者参加了济南市一家旅行社的“三日游”。

4月24日记者通过网络联系上了山东旅游百事通旅行社，在电话咨询了工作人员之后，记者以650元的价格，满怀期待地报名参加苏州杭州周庄乌镇的纯玩三日“枕水之旅”。4月25日早上6点，记者来到了导游指定的集合地点，然而过来接记者的并不是工作人员说的全程旅游大巴，而是一辆莱芜牌照的私人面包车。

司机一会儿说自己是旅行社的，一会儿又说自己是出租车公司的，他还告诉记者，这个旅游团都是来自省内各地的“散客团”拼起来的，这种现象在低价旅行团里很常见。当天上午8点钟，记者被送到了莱芜区的红石广场门口，在等待半个多小时后，一辆写着山东追风客国际旅行社的大巴才赶了过来，记者和几名莱芜的游客一起登上了大巴。

就这样，大巴车开始了走走停停的“旅途”，行驶到蒙阴县、临沂市、兰陵县时相继上了十几名散客，在行驶了12个小时后，当天晚上6点多，记者一行才赶到了周庄。纯玩三日“枕水之旅”的第一天就在大巴上度过了。

记者在报旅行团之前，特别电话咨询了旅行社的工作人员。工作人员表示，苏州杭州周庄乌镇的纯玩三日“枕水之旅”是没有任何购物项目的。事实果真如此吗？第二天，旅行团按照行程来到了AA景区“锦绣天地城”。虽说是景区，看起来却更像是一家购物店。在“锦绣天地城”，导游介绍完一家丝绸企业的历史后，便将游客们带到了二楼的一间屋内。工作人员先是介绍了如何区分真假蚕丝，之后又介绍起产品。按照工作人员的说法，蚕丝不仅能防紫外线，还能美容，有很好的保健作用。

那么，蚕丝果真有这么好的功效吗？记者咨询了山东省纺织科学研究院的工作人员。工作人员表示，蚕丝里的确含有氨基酸，它属于蛋白纤维。但是说蚕丝防紫外线和美容只是一种概念，涉嫌概念炒作，效果没有那么明显。

资料来源　王宁，伍建海，廖建华．旅行社经营管理事务［M］．北京：清华大学出版社，2020.

思考：散客旅游的特点有哪些？旅行社应如何安排散客旅游人员顺利出行？

一、散客旅游接待的特点

（一）批量小，批次多

散客旅游多为旅游者个人单独外出或与亲朋好友结伴而行，同团体旅游相比，散客旅游的批量一般比较小。随着散客市场规模的日益扩大，散客旅游形式呈现批次多的特点，如家庭出游、自驾车旅游、恋人同游、结婚旅游等，有的旅行社一天要接待几批甚至十几批游客，而且每批旅游接待的要求不同，有的只是要求代订酒店、代购车票，有的只是咨询、了解信息，有的只需要带路、陪同服务，有的只要专门翻译，因而旅行社的散客接待业务十分繁杂。

（二）预订期短

散客旅游决定的过程比较短，相应地使散客旅游接待形成了预订期短的特点。散客往往要求旅行社能够在较短的时间内，为其安排好旅游线路、旅游服务和办妥各种旅行手续。为此，要求旅行社具备较高的旅游线路的设计能力、多种旅游商品的采购能力、多种旅游信息的掌握能力以及与各种旅游企业人员进行协调的能力。

（三）接待难度大

有的散客是商务、公务旅游者，他们的费用多由所在的企业、单位全部或部分承担，而且很多属于业务交际应酬活动，因此他们消费水平较高，对旅游接待的要求也较高。

有的散客旅行前缺乏周密的安排，在旅行过程中经常临时变更旅行计划，提出多种新的要求，或在出发前由于某种原因取消旅行计划。有的散客是专门项目的旅游者，或做某项学术访问、考察，或专门到一地旧地重游、追思往事，或专门探亲访友，叙叙旧情。

散客消费水平高，旅游计划随意性强，专项旅游涉及面广、要求多，这些无疑增大了旅行社的接待难度，从而对散客旅游接待人员的业务能力、知识面等提出了较高的要求。

二、散客旅游接待的类型

散客旅游接待主要包括单项委托接待、旅游咨询接待和选择性旅游接待三种类型。

（一）单项委托接待

单项委托接待主要包括接待散客来本地旅游的委托、赴外地旅游的委托和在本地的单项委托三种服务业务。

1.接待散客来本地旅游的委托服务业务

接待散客来本地旅游的委托服务业务，是指散客旅游目的地的旅行社接受通过散客居住地旅行社委托的有关接待和其他服务的业务。散客旅游目的地旅行社在接到外地旅行社的委托通知后，立即按照通知的要求办理散客所委托的有关服务项目。如果散客旅游者要求旅行社代订酒店、代购车票，旅行社散客部门应迅速提供落实酒店房、购买车票的服务，并及时将落实情况反馈给委托旅行社。如果认为无法提供散客旅游者所委托的服务项目，应在接到委托旅行社委托后的24小时内发出不能接受委托的通知。

2.接待散客赴外地旅游的委托服务业务

旅行社散客部在接到散客旅游者提出赴外地旅游的委托申请后，必须详细询问散客的旅游要求，认真检查其身份证件。如果散客旅游者委托他人代办委托手续，旅行社应让其出示委托信函及委托人的身份证件。散客旅游者应在离开本地前三天到旅行社办理赴外地旅游的委托申请手续。如果散客旅游者在离开本地前不到三天到旅行社办理赴外地旅游的委托申请手续，原则上不应接受，如果散客旅游者因种种原因坚持要办理委托申请手续，旅行社应讲明有关情况并及时将委托代办情况通知散客旅游者，以不影响散客旅游者的旅游为原则。散客接待部门工作人员在为旅游者办理赴外地旅游委托手续时，应根据旅游者的具体要求，逐项认真填写委托代办书（单）一式四联。填好后，请旅游者（或其委托人）仔细阅读后签字，同时提醒旅游者如果在旅行社办理旅游委托后又要求取消或变更旅游委托时，应至少在出发前一天到旅行社办理取消或变更手续，而且要交纳加急长途通信费并承担由此造成的损失。委托代办书（单）的第一、第二联交给旅游者（或其委托人），第三、第四联由旅行社留存。

3.接待散客在本地的单项委托服务业务

有些散客旅游者在到达目的地前并未向旅行社提出单项委托服务的要求，但到当地后，由于某种需要会向旅行社提出单项服务的要求。旅行社接待这类旅游者时，应首先详细问清旅游者的要求，说明旅行社所能提供的服务项目及收费标准，在取得旅游者同意后，协助并指导旅游者办理单项服务委托手续，待旅游者办好手续并交纳费用后，及时通知接待部门委派导游人员为旅游者服务。

（二）旅游咨询接待服务

旅行社咨询业务的范围很广，主要包括旅游交通、饭店住宿、各项有关设施、旅游景点、各种旅游产品价格、旅行社产品种类、旅游质量保证等方面。旅行社在接待以上咨询服务时虽然不收费，但应意识到这是潜在的旅游者向旅行社发出的旅游需求信息，是扩大旅游产品销售和提高经营收入的一条重要渠道。因此，旅行社应通过认真的接待服务，因势利导，引导旅游者购买本旅行社产品。旅游咨询接待服务分为电话咨询服务、信函咨询服务、人员咨询服务、网上信息服务四种。

（三）选择性旅游接待服务

选择性旅游亦可称为小包价旅游，根据国际旅游市场的发展趋势和我国实行双休日制度后出现的周末旅游热潮，不少旅行社已将目光转移到选择性旅游这一大有潜力的新市场，纷纷推出各种各样的选择性旅游产品，以增加旅行社的经济效益和社会效益，扩大知名度。我国有的地区甚至出现专门经营选择性旅游产品的旅行社。

三、散客旅游者接待业务的管理

（一）设计选择性旅游产品

旅行社应针对散客旅游者的特点设计出各种适应散客旅游者需要的选择性旅游产品。尤其要多提供那些具有丰富文化内涵和浓郁地方与民族特色的产品，增加产品的参与性，以满足散客旅游者追求个性化和多样化的消费心理。比如“半日游”“一日游”等包价产品，游览某一景点、品尝地方风味、观赏文娱节目等单项服务产品，“购物游”等组合旅游产品。

选择性旅游产品的价格应为“组合式”，即每一个产品的构成部分均有各自的价格。旅行社应将其产品目录放在门市柜台或赠送给代销单位，供旅游者选择。

（二）设立门市柜台和销售柜台

旅行社应根据散客旅游者的客源结构、旅行习惯等特点，有针对性地开展门市招徕业务。除了在门市设立柜台外，还应在当地的航空港、火车站、长途汽车站、码头、旅游饭店等处设立销售柜台，招徕散客旅游者。

（三）建立预订系统和代理网络

散客旅游的购买方式多为零星购买，随意性强，从而对高效、便利、准确的预订系统有着强烈的要求。因此，旅行社应采用以计算机技术为基础的网络化预订系统，保证散客旅游者能够自由、便利地进行旅游预订和委托。同时，为进一步扩大旅行社散客旅游的接待业务和市场占有率，也为了更好地完成对散客旅游者的接待服务工作，旅行社应与其他地方的旅行社建立代理关系，代销对方的旅游产品，有条件的话，还应争取与海外经营出境散客旅游业务的旅行社建立代理关系，为其代销选择性旅游产品。

（四）及时采购

选择性旅游产品具有品种多、范围广、订购时间短的特点，因而选择性旅游的接待服务工作较为复杂和琐碎。因此，旅行社的采购工作应及时迅速。旅行社应建立和健全包括饭店、餐馆、旅游景点、文娱场所、交通运输等企业在内的采购网络，确保旅游者预订的服务项目能按时实现。同时，旅行社还应经常了解这些企业和单位的价格、优惠条件、预订政策、退订手续等情况及其变化，并尽量多了解同类企业的价格、服务质量等情况，多方比较，以便在保障旅游者服务供应的前提下，尽量降低产品价格，扩大采购选择余地，增加旅行社的经济效益。

（五）搞好接待

选择性旅游者多由来自不同地方的散客临时组成，相互之间都不熟悉，各自的旅游目的、需求也不相同，与团体包价旅游的接待相比，选择性旅游团队的接待工作难度更大，为此，需要配备经验比较丰富、独立工作能力较强的导游人员。在接待过程中，导游人员应组织安排好各项活动，随时注意旅游者的要求和反映，在不损害全团旅游者整体利益、确保接待服务质量的情况下，尽量满足旅游者的个人需求。

◎ 知识点3 大型和特种旅游团接待服务

随着人们生活水平的提高以及各地旅游接待设施的日趋完善，几百人甚至上千人共同出游的大型国内旅游团队已不鲜见。大型旅游团队因为规模大、环节多、接待细节复杂，比接待普通团队更具有挑战性。

一、大型旅游团接待的特点与操作

操作大型团队的旅游活动，其难度及要求比一般观光旅游团队都要高。在接待方面，对导游的要求也较高，必须具有一定的专业知识、良好的外语基础、热情的服务态度、严谨的工作作风、良好的身体素质、敏捷的思维，以及能代表中华民族传统风格的仪容仪表。在安排大型团队时，对操作人员的要求更高，即要求操作人员具有较高的业务水平、宏观的控制水平、严谨的工作作风；否则就无法满足客人的意愿，无法根据客人的需求进行安排，最终完不成接待任务。

案例共享2-4-3 广东省迎来2019年首个4 000人大型旅游团队

2019年2月20日至24日，武陵源核心景区接待了新年首个4 000人大型旅游团队。该大型旅行团由张家界光明国际旅行社和中国国旅广州公司组织接待，团员为中国平安人寿保险公司东莞中心支公司2018年第四季度组织发展工作优秀个人，共分三批抵达。中国平安东莞支公司相关负责人表示，张家界是享誉世界的知名旅游胜地，自然风景、配套设施、管理服务都非常好，因此特地选择在张家界召开公司2019年发展启动大会。游览期间，公司员工先后参观了袁家界、十里画廊等景点，纷纷称赞景区妖娆多姿的冰雪景观和工作人员优质热情的服务。近年来，武陵源区开展多种形式的宣传营销活动，出台了一系列旅游团队奖励措施，每年回访客源地市场，深入了解一线客源地市场对武陵源旅游产品的需求，精准施策，努力实现景区与客源地市场的无缝对接。

资料来源 王宁，伍建海，廖建华. 旅行社经营管理事务［M］. 北京：清华大学出版社，2020.

思考：接待大型旅游团应该注意哪些接待服务事项？

1. 大型团队的特点

大型团队的特点首先是人数众多，一般都在百人以上，甚至上千人。这种团队人员构成较为单一，多由来自同一家单位的员工或来自同一所学校的教师和学生构成。在具体的交流和活动中，都以整体行动为主，强调组织性和纪律性，一般不允许个人自由活动。在时间上，这种团队基本上能依据时间表进行活动。

2. 大型团队的操作规范

大型团队基于人数众多、时间较长、活动范围较大、内容多的特点，在具体操作、安排上务必谨慎、细心，对游客的食、住、行、游、购、娱等方面都必须一丝不苟地加以周到安排。在安排中，必须从宏观调控到微观调节一步不漏。为此，大型旅游团队的安排接待必须有完整的书面计划。书面计划一般由以下几部分组成：

（1）接待体制图，包括一般事故与紧急事故对策。

（2）制定与各相关接待单位的联络事项、要求、时间，以及配合细则。

（3）详尽的相关情报或对方信息，信息越多越准，越有胜利的把握。所谓“不打无准备之仗”，就是指在具体行动之前，必须掌握应该拥有的情报。

（4）整个团队的行程示意图，以掌握在行程万一发生事故时与哪些单位联系。

（5）各地简介、概况、风俗、气候等，保持整体的统一性和正确性。

3. 团队抵达前的组织和准备工作

团队抵达前，召开参加本次接待工作人员的动员会。会议内容主要包括以下几方面：

（1）强调做好接待服务的重要性。

（2）要求每个导游根据回程计划，事先准备有针对性的导游词。

（3）要求统一日程、标牌、胸卡。准备好导游旗、话筒、对讲机（或手机）等途中用品。

（4）配备一名随团医生，准备好各种药品。

（5）仔细研究确认游览点所需时间及各车辆如何出入，统一指挥调度，使之运行畅通。

旅游团抵达前夕的准备工作有：

（1）各有关单位再次确认活动日程和确切的时间。

（2）检查接待人员的精神准备和物质准备，通知每人的车号、客人数、房号。

（3）部门经理亲临机场（车站、码头）查看迎接团队的场地和停车点。

（4）安排专人到下榻饭店，与客房部经理等共同检查房间内各种设施是否完好可用。

（5）车队安排好出车顺序，车上贴好醒目车号和标志。

（6）确定客人就餐时的桌号及桌上放置的标志，重点客人应有桌签。

一个旅行社的组织能力和指挥能力是非常重要的，如果没有精心周密的设计和踏实的组织工作，就难以顺利、圆满完成大型旅游团的接待任务。

二、特种旅游团接待的特点与操作

特种旅游团是指该团成员具有同一体质特征或同一特殊旅游目的的旅游团。例如夕阳红旅游团、学生春游团、朝圣旅游团、摄影旅游团、探险旅游团等。

《中华人民共和国旅游法》第二章第十条规定："旅游者的人格尊严、民族风俗习惯和宗教信仰应当得到尊重。"第十一条规定："残疾人、老年人、未成年人等旅游者在旅游活动中依照法律、法规和有关规定享受便利和优惠。"这两项条文充分说明，旅行社在接待特殊团队时，需要格外用心、细致，做到尊重旅游者、爱护旅游者。

特种旅游团的团员有时可能有大量甚至全部都是老人或少年，他们体力弱、怕寂寞、爱听讲解，老人怀旧、盼尊重，小孩好奇、好动。因而对这些人的接待应以安全与劳逸结合为重点：不去危险崎岖、人多混乱的地点；行程不能安排得太满、游览节奏必须放缓；要指派责任心强、有耐心的导游员接团。例如，无锡康辉旅行社成功地策划了一系列适合老年人的"大手笔""大动作"，如"百位老人潇洒东南亚""五千老人相约无锡大合唱"等。其中"千位老人游三峡"之旅中，康辉旅行社随团配备了6名医生，与120急救中心建立了随时紧急救援的联系，并对有慢性疾病的老人进行了特别照顾，产生了良好的社会效益和经济效益。

残障人士旅游团的很多成员坐轮椅，自尊心很强。应提前与所有该团要接触的单位、景点打招呼，求取通力合作；要事先踩点弄清是否有无障碍通道、准备好帮助抬车的人手，要指派力大、慎言、责任心强的导游员接待。

入境探险团成员往往见识多、胆子大、有主见，不愿听从导游劝告与指挥。探险必然存在风险，对其接待的管理要重点抓好合同中有关安全责任、风险、事故处理的文本措辞及接待过程中的安全预防措施；要派出责任心特强、体力好、外语过硬的导游翻译跟团。万一出了严重安全事故，一定不要擅自做主，要立刻报告市外办并做好事故及医疗的取证工作。

每个特种旅游团都有各自的特点与特殊要求，此处不一一列举。总之，特种旅游团的接待准备远比标准团繁重得多，导游人员须经选派，接待工作要强调因团而异，旅行社经理应亲自过问并检查特种旅游团的接待工作。

任务实施

步骤一：梳理多种类型团队旅游接待业务的分类、内涵、工作特点等，了解各种类型旅游接待业务。

____

____

步骤二：通过网络或实地走访当地旅行社，调研当地旅游接待业务情况。

____

____

步骤三：分组模拟演示接待服务，展示出所选类型团队接待中的关键服务项目和完整接待流程。

____

____

任务总结与评价

任务总结与评价见表2-4-1。

表2-4-1 任务总结与评价

工作任务	模拟类型团接待服务流程
任务检查	了解各种类型旅游接待业务情况 ○优秀 ○良好 ○中等 ○一般 ○未完成
	调研旅游接待业务工作情况 ○优秀 ○良好 ○中等 ○一般 ○未完成
	分组模拟演示接待服务情况 ○优秀 ○良好 ○中等 ○一般 ○未完成
工作成果	
自我评价	
教师评价	
备注	（任务检查中未完成部分情况说明）

任务二　处理旅行社售后工作

任务导入

工作任务：模拟游客投诉的处理。

任务描述：旅行社为了提高对游客售后服务的质量，在社内组织业务部门员工演练扮演客户，针对行程中的问题向旅行社提出投诉，售后人员模拟服务工作。

任务要点：游客产生抱怨的原因；消除游客抱怨的方法；处理投诉流程。

必备知识

◎ 知识点1　游客抱怨的消除

微课2-4-1
消除游客抱怨的方法

服务是人的行为，强调与顾客的互动性，也会受到顾客的挑剔。游客不满的原因可能是多方面的，服务失败也是难免的。及时消除游客的抱怨可以留住顾客，当游客出现不满情绪时应及时进行服务补救。

案例共享2-4-4

成都某旅行社组团去九寨沟游玩。从成都到九寨沟几百千米，汽车在离九寨沟还有50千米的地方遇到道路塌方，无法通过，只好原路返回。游客坐了2天汽车，什么也没看到，怒气冲冲要求退钱，而旅行社解释说，他们花了钱租车，派了导游，路断不是他们的责任，因此只能退九寨沟的门票。结果双方都觉得委屈。

资料来源　周晓梅. 计调部操作实务［M］. 北京：旅游教育出版社，2019.

思考：如何消除游客的抱怨？旅行社的做法对吗？

一、游客产生抱怨的原因

在正常的旅行社经营过程中造成游客不满的原因产生于旅游服务部门和旅行社自身两方面。

（一）旅游服务部门的原因

在游客的抱怨中，通常涉及旅行社之外的旅游服务部门或企业，如旅游交通、住宿与餐饮、游览景点、娱乐场所、购物商店等。虽然并非旅行社自身的原因所引起，但是如果旅行社处理不当，同样会使旅游者感到不满，给旅行社造成声誉上的恶劣影响。因此，旅行社必须重视这类抱怨，并加以妥善解决。

（1）旅游交通服务部门：抵离时间不准时；途中服务质量低劣；忽视安全因素。

（2）旅游住宿服务部门：设施设备条件差；服务技能差；服务态度差；卫生条件差。

（3）旅游餐饮服务部门：菜肴质量低劣；就餐环境恶劣；服务态度差；服务技能差。

（4）其他旅游服务部门：如游览景点、娱乐场所、购物商店等也会因服务质量低下造成游客的不满。

（二）旅行社自身的原因

由于旅行社自身原因造成旅游者不满主要表现在以下几个方面：

1.旅游活动日程安排不当

旅行社在安排旅游者的活动日程时应注意松紧适度、劳逸结合，游览参观项目应具有多样性，尽量照顾到多数旅游者游览要求。然而，有些旅行社在制定活动日程时，不注意旅游者的实际需要，只根据以往的经验或考虑旅行社自身的利益，安排活动内容重复、日程过紧或过松、购物时间过多等，结果造成旅游者的不满。

2.接待人员工作失误

旅行社接待人员的工作失误是造成旅游者不满的另一个重要原因。在接待旅游者的过程中由于旅行社接待人员服务态度差或服务技能差使旅游者产生不满而向旅行社投诉的事例往往在旅游者的投诉中所占的比例最大，应当引起旅行社管理者的高度重视。旅行社接待人员的工作失误主要有以下几种：擅自改变活动日程；不提供导游服务；造成各种责任事故；服务态度恶劣。

二、消除游客抱怨的方法

一旦发现游客产生抱怨情绪，旅行社服务人员应主动、及时采取措施，提高顾客满意度和忠诚度。

（一）授予服务人员必要的权力

在对客服务过程中，应给予员工较大范围的自由度去提供灵活、主动的服务，尤其是导游人员。给导游人员适当的授权，使导游及时、妥善地处理好发生在旅游途中的有关问题，在最短的时间内为顾客解决难题，灵活地满足顾客的需要，使顾客满意。同时，当发生服务差错时，导游能及时做好补救性服务，尽量减少由于服务差错给顾客带来的不满，恢复顾客对旅行社的信任。

（二）及时预见和解决问题

在为游客提供服务过程中，需要旅行社服务人员在问题出现之前预见到问题，并进行恰当的处理。有效的服务补救需要旅行社通过听取顾客意见来确定服务失误之处，不仅要被动地听取顾客的抱怨，还要主动地查找那些潜在的服务失误。一旦发现服务失败，服务人员必须在失败发生的同时迅速解决问题。没有得到妥善解决的服务失败会很快扩大并升级。最有效的补救就是旅行社导游员能及时地出现在问题现场，承认问题的存在，进行解释和道歉，当面解决问题。

知识链接
2-4-1
如何有效处理游客的不满抱怨及投诉

◎ 知识点2　游客投诉的处理

旅游投诉是指旅游者在购买、使用旅行社产品或者接受服务过程中，与旅行社发生权益争议后，请求有关人员和部门组织调解，保护其合法权益的行为。

微课 2-4-2
规避游客投诉的途径

一、游客投诉的预防

（一）了解分析旅游者投诉的心理特征

旅游者投诉的心理特征不仅是投诉产生的原因，而且是处理投诉的重要依据，旅行社在处理投诉事件时应认真分析旅游者投诉的心理特征。

1.被尊重的心理

有些旅游者向旅行社提出投诉是因为他们认为没有受到旅游接待人员或其他旅游

服务人员的尊重，或尊重不够，他们投诉的目的主要是想通过投诉获得其所希望的尊重，而对于经济补偿则不大重视，也不关心旅行社管理者是否会严肃处理被投诉的有关人员。

2.欲发泄的心理

要求发泄的旅游者投诉是因为对旅游接待人员或其他旅游服务人员的服务感到不满，觉得受了委屈或虐待，希望向别人诉说其心中的不快，这种人在投诉时或喋喋不休、反复诉说其不幸遭遇，或态度激动、使用激烈的语言对被投诉者进行指责。具有发泄心理的旅游者提出投诉的主要目的是向旅行社管理者发泄其心中的不满和怨气，当他们怨气发泄完毕，并得到某种安慰后，往往会感到心理的满足，而不再提起赔偿的要求。

3.求补偿的心理

还有一些旅游者，其提出投诉的主要动机是要求得到一定的补偿，这种补偿心理可能是物质的，如希望旅行社向其退还部分旅游费用。应根据对其投诉心理的分析和掌握，加以适当的处理，如果确实因为旅行社接待服务的失误而给旅游者造成经济损失或精神损失，可以适当给予一定的经济补偿或进行赔礼道歉；如果旅游者因误会对旅行社进行投诉，则可以婉转加以解释，以消除误会，同时，旅行社可以向其赠送一些小礼品，以满足其要求补偿的心理。

4.提建议的心理

有些旅游者提出投诉的动机是帮助旅行社或相关旅游企业或其他部门改进工作，以便能够更好地为旅游者提供优质服务。如认为旅行社的价格或线路不合理，相关企业的工作或服务需要改进，在提出投诉时，提供一些改进的意见或方案。

（二）加强旅行社质量管理和旅行社质量教育

旅游投诉是旅游者不满的反映，所以，旅行社经营者应防患于未然，尽量避免旅游者的投诉，把可能引起旅游者投诉的各种因素加以化解，尽量减少旅游者对旅行社及其产品的投诉。一般而言，旅行社为降低旅游投诉率应从加强旅行社质量管理和旅行社质量教育两个方面着手。

二、处理投诉的程序

旅行社管理者能否妥善地处理旅游投诉，反映了其管理水平的高低。为了赢得旅游者的信赖，使坏事变成好事，旅行社管理者必须慎重对待旅游投诉。虽然不同的旅行社在处理旅游投诉时所采取的方法和技巧不尽相同，但是大多遵循以下程序：

1.倾听投诉

管理者应耐心倾听旅游者的讲述。做到：①端正态度。旅行社管理者在倾听投诉时应态度严肃，给旅游者一种认真对待其投诉的印象，切不可面带微笑，使投诉者误认为管理者没有把他的意见放在心上，或产生被嘲笑的感觉。②认真倾听。旅行社管理者在倾听旅游者投诉时不应打断旅游者的叙述，无论旅游者的投诉理由是否正当，都必须让他把话讲完，必要时还要引导他将埋藏在内心的怨气和不满全部发泄出来。③头脑冷静。管理者在接待旅游者投诉时必须保持冷静的头脑，不管旅游者的态度如何激烈，都不得同其争吵或对其进行指责。

2.询问情况

旅行社管理者在倾听旅游者的投诉后，应首先表示对其遭遇的同情，使旅游者感到管理者通情达理，愿意解决其所投诉的问题，得到心理上的安慰。然后，管理者应就旅游者投诉中尚未讲清楚的关键情节进行询问，以便了解旅游者投诉的事实。最后，管理者应就旅游者能够坦诚地向旅行社反映情况表示感谢，指出这是对旅行社的信任和爱护，并答应尽快对旅游者所提出投诉的事实进行调查和处理，并将处理结果反馈给旅游者。

3.调查事实

旅行社管理者在听取完旅游者的投诉后，应立即着手对旅游者投诉所涉及的人员和事情经过进行调查核实。在弄清事实的基础上，采取适当的方法进行处理。

4.进行处理

旅行社管理者在对旅游者投诉的事实调查清楚的基础上，应根据具体情况对旅游投诉进行妥善处理。对于涉及旅行社员工的投诉，如果经过调查，发现旅游者的投诉与事实相符，应立即采取适当的措施，按照旅行社的有关制度和规定对当事人进行批评教育，情节严重并造成严重影响或经济损失的，还应根据错误的严重性和造成的后果给予扣发奖金、暂停接待工作、赔偿经济损失、通报批评、行政记过、留社察看、解聘或开除等处分。

对于涉及其他旅游服务供应部门或企业的投诉，经过调查证明确属该部门或企业责任的，则应通过适当渠道向该部门或企业的有关领导反映。如果发现该部门或企业屡次出现旅游者因同类情况进行投诉，旅行社应减少直至停止与其合作，不再采购其服务或其他旅游产品。

5.答复处理结果

旅行社管理者在完成对旅游投诉的处理之后，应及时将处理结果以口头或书面形式通知旅游者。在答复时应诚恳地向旅游者表示歉意，希望能够得到谅解，并愿意继续为其提供优质服务。如果处理结果涉及经济赔偿，旅行社还应征求旅游者的意见，以适当的渠道和方式进行赔偿。如果经过调查发现旅游者的投诉与事实出入较大，属于旅游者的误会，旅行社管理者则应向旅游者做实事求是的解释，并欢迎他在今后继续关心和监督旅行社的服务质量。

旅游投诉得到妥善处理后，旅行社管理者应将旅游者投诉的原因和处理结果向旅行社的有关部门和人员公布，以提高员工对服务质量重要性的认识。同时管理者还应根据旅游者的投诉，对出现问题的地方进行检查，以提高服务质量。

6.记录存档

旅行社应将旅游投诉的内容和处理经过做详细真实的记录，并存入档案，以备将来必要时核对。

三、旅行社规避游客投诉的途径

（一）以品质挑战低质低价

“零负团费”低价格背后的低质量服务、强迫性购物及自费项目，是某些旅行社不正当竞争的一贯手段。旅行社竞争最终的赢家属于那些靠质量和服务取胜的企业，低质低价竞争必然以丧失旅行社信誉为代价。目前，市场上推出一种“游程无购物、购物随客意”的“纯玩团”旅游形式，整个旅程安排真正按照游客的意愿且保证全程无购物点。虽然这种形式在目前旅游市场中有点叫好不叫座，但从长远角度讲，随着旅游者消费心理的成熟，“品质团”将会更受游客的青睐。

（二）加强自身信用建设

旅行社应通过以下方法加强自身信用建设：

（1）加强自身的诚信经营。通过实现产品与服务质量承诺，树立企业诚信形象。同时，建立相应的营销服务应对系统，以客户满意为经营理念，对售前、售中、售后进行全方位服务，以赢得旅游者的满意。

（2）加强导游的信用管理。在旅行社内部建立导游信用评比制度，通过旅游者的信息反馈、投诉和表扬情况，对导游进行定期的服务质量评比，奖优罚劣，并以此形成一种严格的管理制度。

（3）加强自身的文化建设。旅行社行业应加强行业自律、建立“诚信为本”的行业文化，从而使旅行社之间以及旅行社与相关企业之间的合作呈良性发展。

（三）制定科学合理的导游薪酬制度

不合理的薪酬制度不但不能保证导游劳动价值的补偿，还会极大地挫伤导游人员的服务积极性，使得导游滑向“导购”，阻碍旅游业的健康发展。因此，应该制定科学合理的导游薪酬制度，促使导游自我约束、自我激励。

（1）给予导游恰当的底薪及相关福利，满足其正常的物质生活需要。旅行社应根据所在地区的消费水平给予导游人员不等的底薪，以确保导游人员生活的质量；为其缴纳医疗保险、养老保险、公积金等社会保险，解除导游的后顾之忧。这样既遵照了国家有关法律的规定，也增加了导游对所在旅行社的归属感。

（2）加强对导游的培训与考核，使考核结果与带团补贴相挂钩。旅行社平时应加强对导游职业道德及业务知识技能的培训，制订科学的考核方案，并使考核结果与出团率及带团补贴挂钩，适当拉开带团补贴差距。

育德启智 2-4-1　　旅游市场秩序整治百日行动启动

文化和旅游部文化市场综合执法监督局印发《关于开展旅游市场秩序整治百日行动的通知》，决定于7月24日至10月31日开展旅游市场秩序整治百日行动。此次行动旨在贯彻落实党的二十大精神，进一步加强旅游市场执法，深入整治旅游市场存在的突出问题，维护好旅游市场秩序，推动旅游业高质量发展。

通知明确，整治重点包括三个方面：一是严查强迫或者变相强迫旅游者参加购物活动、另行付费旅游项目，诱骗旅游者参加购物活动或者另行付费旅游项目，获取购物场所、另行付费旅游项目等相关经营者以回扣、佣金、人头费或者奖励费等名义给予的不正当利益等违法违规行为。二是严查拒绝履行合同，擅自变更行程，未经与旅游者协商一致指定具体购物场所、安排另行付费旅游项目以及以不合理的低价组织旅游活动，诱骗旅游者，并通过安排购物或者另行付费旅游项目获取回扣等不正当利益的违法违规行为。三是严查未经许可经营旅行社业务，未经许可经营出境、边境旅游业务，未取得导游证而从事导游活动以及安排未取得导游证的人员提供导游服务或者安排不具备领队条件的人员提供领队服务等违法违规行为。

资料来源　李志刚. 旅游市场秩序整治百日行动启动［EB/OL］.［2023-07-24］. http: //www.ctnews.com.cn/paper/202307/20/node_01.html.

学有所悟：党的二十大报告指出："深化行政执法体制改革，全面推进严格规范公正文明执法，加大关系群众切身利益的重点领域执法力度，完善行政执法程序，健全行政裁量基准。"因此，各地应加强执法检查，结合各地实际，突出焦点问题、重要时点、热点地区、重点领域，加大日常巡查力度，及时掌握市场动态，发现问题线索；严格执法办案，以执法办案为重点，聚焦"强迫购物"等问题线索，及时依法予以查处；推进执法协作，发挥各类工作机制、协调机制作用，积极与公安、市场监管、交通等部门开展执法协作，组织开展联合执法，加强线索移送、信息共享，形成整治合力；开展法治宣传，落实"谁执法谁普法"普法责任制，提高旅游者对风险的识别、防范能力，引导旅游者理性消费。

任务实施

步骤一：梳理售后服务工作，分析售后服务中经常出现的游客抱怨和投诉产生原因和处理方式。

____

____

步骤二：通过网络或实地走访当地旅行社，收集旅行社真实售后案例。

____

____

步骤三：选择代表性游客的投诉问题，以小组为单位真实模拟旅行社售后工作场景。

____

____

任务总结与评价

任务总结与评价见表2-4-2。

表2-4-2 任务总结与评价

工作任务	模拟游客投诉的处理
任务检查	梳理售后服务工作情况 ○优秀 ○良好 ○中等 ○一般 ○未完成
	搜集旅行社售后服务案例情况 ○优秀 ○良好 ○中等 ○一般 ○未完成
	模拟展示情况 ○优秀 ○良好 ○中等 ○一般 ○未完成
工作成果	
自我评价	
教师评价	
备注	（任务检查中未完成部分情况说明）

项目小结

本项目主要介绍旅行社接待和售后服务工作，面对不同游客类型，旅行社策划要适应市场需要的各种旅游产品，满足不同消费层次的需求，才能提高旅游者的满意度，赢得更多的客户。

项目测试

一、选择题

1.游客在就餐过程中，由于对有些食物吃不习惯，便产生了抱怨，这种抱怨属于（　　）。

A.旅游交通服务　B.旅游餐饮服务　C.旅游娱乐服务　D.旅游住宿服务

2.游客发生投诉的主要原因是（　　）。

A.市场上竞争对手太多　B.游客要求越来越高

C.产品质量不高　D.以上都不正确

3.当游客发生投诉时，为了消除游客的抱怨，可以（　　）。

A.最短的时间为游客解决问题　B.尽可能安抚游客

C.倾听游客意见　D.灵活满足游客需要，使顾客满意

4.旅游者心理特征，包括（　　）。

A.被尊重的心理　B.欲发泄的心理

C.求补偿的心理　D.

5.处理游客投诉的程序包括（　　）。

A.倾听投诉　B.询问情况　C.调查事实

D.进行处理　E.答复处理结果，记录存档

在线测评
2-4-1

选择题

二、简答题

1.国内团体旅游接待的特点？

2.散客旅游接待业务的特点？

3.简述大型旅游团接待服务的特点？

3 模块三 旅行社管理

模块概述

旅行社通过一系列经营活动获得经济效益，同时也要善用管理活动使企业相关各方利益最大化、合理化，促进旅行社的再经营。旅行社管理围绕业务经营活动进行，用科学的手段和工具做好人力资源管理、财务管理和质量管理，依靠旅行社管理的高效率来实现旅行社经营上的高效益。

知识导图

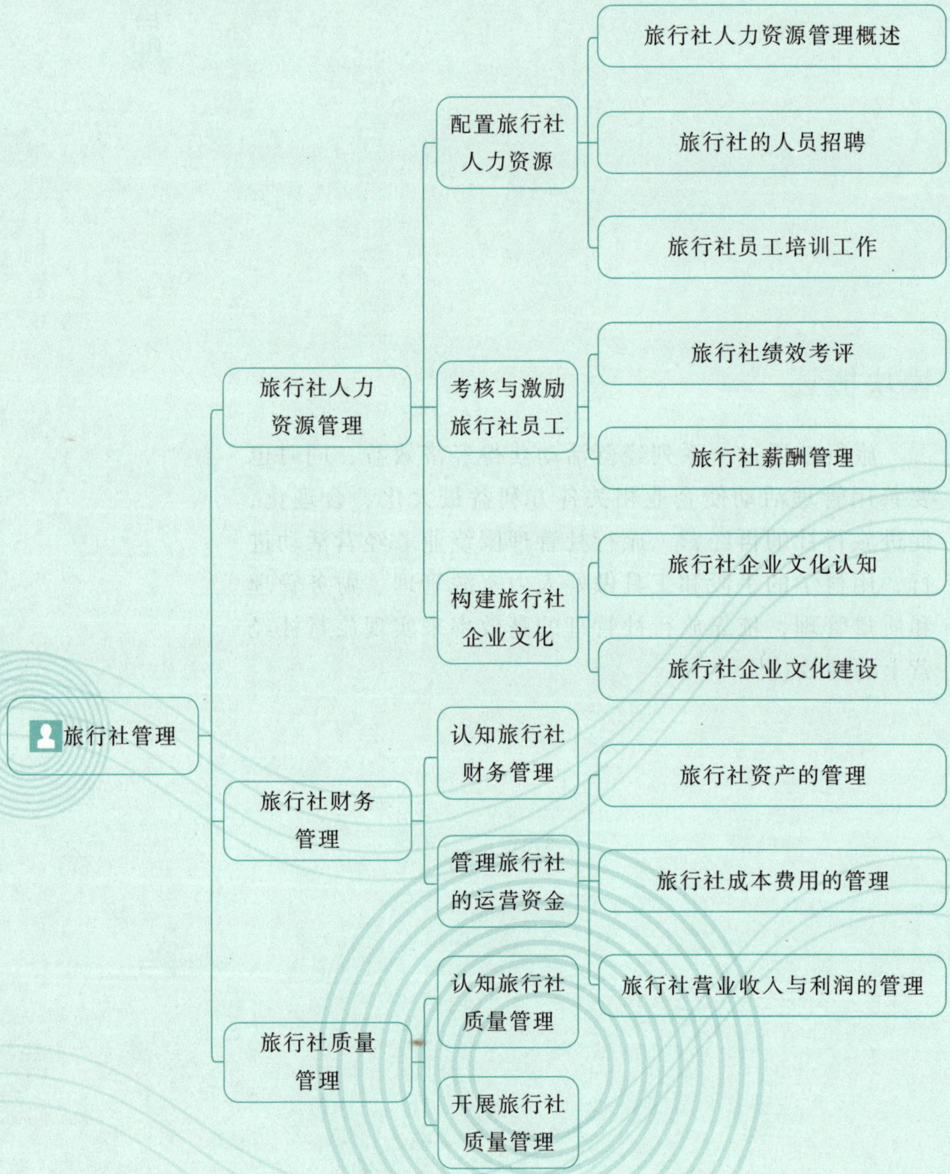
旅行社管理
旅行社人力资源管理
配置旅行社人力资源
旅行社人力资源管理概述
旅行社的人员招聘
旅行社员工培训工作
考核与激励旅行社员工
旅行社绩效考评
旅行社薪酬管理
构建旅行社企业文化
旅行社企业文化认知
旅行社企业文化建设
旅行社财务管理
认知旅行社财务管理
管理旅行社的运营资金
旅行社资产的管理
旅行社成本费用的管理
旅行社营业收入与利润的管理
旅行社质量管理
认知旅行社质量管理
开展旅行社质量管理

项目一　旅行社人力资源管理

◎ **学习目标**

知识目标：

•了解旅行社人力资源管理概况；

•熟悉旅行社招聘、培训和考核员工基本要求；

•熟悉旅行社企业文化构成；

•掌握员工招聘、培训和绩效考评程序；

•掌握旅行社企业文化建设的策略和方法。

能力目标：

•能够根据旅行社用人需要制订招聘、培训、薪酬制度和考核的方案；

•能够设计旅行社企业文化框架。

素养目标：

•树立成为合格应聘者的信心；

•培养"终身学习"的意愿；

•遵守旅行社企业文化的软约束。

任务一　配置旅行社人力资源

任务导入

工作任务：旅行社新员工招聘和培训工作。

任务描述：新成立的旅行社业务稳定发展，很多一线部门出现了人员短缺的情况。人力资源部组织了新员工的招聘工作，并在新员工正式上岗前进行了一系列有针对性的培训活动。

任务要点：岗位工作说明书；新员工招聘方案；新员工培训方案。

必备知识

◎ 知识点1　旅行社人力资源管理概述

一、旅行社人力资源管理的内涵

（一）旅行社人力资源管理的概念

1.旅行社人力资源

从企业管理角度看，旅行社人力资源是指能够推动旅行社发展，有利于旅行社实现其经营目标的员工及其能力的总和。旅行社的经营活动以员工的旅游服务为主，员工的素质和服务质量，决定了旅行社的竞争力。人力资源是旅行社最重要的资源。

2.旅行社人力资源管理

旅行社人力资源管理是旅行社对人力资源进行合理配置，保证其人力需求和对人力的最佳利用，并通过考评、激励等活动，充分发挥旅行社员工的主观能动性，以实现旅行社经营目标的活动。

3.旅行社人力资源管理与传统人事管理的区别

传统人事管理也是对旅行社内人员及其组合、运行的管理，其特点是以“事”为中心，因“事”而管“人”，管理的形式和目的在于控制人，人事管理是旅行社对某一部门单独使用的工具，与其他部门关系不大。人力资源管理强调以人为本，着眼于人，把人视为能够发挥能动作用、达到旅行社经营目标的最重要的资源。人力资源管理不再是单一职能部门的事，而是贯穿于整个旅行社管理的各个方面和全过程。人力资源不仅是实现旅行社目标的重要资源，而且是旅行社目标本身的重要组成部分。

案例共享3-1-1　　旅行社如何应对人才流失

旅行社员工王鹏，大学毕业后在一家知名旅行社做总经理助理。有不少公司想用高薪和高职位挖走他，但是都被他拒绝了。这么多好机会，他为什么放弃了呢？

原来，该旅行社几年前针对主动辞职的员工设立了“回聘”制度。王鹏曾向旅行社主动提出过辞职，临走前，总经理对他说：“你是一名优秀的员工，只要你想回来，我们永远欢迎你，以后若有什么困难，尽管来找我。”这些话，使王鹏倍感温暖，铭记于心。第二年，他又回到该旅行社，并且比以前更加努力地投入工作。

他常常对同事说，他喜欢这里的工作环境。总经理待人和气，对下属的工作从不多加指责，如果有不同意见和建议，总经理总是委婉地提出来，然后一同商量解决，给员工的承诺也能一一兑现；公司的同事也非常热情，如果在工作中遇到困难，他们都尽心尽力地提供帮助。在这种良好的环境下工作，谁又愿意离开呢？

资料来源　佚名. 应对员工“跳槽”的6大对策［EB/OL］.［2021-01-13］. https: //www.sohu.com/a/444292189_100019983.

思考：“回聘”制度属于旅行社哪方面的管理工作？为什么这家旅行社会采用“回聘”制度呢？

（二）人力资源管理的主要内容

1.制定科学合理的人力资源规划

人力资源规划是以旅行社经营管理目标为指导，研究旅行社经营管理和企业发展对人力资源的需求量和需求标准，做好旅行社人力资源数量和质量的预测的过程。进行人力资源规划，关键在于保证人力资源管理与组织的战略方向和战略目标相一致，保证人力资源管理的连续性和人力资源管理各个环节工作的一致性。

2.进行部门岗位工作分析

工作分析是对各旅行社部门岗位职务性质、权责等进行分析，并明确胜任该职务的条件。工作分析是旅行社人力资源管理工作的基础，是旅行社进行人员招聘、培训、绩效考评、晋升等工作的依据。

3.招聘和录用所需员工

人力资源部按照旅行社人力资源规划和相关部门或岗位对员工的基本素质、专业知识、专业技能和操作能力的要求标准，在旅行社内部或外部招聘和录用员工，实现人与岗位的最佳组合。招录人员是人力资源管理的重要内容。

4.推动员工职业成长

人力资源部通过教育、培训以及其他方式，使员工适应旅行社岗位的需要，并不断提高和完善员工的知识、素养、能力、工作态度和工作绩效，进一步开发员工潜能。

5.建立完整的考核晋升制度

人力资源部应按照旅行社的业务性质和岗位要求，制定相应的考核和奖惩制度，科学地考核和评估员工的工作绩效，作为员工晋升、调职、培训和奖励的依据。对于工作绩效突出、符合组织发展需要的员工，应将其晋升到更高层次或更重要的工作岗位，发挥更大的作用。职务晋升可以提高员工的满意度，进一步调动其工作的积极性。

6.建立科学的薪酬福利制度

人力资源部根据国家和地方的相应劳动法律法规及旅行社的具体情况，通过对员工工作能力、工作态度和工作表现的考核和评价，进行合理、积极的报酬管理，从而有效地激励员工的工作积极性。

7.人力资源管理信息系统

借助信息化管理手段，人力资源部获取、保留和整理企业内部人员信息，包括每位员工的工作表现、工作绩效、职务升降、工资变动、教育培训等资料，这样有利于对员工进行长期管理，也有利于员工个人事业的发展。人力资源管理信息系统还要收集旅游市场人才信息，为人力资源的调整和发展奠定基础。

二、旅行社人力资源管理的特点

（一）协调业务工作的独立性和分散性

旅行社业务的开展通常是落实到员工个人的。从独立性角度来说，人力资源部既要鼓励员工的积极性和独创性，充分挖掘每个人的潜力，提高个人的独立工作能力；又要倡导团队精神和协作精神，推行规范化、制度化管理，避免员工为个人利益而对业务进行不正当垄断。旅行社应公平合理地调配人员和调整分配方案，保证工作井然有序地开展。

从分散性角度来说，人力资源部要向员工提出明确的工作要求、工作规范和工作程序，降低因缺乏岗位监督而造成的对工作质量和顾客满意率的影响。通过填写工作记录和搜集顾客意见等方式，对员工的工作绩效做出客观、公正的评价，建立有效的激励机制，奖优罚劣，以维护企业声誉和顾客利益。

（二）提升服务能力的综合性和人文性

旅行社向旅游者提供的服务是包括食宿、交通、游览、购物、娱乐等综合性服务，同时，旅游者对旅游的消费实质是一种文化消费，这就要求旅行社员工向旅游者提供高质量、体贴入微、富有人情味的个性化服务。综合性、人文化服务能力，是旅行社对其员工素质的核心要求，也是旅行社人力资源管理的基本特性。

（三）适应员工队伍的流动性和年轻化

旅行社的业务特点决定了人员的流动性较大。而且，很多业务工作需要员工具备良好的身体素质、积极的工作热情、乐观的情绪、活跃的思维和创新意识等，这些都是年轻人的特质。因此，旅行社员工队伍以年轻人为主。旅行社要吸引和留住优秀人才，人力资源部就要不断在员工个人发展、福利待遇和企业凝聚力等方面采取措施，建立人力资源信息库，及时获取合格人才，强化业务培训，针对年轻人的优点和不足，采取有针对性的人力资源管理措施。保障旅行社在人员流动的大环境中，保有一支高素质、相对稳定的员工队伍。

三、旅行社人力资源管理的必要性

（一）我国旅行社人力资源管理现状

旅游市场的快速发展，促进了旅行社的发展变革。然而，我国旅行社在企业发展过程中暴露出的人力资源管理问题日趋明显。

1. 观念落后，机构设置不完善

大多数旅行社人力资源管理意识淡薄。小规模的旅行社管理人员事务活动基本上是家长式管理，管理随意性强。在旅行社规模扩大、增设组织机构时，设立人力资源部的也是寥寥无几。对人力资源管理的认识仅停留在招聘、简单培训及待遇提升等方面，很少涉及职业系统培训及绩效考核等。

2. 高层次管理人才及专业技术人才缺乏

旅行社的管理人员大多数都具备丰富的从业经验，但缺乏良好的教育背景，管理能力的提升受限，导致旅游竞争的低水平发展，旅行社人力资源管理工作成效不高。同时，管理者中高层次的人力资源管理人才和专业人士更加稀缺，造成旅行社人力资源管理工作系统性和专业性较低。

3. 员工流动性大，人才流失严重

在其他行业，正常的人员流失率一般在5%~10%，而旅行社行业的人员流失率高达40%，旅行社高级管理人员流失更为严重。导致这种现象的原因有很多，除了旅游业的季节性特性之外，旅行社没有科学的人力资源管理，保障不了员工稳定的工作条件和良好的职业发展规划，也是重要原因之一。

（二）旅行社人力资源管理的意义

旅行社人力资源管理的意义首先在于满足旅行社经营和发展的需要。同时，旅行社人力资源管理还要为每个员工安排合适的工作，发掘每个人的潜力，满足员工个人价值实现的需要。旅行社人力资源管理应该是旅行社企业需要与员工需要的合理结合。

1. 人力资源管理是旅行社开展经营活动、提高经营效率的需要

这是旅行社人力资源管理的基本任务。旅行社业务从旅游线路的设计与开发、市场促销与销售，到导游接待服务，都需要由合适的人员去完成。旅行社通过人力资源的合理配置，满足旅行社各项业务对人员的需求，保障企业正常经营活动的开展，并在此基础上，通过科学、先进的人力资源管理，实现人力资源的协调、精干和高效配置，实现其最大使用价值，从而提高经营效率，实现经营目标。

2.人力资源管理是旅行社提高竞争力、谋求发展的需要

随着旅游市场不断扩大，旅行社的数量和规模不断发展，旅游市场竞争日趋激烈。要在市场竞争中不断发展壮大，人才是关键。旅行社市场竞争力的强弱，归根结底取决于员工队伍的素质及其工作成绩。只有通过人力资源管理，建立一支相对稳定、高素质、高效运作的业务队伍，培养一批能干的经理人员，配备充分的优秀旅游人才，才能使旅行社的竞争力不断提高。因此，人力资源管理是保障旅行社长远发展的一项战略性工作。

3.人力资源管理是员工自我价值实现的需要

企业目标与员工自我价值的统一能充分调动员工的积极性和创造性。旅行社行业人才的频繁流动，促进了全行业的优胜劣汰，但旅行社人员不稳，特别是优秀人才的外流，往往影响旅行社的发展。要保障员工队伍的稳定，应着眼于员工自身价值的实现。只有通过人力资源管理，使员工的知识和能力得到公正的评价、承认和运用，才能维持员工对企业的忠诚度。在员工个人价值的实现过程中，实现旅行社的经营和发展目标。

◎ 知识点2　旅行社的人员招聘

一、旅行社开展招聘的背景

招聘是为旅行社工作岗位选拔任用合格人才而进行的一系列活动的总和。旅行社人才流动是一种普遍现象，能否获取和及时补充旅行社所需人才，是经营成败的关键因素之一。

（一）旅行社员工招聘的原因

旅行社员工招聘的原因主要包括：新成立旅游企业、开展新业务或原有业务扩大、各种原因导致的员工结构调整或职务空缺等。

（二）影响旅行社招聘的因素

1.外部环境因素

外部环境因素主要包括：宏观经济形势；政治与法律环境；旅行社所在地的就业水平、就业观念；旅行社所在地对人员的吸引力；旅行社所在地的交通、社会福利、生活条件、住房等。

2.旅行社内部因素

（1）旅行社的经营目标。旅行社的经营目标是其选择员工的一个重要因素，它决定了旅行社应设置哪些部门和岗位，以及这些部门和岗位对员工的选择标准和招聘数量。

（2）旅行社的业务范围。旅行社的业务范围对决定旅行社招聘的人才类型具有重要影响。

（3）旅行社自身的财力状况。旅行社选择员工时，必须根据自身的财力状况量力而行。一般来说，财力相对充裕的旅行社有能力支付较高的薪酬和提供较好的工作待遇，而财力资源相对紧缺的旅行社则不会承诺同等待遇。

（4）旅行社的人力资源现状。旅行社在招聘员工时，必须根据其现有员工的构成和不同部门或岗位人员缺位的实际情况制订招聘方案。

二、旅行社招聘员工的标准

（一）能力

能力是指一个人所具备的知识与才能，它包括人的智力、创造力和特殊能力。旅行社应该寻找具备胜任招聘岗位工作任务能力的人。人力资源部在员工选用方面，应坚持学历与技能并重，适当向技能倾斜的原则。

（二）性格

性格是一个人长期形成的一种稳定的心理特征，是影响其工作绩效的一个重要因素。不同的工作岗位对于员工的性格有着一定的要求。如外联岗位比较适合善于与别人打交道的外向型性格人员，财务岗位则应选择做事严谨的内向性格员工。旅行社在选择员工时，应详细了解员工的性格，根据其性格的优缺点合理安排其工作岗位。

（三）价值观

每个人都有自己的价值取向，不同的价值观指导人的思维产生不同的行为。旅行社不仅应考虑应聘者的专业水平，更应重点考察应聘者的敬业精神、合作意识和对企业的忠诚度，尽可能选择那些与旅行社具有相同或相似的价值观的应聘者，以增加相互之间的认同感，避免因价值观差异所导致的损失。

（四）业务知识

业务知识包括基本的文化程度、文化修养和专业知识水平。旅行社的很多岗位需要相应的业务认知和岗位资格认证，尤其是旅行社的导游人员，需要通过全国导游资格考试，得到导游资格证书才能上岗。

（五）身心条件

旅游一线从业人员需要健康的体魄、充沛的精力和良好的心理素质。一般来讲，旅行社招收新员工以中青年居多，主要考虑到他们身体机能处于人生的最好状态，能够胜任频繁的出差和销售工作。

案例共享3-1-2　　某国际旅行社招聘简章

某国际旅行社成立于2017年，下属两家针对同业和直客的子品牌公司，同时是省内多家旅游景区代理商。该旅行社以高品质的服务和诚信理念，创造独特的旅游新产品，每年发送游客数万人次。为发展区域旅游，回报家乡，本旅行社经过多年厚积薄发，建立了富有地域特色的旅游线路。现因业务扩大，面向省内招聘以下岗位人员：

1.计调主管

招聘人数：2人。

岗位职责：

（1）配合经理完善部门内的相关制度的建设、修订与完善工作；

（2）负责组织部门人员了解和收集旅游市场信息及同业动态；

（3）负责安排团队、导游等接待计划的下达；

（4）负责旅游服务质量的跟踪与控制；

（5）负责旅游线路成本及报价的跟踪与反馈；

（6）负责所辖业务的管理；

（7）完成上级交办的其他工作。

任职资格：

（1）专科及以上学历，旅游管理、市场营销专业优先。

（2）具有3年以上计调工作经验，1年计调主管以上工作经验；

（3）具有较强的工作责任心，做事细心；

（4）具有较强的沟通协调能力，亲和力强；

（5）熟练使用Word、Excel等办公软件；

（6）具有良好的团体合作能力。

2.计调专员

招聘人数：8人。

岗位职责：

（1）收集客户及旅游市场的信息；

（2）协助经理安排散客的旅游团及周边地区旅游团的接待计划；

（3）与旅游服务供应商进行沟通；

（4）与外联人员、导游人员进行沟通；

（5）资料及档案管理；

（6）完成上级交办的其他任务。

任职资格：

（1）专科及以上学历，旅游管理、市场营销专业优先；

（2）具有1年以上相关工作经验；

（3）具有较强的工作责任心，做事细心；

（4）具有较强的沟通协调能力，亲和力强；

（5）熟练使用Word、Excel等办公软件。

3.薪酬福利

（1）底薪+绩效工资+提成工资+特殊贡献奖励；

（2）午餐补助。

4.试用期

1～3个月

5.联系方式

刘女士：130××××××××

6.面试地点

××市××区××街××号

资料来源　佚名．某旅行社招聘简章［EB/OL］．［2023-07-15］．https：//www.zhipin.com/web/geek/job?query=%E6%97%85%E8%A1%8C%E7%A4%BE&city=100010000汇总改编．

思考：通过以上旅行社的招聘简章，我们了解到哪些信息？旅行社在发布招聘信息前还应该做哪些工作？

动画 3-1-1

招聘旅行社员工的程序

三、员工招聘程序

（一）确定用人要求

这是员工招聘的第一个阶段。它主要是根据岗位工作的需要，通过职务分析确定用人数量、类别和工作条件，拟定工作说明和工作规程，为下一阶段工作做好准备。

1.职务分析

职务分析是指通过分析，掌握各项职务的性质和企业内职务之间的相互关系，以确定该职务的工作任务和职责，以及任职人员在履行职务上应有的知识、技术、能力、心理等条件。职务分析是人力资源管理的基础，旅行社必须扎扎实实地把此项工作做到位。职务分析可以使人力资源部了解担任某项职务的要求和履行职务的过程中可能遇到的特殊问题，形成人员选聘条件；对工作内容和职责进行详细分析，形成工作说明；对履历职务所必须具备的知识、技能等各种条件和要求，进行基本分析，形成工作规范；对该职务提出培训要求，形成培训方案。

2.工作说明书

工作说明书是在职务分析的基础上，对旅行社各特定岗位的工作要素做出的具体描述，重点是对职位种类和名称的工作任务、工作职责、工作流程、工作条件、工作环境、职业条件、薪酬结构等事项的说明。具体描述并不等于详尽、烦琐的描述，而应既具体又简明扼要，对于必须使用的技术性术语应附解释。

3.岗位规范

岗位规范是在工作说明的基础上，明确岗位工作的相关任务、职责、程序、在执行中所需的确切知识和技能、特殊事项的处理、注意事项等规定。旅行社可根据各岗位的具体情况编制岗位规范书，或将相关内容列入工作手册、工作指南等资料中。岗位规范是工作分析的组成部分，但比工作说明更明确，更具操作性，对于员工在实际工作中顺利实施具有重要意义。在实践中，可以把工作说明书与岗位规范合二为一，形成一个文件。

（二）制订招聘方案

旅行社在确定用人需求决定招聘后，制订某次招聘工作的具体方案。招聘方案应包括以下方面的内容：通过旅行社的人力资源规划和职务分析来确定本次招聘需求说明以及所招聘人员的种类和人数；按照工作说明书来确定具体用人标准和要求；招聘途径和方式，主要分为内部招聘和外部招聘；招聘方法和程序安排，并任命招聘工作小组成员。招聘方案报领导批准后方能实施。

内部招聘是指旅行社向企业内部员工通报相关岗位用人信息，接受其他部门或岗位的员工应聘。内部招聘具有员工信息真实、有利于激励员工士气和招聘费用低廉的优点。但是可能引起“近亲繁殖”，不利于创新。

外部招聘是指旅行社向外界发布用工信息，吸引外界人员前来应聘。外部招聘具有选择范围较广，有利于吐故纳新、调整旅行社现有员工结构和提高员工整体素质等优点。但是，也存在着招聘成本较高、磨合期长、应聘者信息和能力不对称及削弱内部员工积极性的缺点。

影响招聘途径的主要因素有三个：①职务的性质或岗位：大部分基层职务或非关键岗位，可以从外部选聘，而较高层的管理人员则应从内部提拔；②旅行社的经营状况：小型的、新建的、迅速发展中的旅行社应当多从外部选聘人员，而大型的、较为成熟的旅行社，人才储备也较多，应当多从内部选聘；③内部人员的素质：能否从内部选聘到合格的人员，关键要看候选人的素质，如果内部人员的素质不高，不符合有关要求，就只能从外部选聘。

（三）开展招聘活动

招聘小组按照招聘方案开展招聘活动。这一阶段先要准备招聘简章或广告并设计求职申请表，再发布招聘信息和获取应聘对象资料。

1.招聘简章和求职申请表的设计

招聘简章是向应征对象发布的宣传资料，通常包括企业介绍、招聘职位、招考要求、报名方法、甄选方法、录用条件、录用待遇等事项。求职申请表除应包括个人基本情况、教育培训经历、工作经历、特长和兴趣等基本事项外，还应针对岗位需求设计相关项目，以获取应聘者是否符合岗位需要的特定信息。

2.招聘信息的发布和应聘资料获取

招聘小组根据招聘需要和人才市场状况确定招募信息的发布范围和方式，主要的发布渠道有：报纸、电视、互联网等媒体；职业介绍、人才交流等专业机构或专业人群；大专院校、职业技术学校、培训中心等人才输送机构；人才市场、专门招聘会；通过其他形式向社会发布。招聘信息发布后，随时注意接受和归总应聘者通过当面递交、邮寄或电子邮件等方式交上来的资料。

（四）挑选应聘者

挑选应聘者是整个招聘工作的关键，需要依靠科学、严格的挑选方法和程序，才能保证旅行社招聘到合格的员工。

1.挑选方式

（1）履历表挑选方式。应聘者提交求职申请表以及工作意向、个人特长、学历、学位、工作经验和个人照片，还可以要求应聘者提交以往工作单位的介绍信和推荐信，旅行社以此为依据决定是否录用。具体的简历筛选方法详见表3-1-1。

表3-1-1 **简历真伪辨别说明书**

辨别内容	辨别措施
年龄和学历是否匹配	将简历中写明的年龄与最高学历完成年限比较，计算是否匹配
工作年限与公司要求是否匹配	根据简历中实际年龄及毕业年限，计算工作年限是否与公司要求匹配
培训经历是否存在异常	比较培训经历是否同过往学习或工作经历相关以及培训经历是否同公司招聘职位所必需的知识技能培训相关
曾任职位、工作职责、工作绩效是否异常	根据常识性阅历判断曾任职位同其描述的工作职责和所创业绩是否匹配
期望薪资是否合理	根据对曾任职位同行业同岗位薪酬水平的了解，判断期望薪资是否合理
专业知识、业务技能等描述是否含有水分	根据常识性知识判断其专业知识、业务技能方面的描述是否有夸大、膨胀描述

资料来源 唐若丽．Z公司成长期的员工招聘管理问题及对策［D］．桂林：广西师范大学，2020：51．

知识链接
3-1-1
如何进行
简历的筛选

（2）直接挑选方式。该方式一般是通过笔试、面试等综合测试方式，直接对应聘者进行较为深入的考察，然后决定是否录用。

2. 挑选程序

（1）应聘资料的整理分析。根据招聘的要求，对应聘人员的资料按一定规范进行初步分析和分类整理，以备挑选。通常将应聘者分为三类：可能人选、基本合格者和不合格者。

（2）确定候选人。将可能人选的情况和条件逐一与旅行社工作说明书、岗位规范及旅行社部门特别要求进行对比分析，并对基本合格者进行进一步核查，缩小并确定候选人。如果应聘者人数众多，还有必要进行专业知识和技能考试，结合考试成绩和资料分析确定候选人。

（3）面试和测试。面试是挑选员工的一种重要方法，它为旅行社和应聘者提供了一次直接交流的机会，有利于加深相互了解，帮助双方做出是否录用或是否应聘的决定。面试通常采用个别面试和分组面试。同时，采用必要的测试方法对通过初审的候选人进行测试，特别是对那些关于个人素质、兴趣、品质等方面的情况，通常需要通过测试来了解。测试主要分为两类：一类是素质测试，包括对应聘者的智力测试、性格测试和职业适应性测试等；另一类是特长测试，包括对应聘者的技能测试、职业兴趣测试等。

（4）决定并通知录用。经过各相关程序，招聘小组形成录用意向，经内部审查和批准程序决定是否录用，并及时通知应聘者。

（五）聘用员工

聘用是旅行社与录用人员建立聘用关系，对聘用员工定岗并将聘用员工纳入旅行社人力资源管理活动。

被旅行社录用的人员接受录用的，双方应依法签订劳动合同，确立聘用关系。可以先签订试用合同，试用期满合格的再签订正式聘用合同；也可以直接签订正式聘用合同。签订合同后，旅行社正式对聘用人员进行工作安排，并建立个人档案，将聘用人员纳入企业人力资源管理。

育德启智 3-1-1　　旅行社招聘导游难？复合型人才最为稀缺

“旅游快速复苏，市场对导游的需求变化非常大，尤其是在专业能力和综合能力方面提出了更高的要求。除此之外，我们还非常看重导游的服务理念和服务意识。”王军说，导游的个人爱好和特长成了必考项。

对于导游人才的选用，旅行社管理者也有新考量。“从目前游客的需求来看，能够提供某一方面深度讲解的知识型、专家型导游是我们重点关注的类型，这也是未来我们重点培养的导游类型。此外，我们还希望导游更多地去了解新的营销方式和带团模式，与时俱进。”任宏说。

戴文蕾告诉记者，他们更看重的是导游的专业性以及在带团过程中的服务创新性。“在旅游团队中，导游是灵魂人物，能让游客享受超值服务。而且现在市场越来越细分，青少年研学团、中老年康养团、入出境旅行团所需要的导游类型都不一样，因此，具备医疗、科技、研学教育、心理学等方面知识的导游会更有市场。”

“如今的游客，除了更加注重旅途中的体验，还非常在意社交平台的分享。因此，导游一专多能还包括掌握拍照、摄影，甚至是无人机摄影等方面的能力。”陈曦说，他们希望导游还掌握互联网营销技术。

“在招聘中，我们会优先考虑有私人管家工作经验的人才。”张幸福说。

谈到招聘导游必选项时，库雨廷告诉记者，拥有客户至上的服务意识、活动组织的创新意识、不断更新的互联网思维和爱玩会玩的心态是他们最关注的。

广之旅方面则表示，“行业领军人才是重点，复合型人才是刚需，服务人才是基础”是他们遵循的原则。

资料来源 赵垒．旅行社招聘难？导游回归难？[N]．中国旅游报，2023-03-02（7）．

学有所悟：党的二十大报告提出，“人才是第一资源”。从旅行社的招聘导游现状可以看到，大多数旅行社并未因为急需而降低招聘门槛，反而提高了导游招聘条件，这是旅行社人才需求的整体趋势。作为未来旅行社从业人员，我们要心怀匠心精神，充实自己的专业知识，不断提升岗位技能，在工作中精益求精。

◎ 知识点3 旅行社员工培训工作

一、旅行社开展培训工作的意义

与招聘工作相比，培训工作往往会被旅行社忽视。事实上，培训是旅行社人力资源管理中的重要环节，通过长期、系统化的培训，可以达到以下目的：

1.提高旅行社的经营管理水平

旅行社的员工包括全体管理人员和各种业务人员，他们是旅行社经营管理活动和业务活动的主导力量。他们的知识水平、业务能力和经营管理水平，直接决定着旅行社经营管理活动的成败。因此，旅行社加强对员工的培训，必然会促进旅行社整体经营管理水平的提高，为旅行社的生存和发展奠定坚实的人力资源基础。

2.培养员工的适应能力

旅行社作为一个以人力资源为主要资源的服务性企业，其员工必须具有较强的适应能力。由于业务的发展和工作的需要，旅行社有时必须将员工从一个岗位转换到另一个岗位，或者将一些从事具体业务工作的员工提升到管理岗位上来。通过对他们进行培训，培养他们的适应能力，使他们能够尽快适应新的岗位，顺利地在新岗位上工作。

3.挖掘员工的潜在能力

潜在能力是指蕴藏在员工身上，但尚未被管理者及员工本人所觉察到的能力。旅行社通过培训，不仅能够提高员工的业务能力、知识水平和适应能力，还能够有效地挖掘员工的潜在能力。一旦员工的潜在能力被挖掘，将会有效地提高员工的工作效率，为旅行社经营和员工的自身发展都带来较大的益处。

4.增强旅行社的核心竞争力

进入知识经济时代，劳动者的个人智慧和知识终于从企业发展的资本意义上获得承认，个人开始意识到智慧和知识可以作为资本参与到企业创业和发展之中，而企业也认识到人力资源是形成企业竞争力的要素。旅行社作为劳动密集型企业，人力资源的质量是旅行社的重要核心竞争力。因此，旅行社加强员工培训，可以增强旅行社核心竞争力，使其在激烈的市场竞争中脱颖而出，获得生存与发展的机会。

案例共享3-1-3　　旅行社的“培训月”活动

阳光国际旅行社每年都会在旅游淡季坚持开展“培训月”活动，利用淡季对全体员工进行各种培训，为旺季的到来做好业务和服务上的准备。

该旅行社邀请法律顾问针对合同签订、规避风险、如何处理纠纷和应急事故等内容为员工进行了详细的授课；开办了英语培训班，邀请出境部英语八级的导游授课，为出境领队补习英语；根据重要团队和客户的需求，强化培养一批优秀导游，提高讲解能力和服务水平。该旅行社各专业部门还针对上年业务流程运作情况进行详细分析，对一些薄弱环节进行完善改进，并将规范的流程，通俗易懂地对全员进行培训。

思考：阳光国际旅行社的培训内容可以提高员工的哪些能力？对旅行社的发展有哪些帮助？

二、旅行社员工培训的原则

为了保证培训工作的有效进行，旅行社在培训工作中应当遵循以下原则：经常鼓励员工积极参加学习和培训；预先明确培训效果的衡量标准；积极指导员工的学习和培训；针对不同层次、不同类别的培训对象，采取不同的培训方式和方法；使参加培训者确实感到有所收获，有满足感。

三、旅行社员工培训的基本目标

旅行社人力资源部在进行员工培训时会制定不同的目标，但基本目标要明确：

（1）促进员工的道德尤其是职业道德的提高，改进员工的工作态度。

（2）增加员工的知识含量和提高技术水平，改进工作质量，提高工作效率，促进员工人力资本和部门人力资源的增值，达到双增值、双受益。

（3）使员工理解并遵守规章制度、岗位职责与工作规范，有利于规章制度的贯彻执行。

（4）让员工理解和认同旅行社企业文化，促进员工个人和部门的不断发展。

（5）在培训中挑选、发现和培养优秀人才。

四、旅行社员工培训的内容

根据旅行社员工培训的基本目标，培训内容包括：

（一）职业道德培训

职业道德培训是旅行社人力资源培训的一项重要内容。由于旅行社的员工经常是分散地、独立地、自主地开展工作。当出现个人利益和集体利益出现矛盾时，没有过硬的思想素质和较高的职业道德水准是难以应对的。

职业道德培训使员工了解国家发展旅游业的意义和旅行社在旅游业中的作用，帮助员工树立主人翁意识、职业自豪感和荣誉感；使员工了解本旅行社的经营目标、经营理念，自觉维护企业形象；培养员工正确的劳动态度和敬业精神，树立良好的服务意识，增强职业责任感，自觉养成良好的职业道德；增强员工的团队意识与合作精神，培养精益求精的工作作风；提高员工的遵纪守法意识和道德水准，自觉遵守国家的法律法规，遵守旅游行业的法规和本旅行社的各种规章制度，坚持诚信原则，树立正确的价值观，培养高尚的道德情操。

（二）知识培训

旅行社应当顺应时代环境变化，通过培训使员工掌握工作必需的丰富知识，保障旅行社人力资源的现代化和知识化。知识培训主要包括以下内容：

（1）旅行社专业知识，包括旅行社产品知识、旅行社市场知识、旅行社资本运营知识和旅游接待知识。

（2）旅游理论知识，包括旅游学知识、旅游经济学知识、旅游心理学知识、管理理论和消费者心理学知识。

（3）相关学科知识，包括地理、文化、自然、科技、历史、民俗、政治、经济、社会、礼仪、外语、电子商务等方面的知识。

（5）旅游法规知识，包括旅游法规、经济法律法规、消费者权益法律法规等法律法规知识。

（三）技能培训

旅行社通过技能培训，保证员工掌握完成本职工作所必须具备的技能，进而提高其独立分析能力、解决问题能力、组织协调能力和创新能力。技能培训主要包括以下内容：

（1）业务能力，指旅行社员工为开展相关业务工作必须具备的能力，包括旅行社产品设计与开发能力、旅游服务采购能力、导游接待能力、公共关系能力、谈判沟通能力、销售能力和应对突发事件的能力。

（2）管理能力，指旅行社管理人员为了保障企业的正常经营活动实施有效管理活动的能力，包括决策能力、计划能力、组织能力、协调能力、信息汇集处理能力和财务管理能力。

（3）经营能力，指旅行社为实施经营活动所应具备的能力，包括市场开拓能力、创新能力、实践能力、资本运营能力和语言运用能力。

（4）学习能力，指旅行社的员工为胜任工作岗位的要求和实现个人发展应具备的学习各种知识和技能的能力。学习能力包括严肃的治学态度、严谨的学风和理论联系实际的学习方法。

五、旅行社员工培训的方式

旅行社的培训方式多种多样，可以根据员工的层次水平、企业经营目标、工作岗位的性质等因素进行多方位、多形式的培训。

（一）按培训的目的划分

按培训的目的可划分为学历培训、文化补课、岗位职务培训等。其目的主要是增加科学文化知识、提高文化水平。

（二）按培训与工作的关系划分

1.在职培训

在职培训指旅行社员工不脱离工作岗位，一边工作一边利用业余时间学习，又称岗位培训。这是对具有一定业务知识和操作实践经验的员工进行有组织的集中教育，不脱产或短期脱产的培训。培训的内容基本上贯穿整个旅行社工作的过程。开展岗位培训能提高现有员工的业务素质。

2.脱产培训

脱产培训指旅行社员工离开工作岗位，到有关院校或培训机构接受比较系统的专业教育。学习的内容包括语言、政策法规、旅行社业务知识、导游知识、管理知识、旅游经济学、旅游心理学、旅游市场学等知识。其特点是学习的知识比较系统、全面，对于文化层次比较低或希望提高自己学历的员工较为适合。

（三）按培训时间点划分

1.岗前培训

岗前培训一般是针对新员工的，也被视为新员工的入社教育和从业基础教育，是提高旅行社员工素质的重要措施。旅游行政部门提出在旅游行业中实行“先培训后上岗”的制度，新员工在进入旅行社之后都应接受岗前培训。

岗前培训的课程有旅行社介绍、敬业精神、服务观念、服务意识、操作规范、业务知识、导游知识、外事纪律、旅行社规范、规章制度等。

2.岗上培训

岗上培训是指员工在工作岗位上接受的继续教育，目的是针对工作中出现的实际问题，让员工具有清醒的认识和解决问题的能力。

3.转岗培训

转岗培训又称适应性培训，是指旅行社针对一些员工因工作需要，从一个岗位转向另一个岗位，工作内容完全改变时进行的培训，使转岗的员工在短时间内掌握新的工作知识和技能。培训的方法可采用专家上门讲课、现场观摩等。

（四）按培训的层次划分

旅行社有针对旅行社总（副总）经理的高层培训，有针对各部门经理参加的中层培训，还有针对一般员工的初级培训。不同层次的人员培训的内容和方式也有不同。

知识链接 3-1-2

携程旅游学院

（五）其他方式

其他方式主要有专题性培训。这种培训是旅行社针对员工在某些知识领域的需求，聘请有关专家或社内工作经验丰富的人员就某一个专题进行培训。培训的内容包括外国语知识、客源国（地区）的相关知识、旅游目的地国家（地区）的相关知识、旅游法律法规知识等。

六、旅行社员工培训的程序

（一）分析培训需求

动画 3-1-2

培训旅行社新员工流程

随着现代科学技术的飞速发展及社会的广泛进步，作为培训活动首要环节的培训需求分析，在培训活动中的地位日益凸显。如果旅行社不进行系统的培训需求分析，而是拍脑袋式盲目决定培训内容和方式，只会徒增费用，却收不到应有的效果。

培训需求分析是指人力资源部在正式运作培训活动之前，采用一系列相关的方法和技术，对旅行社的发展状况和员工的资质水平进行系统的调查分析，从而确定具体的培训内容、培训对象、培训方式的过程。培训需求分析既是确定培训目标、培训计划的前提条件，也是进行培训评估的实施基础之一，因而是员工培训体系的第一个实务环节。

（二）制订培训计划

根据战略目标和培训需求分析的成果，明确培训目标，并细分不同时期、不同类型的培训目标，注意培训目标要具体、可达到和可度量。而后制订总体培训计划和分层次、分类型、分时期的培训计划，对培训课程、培训方法、培训对象、培训时间、培训地点和场所、培训教师和教材、预算等做出具体安排。具体包括：

1.确定培训对象

确定培训对象是根据培训需求分析，确定是对新员工、管理人员、决策者还是普通员工进行培训。

2.确定培训内容

确定培训内容是根据培训需求分析的结果——员工在知识、技能水平和工作态度方面与组织要求的理想状况的差距，确定对员工开展具体的培训类型。

3.确定培训方式

确定培训方式是指根据已定的培训内容，决定所采用的方式。

4.确定学员规模

确定学员规模主要是根据已定的培训对象、培训内容、培训方式以及组织的培训需求分析结果和组织的实际情况，确定参加培训学员的数量和批次。

5.确定培训时间

确定培训时间是指学员的具体培训时间，如上班时间、下班时间或周末；分散培训或集中培训。培训时间一般与参加培训学员的数量、工作强度有关。

6.确定培训场所

确定培训场所是指根据已知的培训对象、培训内容、培训方式、学员规模和培训时间，确定培训地点，例如在专门的培训中心还是在工作岗位进行。

7.确定培训费用

确定培训费用是根据已定的培训方案，通过各项开支的预算决定整个培训过程所需的费用。

（三）实施培训活动

人力资源部组织和监督培训活动，帮助学员确立学习目标，进行充分激励，保持良好的沟通，协调其他部门积极配合和参与，及时进行培训考核和评价。

（四）评估培训效果

在培训的每一个项目或课程结束后，都要对培训内容、培训教师、培训效果等进行评估。首先评估受训者的培训感受。通过问卷调查表的形式调查学员对培训讲师的看法和培训内容是否合适等（见表3-1-2）。其次评估受训者的知识掌握情况。通过考核的形式来检查学员通过培训后，掌握了多少知识和技能。再次评估受训者的工作变化。通过绩效考核方式关注员工通过培训后是否将掌握的知识和技能应用到实际工作中，提高工作绩效。最后评估企业效益变化，即培训是否对企业的经营结果产生影响。

表3-1-2　　在职员工受训意见调查表

培训课程：

主办部门：

说明：

1.本表请受训学员详细填写，并于结训时交给主办部门。

2.请将选答项目勾画在方框栏内。

3.请你给予真实的反应，这样可以帮助我们对训练计划将来有所改进。

一、课程内容如何？

1.□优　2.□好　3.□尚可　4.□劣

二、教学方法如何？

1.□优　2.□好　3.□尚可　4.□劣

三、讲习时间是否适当？

1.□优　2.□好　3.□尚可　4.□劣

四、参加此次讲习感到有哪些受益？

1.□获得适用的新知识。

2.□可以用在工作上的一些有效的研究技巧及技术。

3.□将帮助我改变我的工作态度。

4.□帮助我印证了某些观念。

5.□给我一个很好的机会，客观地观察我自己以及我的工作。

五、对训练安排感受如何？

1.□优　2.□好　3.□尚可　4.□劣

六、将来如有类似的培训，你还愿意参加吗？

1.□是　2.□否　3.□不确定

七、其他建议事项：

知识链接 3-1-3

旅行社职业生涯管理

员工培训效果评估对于旅行社的后期培训具有非常重要的意义。每一次的培训都应该做好效果分析，否则培训就失去了意义。

育德启智3-1-2　　学习——永远在路上

“2020年是不平凡的一年，新冠肺炎疫情突如其来，正值旺季的海南旅游被‘速冻’。”回忆起那段艰难的时光，第四届全国导游大赛银奖获得者、海南导游敖燕军感慨万千。他说，疫情暴发后，海南各级政府部门采取了多种措施推动旅游业复苏，广大业者也主动学习、迎难而上，他的2020年就是在不断学习中度过的。

“疫情防控常态化是2020年旅游市场最大的变化。作为导游，我们要做好每个旅游团的防疫工作。而在此前的培训中，并没有与防疫相关的内容。为了帮助导游学好做好防疫工作，上到海南各级主管部门，下到旅行社，培训的重点都是防疫。”他说，学习防疫知识是贯彻全年的一项任务。

为了应对疫情防控常态化阶段可能迎来的海南旅游“报复性复苏”，在跨省团队游恢复之前，敖燕军参加了海南旅游主管部门和行业协会组织为导游人员组织的各项培训。他还作为海口导游协会的培训老师，围绕旅游安全知识和突发事件的处理进行授课。

磨刀不误砍柴工。很快，敖燕军就发现，在疫情防控阶段积累的知识、锻炼的技能都派上了用场。比如，在海南旅游复苏的起步阶段，本地旅游团队占了较大比例。此前学习过的海南人文历史、民俗风情等知识，敖燕军信手拈来，把海南故事讲得更好。

近年来，适宜的气候、丰富的资源，为海南带来了大量研学旅行团。“2020年上半年，我对海南有代表性的景区景点进行了深入学习，正是有了这样的学习经历，我才能带好这些研学团队，才能让学生们有所收获。”敖燕军说，眼下研学旅行非常火爆，但是也存在着一些值得业者深思的问题。他正在学习有关研学旅行的知识，同时积极向相关方面反馈，希望共同推动海南研学旅游健康快速发展。

针对部分游客出行前会在网上先体验一把“云游”的情况。2020年，敖燕军还学习了有关新媒体营销的知识，试着在抖音、头条等平台发布短视频或文章。“希望让游客‘身未动，心已远’，提前了解海南、了解他们的导游、了解他们的旅游行程。”他说，导游做短视频或者直播不是为了成为网红，而是要宣传旅游目的地，讲好家乡的一山一水。

资料来源　林雯晶．第四届全国导游大赛银奖获得者敖燕军：磨刀不误砍柴工［N］．中国旅游报，2021-01-07（7）．

学有所悟：敖燕军身上体现了当代旅行社从业人员对职业的热爱和责任的担当。干一行爱一行，在本职岗位中不断学习和总结经验。顺境不骄，逆境不弃，脚踏实地，在自己的职业生涯中不断提高业务水平。

任务实施

步骤一：评估人员短缺情况，选择最急需人才的一个业务岗位编写工作说明书，并填写表3-1-3。

表3-1-3　岗位工作说明书

岗位名称		岗位编码	
所属部门		直接上级	
工作关系	对上： 对下： 对内： 对外：		
岗位工作内容			
岗位承担职责			

续情

任职条件	
教育水平	
知识背景	
技能技巧	
工作经验	

步骤二：制订招聘方案，确定招聘岗位名称和人数，具体用人标准和要求，招聘途径、方式、方法和程序安排，并任命招聘工作小组成员。

____

____

步骤三：根据新员工岗位分配情况，制订培训方案，开展培训活动的程序和评估培训效果的措施。

____

____

任务总结与评价

任务总结与评价见表3-1-4。

表3-1-4 任务总结与评价

工作任务	旅行社新员工招聘和培训工作
任务检查	编制岗位工作说明书情况 ○优秀 ○良好 ○中等 ○一般 ○未完成
	制订招聘方案情况 ○优秀 ○良好 ○中等 ○一般 ○未完成
	制订培训方案情况 ○优秀 ○良好 ○中等 ○一般 ○未完成
工作成果	
自我评价	
教师评价	
备注	（任务检查中未完成部分情况说明）

任务二　考核与激励旅行社员工

任务导入

工作任务：旅行社业务岗位的绩效考评制度和薪酬构成。

任务描述：完善旅行社某业务岗位的绩效考评制度，并设计该业务岗考评后的薪酬激励。

任务要点：绩效考评种类；绩效考评方法；薪酬构成。

必备知识

◎ 知识点1　旅行社绩效考评

一、绩效考评的含义

微课 3-1-1
旅行社员工的绩效管理

绩效，一方面是指员工的工作结果，也就是员工完成工作或履行职务的结果；另一方面是指影响员工工作的行为、表现及素质等。

绩效考评本身不是目的，而是手段，主要包括以下两层含义：一是对员工在工作中的素质能力及态度进行评价；二是对员工的工作业绩或工作结果，即其在组织中的相对价值或贡献程度进行评价。

绩效考评是一种正式的员工考评制度，它通过系统的方法、原理来评定和测量员工在职务上的工作行为和工作效果，它是员工和管理者之间的一种管理沟通活动。它也是旅行社对员工发放奖金、晋升职务等的重要依据。

二、旅行社绩效考评的作用

（一）绩效考评是维持和提高旅游企业工作效率的重要手段

对员工进行阶段性的绩效考评，以考评结果作为奖惩的重要依据，可以鼓励绩效突出的员工，鞭策工作效率不佳的员工，从而维持和提高工作效率。

（二）绩效考评为旅游企业员工职务和薪酬调整提供了主要依据

绩效考评可以了解员工现任职务的胜任程度，发现更适合他的工作岗位，为员工的调动、轮岗、晋升、降职、辞退等提供客观、公正的依据。同时，将客观、公正、全面的绩效考评结果与员工的工资、奖金及福利有机地结合起来，能使员工普遍感到公平合理，进而增强其工作的满意度。

（三）绩效考评为员工培训工作提供依据

绩效考评可以发现员工的长处与不足、优势与劣势，从而根据实际需要，制订培训计划。此外，在员工培训结束后，企业要对培训效果进行评估。分析判断培训是否提高了员工的工作能力，是否有助于企业的经营发展，也就是说企业对员工培训的投资是否有回报。这些往往体现在受训员工的工作表现和工作业绩上，可以通过定期的绩效考评来获得。因此，绩效考评还有助于企业对员工培训效果进行评估。

（四）绩效考评为管理者和员工的沟通搭建了平台

考评沟通为管理者和员工提供了一个正式的沟通机会。利用这个沟通机会，管理者可以及时了解员工的实际工作状况及深层次的原因，员工也可以了解管理者的管理思路和计划。考评沟通促进了管理者与员工的相互了解和信任，提高了旅游企业管理的透明度和工作效率。

绩效考评是一种正规的、周期性地对员工进行的评价。由于评价结果是公开的，员工有机会从正面清楚地知道企业对他的评价。这样可以防止员工错估自己在组织中的位置，从而减少一些不必要的猜测和疑虑、抱怨等。当然，每个员工都希望自己在工作中有所提高，以满足其自身发展的需要。绩效考评可以让员工看清楚自己需要改进的地方，指明了员工的前进方向，为员工的自我发展铺平道路。

（五）绩效考评为调整企业人才经营战略提供了参考

绩效考评可以及时准确地获得员工的工作信息，通过对这些信息的整理和分析，可以对企业的招聘制度、选择方式、激励政策及培训制度等一系列管理政策的效果进行评估，及时发现政策中的不足和问题，从而为改进和调整企业有关政策提供重要的参考。

案例共享3-1-4　　旅行社绩效考评的指标体系

1.总经理的评价指标体系

（1）市场开发：市场覆盖率、客户留住率。

（2）产品创新：新产品开发成功率、产品开发费用率。

（3）产品销售：销售额增长率、市场增长率。

（4）旅游接待：接待人次、接待人天、顾客满意度。

（5）财务资源：资金成本率、现金充足率、现金周转率。

（6）盈利能力：销售净利率、成本费用利润率、应收账款回收率。

（7）人力资源：专业人员培训比率、员工比率、员工周转率。

（8）组织管理：组织结构的改造、管理方法的革新和组织规模的变化。

2.市场销售人员的评价指标体系

（1）市场占有状态：市场占有率、市场覆盖率。

（2）拥有客户情况：新客户增长率、客户留住率评价。

（3）销售额及销售费用：销售额增长率、销售量计划完成率、销售费用占有率。

（4）劳动效益：全员销售率。

3.市场研究与产品开发人员的评价指标体系

（1）研究与开发的成本与效益：创新产品销售比例、新产品开发成功率。

（2）研究与开发质量：新产品的市场增长率、新产品的市场占有率。

4.旅游接待人员的评价指标体系

（1）接待数量：接待人次、接待人天。

（2）接待质量：人均停留天数、接待人每天收入。

（3）接待效果：旅游者满意度、客户满意度。

5.旅游服务采购人员的评价指标体系

（1）采购效率：采购的及时性、旺季保障情况。

（2）采购效果：采购费用率、采购价格、采购网络。

6.人力资源开发与管理人员的评价指标体系

（1）企业人员的变动情况：员工比率、离职率、员工固定率。

（2）工作状况：出勤率、迟到率、加班加点率。

（3）教育训练情况：人均受训率、教育训练时间率。

（4）人员激励情况：激励政策、激励手段、业绩考核等。

7.财务人员的评价指标体系

（1）资金筹集：现金充足率、资金成本率、利息保障倍数、现金流动比率。

（2）资金管理：资金周转率、应收账款周转率、流动比率。

资料来源 张荣娟．旅行社经营与管理［M］．北京：北京理工大学出版社，2017.

思考：旅行社的绩效考评为什么要因岗设定指标？绩效考评的目的是什么？

三、旅行社绩效考评的原则

绩效考评是每个员工在工作中都要面对的。旅行社在建立绩效考评制度和具体实施考评时，为了满足员工渴望得到公正评价的愿望，发挥绩效考核的积极作用，需要遵循一定的原则，保证考评工作的顺利进行。

（一）建立绩效考评制度的基本原则

1.公开与开放原则

公开与开放是建立绩效考评制度的基本原则。公开与开放的考评系统包括两个方面的含义：一是指评价上的公开性和绝对性，即所建立的考评制度要取得企业上下员工的一致认同，从而推行该制度；二是指考评标准必须十分明确，上下级之间可以通过直接对话、面对面沟通来进行考评。

2.定期化与制度化原则

旅行社的绩效考评是一项连续性的人力资源管理工作，因此必须定期化、制度化。绩效考评既是对员工过去和现在的工作表现和能力等方面的考核与评价，也是对其未来发展潜力和工作表现的预测。因此，只有使绩效考评工作定期化和制度化，才能较为全面地掌握员工的工作情况，发现旅行社部门经营中存在的问题，从而进一步改善部门管理。

3.反馈与完善原则

绩效考评的主要目的就是要通过考核肯定员工的优点，发现员工的不足，以促使员工不断地进行自我完善和提高，更好地满足旅行社的期望，同时也能发现旅行社管理中存在的问题，并加以解决。因此，如果考评结果没有及时地反馈给相关人员，考评工作就失去了意义。由此可见，应该在绩效考评体系中建立完善的反馈制度。

4.可行性与实用性原则

所谓可行性，是指考评要考虑到旅行社的实际情况，即量力而行，所需要的时间、人力、物力、财力要为旅行社的客观环境条件所允许。因此，在制订考评方案时，应根据具体考评目标合理地加以设计，并在充分考虑各种限制性因素的前提下，对考评方案进行可行性分析。绩效考评制度的实用性包括两层含义：一是要根据考评目的来选择考评方式和方法；二是考评方案应适应旅行社不同部门、不同岗位人员的素质特点和要求。

（二）实施考评的基本原则

在绩效考评的具体实施过程中，应遵循以下原则：

1.客观考评与主观考评相结合

所谓客观考评与主观考评相结合，是指在考评过程中要尽可能采用客观的考评手段与方法，但又不能完全忽视主观性综合评定的作用。同样，也不能仅仅依靠主观性的评定就下结论。要做到既强调客观性又不能完全追求客观性，要最大限度地发挥考评方法的客观性与考评主体主观能动性的作用，使其相互融合，彼此互补。

2.定性考评与定量考评相结合

定性考评是指采用经验判断和观察的方法，侧重于从行为的性质方面对员工进行考评；而定量考评则是指采用量化的方法，侧重于从行为的数量特点等方面对员工进行考评。

在旅行社的考评活动中，如果仅仅是定性考评，则只能从质的方面反映企业员工的特点，并且只做定性考评会使考评难以深入，往往是一种模糊的印象；而如果仅仅强调定量考评，则又有可能忽视员工行为的质的特征，容易流于形式。因此，将定性与定量考评方法相结合才能全面考评员工的绩效。

3.动态考评与静态考评相结合

静态考评是对被考评者已形成的能力、行为的分析和评判，是以统一的考评方式在特定时空下进行考评，而不考虑被考评者前后的变化；动态考评则是从能力和行为形成发展的过程而不是结果，从前后变化的情况而不是当前所达到的标准来进行人员考评。

静态考评便于进行横向比较，可以较为清晰地了解旅行社员工之间的相互差异或评定员工是否达到某一标准，但却忽略了被考评者原有的基础和今后的发展趋势。动态考评有利于人力资源管理部门激发被考评者的进取心，反映的是被考评者的纵向变化，但不便于将不同的被考评者的考评结果相互比较。因此，将动态考评与静态考评相结合，可以使二者相互补充，较为全面地考评员工绩效。

四、旅行社绩效考评的种类

旅行社绩效考评的具体目的不同，考核的种类也各不相同。常见的对员工的考评可分为以下几种：

（一）职务考评

职务考评是对员工一定时期的工作情况和取得的工作成绩进行总结、检查、分析和评价。职务考评通常定期进行，考评的范围通常包括各级负责人员和各专业技术人员，也可根据情况确定。职务考评主要从两方面入手：一是考察员工对本职工作的熟练程度；二是考察员工的工作能力和适应性，以决定是否需要调动工作或调整职务。职务的调整可能带来岗位职务工资的变化。

（二）奖金考评

奖金考评是根据旅行社的奖金发放办法，对员工完成工作任务的质量和超额完成工作任务的情况进行考评，以确定员工奖金发放的活动。奖金考评实际上是对员工工作成绩的客观考评。

（三）提薪考评

提薪考评的结果会影响员工的收入。但它与奖金考评不同。奖金考评是“回顾性”的，是根据被考评者过去的工作成绩决定报酬的多少；提薪考评则是“展望性”的，是预计被考评者今后可能发挥的作用，以决定未来相应的工资水平。由于提薪考评是预计今后可能做出的贡献，因此在考察过去工作成绩的同时，还要对工作能力的提高程度做出评价。

（四）晋升考评

这是对晋升对象的特殊考评。由于晋升工作关系到旅行社管理者队伍的素质，关系到旅行社的发展前途，因此历来受到旅行社的重视。晋升考评是对被考评者的全面、综合的考评，主要依据是平时积累的考评资料。晋升审查过程中的重点内容也是依据平时的考评资料确定的。

（五）荣誉考评

旅行社通过授予员工各种形式的荣誉，以及向有关部门推荐授予荣誉，开展激励活动。荣誉的授予需根据有关标准，在对员工工作表现进行考评的基础上进行，将荣誉授予那些工作出色的员工，才能实现其激励作用。

五、旅行社绩效考评的基本方法

（一）以业绩报告为基础的绩效考评

1.自我评估法

自我评估是对自己一段工作结果的总结，让被评估者主动地对自己的表现加以反省、评估。这种方法多适用于管理人员的自我评估，并且测评的人数不宜太多。

2.业绩评定表法

业绩评定表法是一种被广泛采用的评估方法，它根据所限定的因素来对员工进行评估。采用这种方法，主要是在同一个等级上对业绩的判断进行记录。它常常采用诸如优秀、一般和较差这些形容词来定义。当给出了全部等级时，这种方法通常可以采用一种以上的业绩评估标准。业绩评定表受到欢迎的原因之一就是其简单、迅速。

（二）以员工比较为基础的绩效考评

使用员工比较的方式进行绩效考评时，员工的绩效是通过与其他员工的绩效相比较来考评的，即员工比较是用排序而不是用评分。排序形式有多种，如：简单排序法、配对比较法或强制分布法。

1.简单排序法

简单排序法是把一组中的所有员工按照总业绩的顺序排列起来。例如，外联部门中业绩最好的员工被排列在最前面，最差的被排在最后面。运用简单排序法进行绩效评估的最大优点就是简单实用，其评估结果也令人一目了然，但这种方法容易对员工造成心理压力，在感情上也不易接受。

2.配对比较法

配对比较法使得排序型的工作绩效法变得更为有效。其基本做法是，将每一位员工按照所有的考评要素，如工作数量、工作质量等与所有其他员工进行比较，根据配对比较的结果，排列出他们的绩效名次，如计调岗位的a员工工作质量最高，b员工创造性最强，而不是将各被评估者笼统地排队。配对比较法的缺点是，一旦人数过多，操作就比较麻烦。

3.强制分布法

考评者提前确定准备按照某种比例将被考评者分别分布到每一个工作绩效等级上去，类似于正态分布的标准确定员工的工作绩效分布。例如：优秀业绩的占20%，良好业绩的占30%，一般业绩的占40%，业绩不达标的占10%。

（三）关注员工行为及个性特征的绩效考评

1.因素考核法

因素考核法是将一定的分数按权重分配给各项绩效评估指标，使每一项绩效评估指标都有一个评估尺度，然后根据被评估者的实际表现在各评估因素上评分，最后汇总得出的总分，就是被评估者的绩效评估结果。此法简便易行，而且比排序更为科学。例如，出勤占总分的30%，分为上、中、下三个等级。出勤率100%为满分30分，病事假一天扣1分，旷工一天扣20分，迟到或早退一次扣15分，旷工一天以上或缺勤30天以上者不得分。

2.行为锚定等级评定表法

行为锚定等级评定表法是把传统业绩评定表和工作关键行为描述相结合的考评法。熟悉一种特定工作的人，能够识别这种工作的主要内容，能对每项内容的特定行为进行排列和证实。这种方法的特点是需要有大量的员工参与，所以它可能会被部门主管和下属更快地接受。旅行社门市销售人员对客服务行为锚定考评表见表3-1-5。

表3-1-5　旅行社门市销售人员对客服务行为锚定考评表

优秀：7	*把握长远盈利目的，与客户达成伙伴关系
6	
	*关注顾客潜在需求，起到专业参谋作用
5	
中等：4	*为顾客而行动，提供超常服务
3	
	*个人承担责任，能够亲自负责
2	
极差：1	*跟进客户回应，有问必答

（四）关键事件法

关键事件法是利用一些从一线管理者或员工那里收集到的有关工作表现的特别事例进行考评。通常，在这种方法中，汇集了一系列特别好的或差的实际工作效果，而平常的或一般的工作表现均不予考虑。特别好的或差的工作表现可以把最好的员工从一般员工中挑出来。一旦考评的关键事件选定，应用的方法也就确定下来了。关键事件法一般有年度报告法、关键时间清单法和行为定位评级表。

知识链接
3-1-4
不同的绩效考评主体

（五）360度考评

旅行社的工作往往具有多面性，而不同的人观察到的方面也是不同的。将各种考评方法所得到的信息综合使用，并产生全方位（360度）的评估和反馈体系。正如这种方法的名称所示，360度考评为了给员工一个最正确的考评结果而尽可能地反映所有方面的信息，这些方面包括上司、同事、下属、客户等。

六、绩效考评的实施过程

（一）设立绩效目标

旅行社在设立绩效目标时，应坚持三个原则。①导向原则：依据旅行社的总体目标设立部门或个人目标。②SMART原则：绩效目标应符合具体性（Specific）、可衡量性（Measurable）、可达到性（Attainable）、相关性（Relevant）和时间性（Time-based）五项标准。③承诺原则：上下级共同制定目标，并形成承诺。

（二）记录绩效表现

旅行社应记录工作表现，并尽量做到图表化、例行化和信息化。一方面，为绩效管理的辅导和评估环节提供依据，促进辅导及反馈的例行化，避免主观性和偏见性的绩效评估；另一方面，绩效表现记录本身对旅行社的管理也是一种有力推动。

（三）辅导及反馈

旅行社的管理者应通过观察下属的行为，并对其工作结果进行反馈，通过表扬和批评来帮助员工改善业绩。旅行社的管理者需要事先与下属就行为的评判标准进行沟通，并且只在下属需要的时候才密切地监督他们。一旦他们能自己履行职责，就应该放手让他们自己管理。

（四）绩效评估

在绩效管理过程中，评价是一个连续的过程，而绩效评估是过程中依据设定的评估方法和标准进行的正式评价。鉴于绩效结果一般需要较长时间才能体现出来，而且绩效评估等级具有敏感性，所以，旅行社进行绩效评估的间隔应为半年至一年。

（五）反馈面谈

反馈面谈包括两方面的内容。评估者与被评估者对绩效评估结果进行沟通并达成共识。评估者与被评估者共同分析绩效目标未达成的原因，从而找到改进方向和措施。在反馈面谈时，管理者应做好充分的准备，并掌握必要的面谈沟通技能，克服反馈面谈的心理压力和畏难情绪，避免造成反馈面谈失效甚至产生副作用。

（六）制订行动计划

旅行社的管理者应根据反馈面谈达成的改进方向，帮助员工制定绩效改进目标、个人发展目标和相应的行动计划，并落实在下一阶段的绩效目标中。

◎ 知识点2　旅行社薪酬管理

一、旅行社薪酬的构成

微课 3-1-2

旅行社员工的薪酬管理

旅行社薪酬是企业根据劳动合同的规定，基于员工为旅行社做出的贡献，以及员工的工龄、知识、技能和工作表现等，而支付给员工的相应回报。薪酬本质上可以看成是员工与企业之间的一种公平交换或交易。旅行社薪酬的表现形式是多种多样的，主要包括工资、奖金、津贴、福利和股权等具体形式。

（一）工资

工资是指企业按照国家规定和劳动合同的约定，以货币形式支付给劳动者的劳动报酬，企业中广泛运用的主要工资形式包括计时工资、计件工资、浮动工资、提成工资，其中计时工资和计件工资是基本的工资形式。

现实中实行比较广泛的是结构工资制和岗位技能工资制两种分配制度。结构工资制是由若干具有不同功能的工资组合而成的分配制度，主要包括基础工资、职务工资、工龄工资、技术津贴等。结构工资制在一定程度上体现了按劳分配的原则，但也包含有一定的平均主义色彩。随着改革的深入，旅行社将越来越多地实行岗位技能工资制。

岗位技能工资制是以按劳分配为原则、以工资与经济效益挂钩、以岗位工作评估为基础、以岗位技能工资为主体的工资制度。岗位技能工资制由基本工资和辅助工资两部分构成：基本工资包括岗位工资和技能工资；辅助工资则由奖金、津贴和各种补贴构成。

1.基础工资

基础工资是根据国家政策和职工基本生活水平而设计的货币收入。基础工资对所有员工是基本无差别的，它的数目也随物价水平而波动。

2.职务工资

职务工资是指按员工的职务高低、责任轻重和工作难易程度确定工资标准，是体现按劳分配的重要内容。

3.工龄工资

工龄工资是指根据员工参加工作的年限或者为本公司服务的年限为依据，确定一个每几年自动上升一档的报酬构成部分。一般工龄越长工资越高，它是对员工经验的一种认可。

4.技术津贴

技术津贴是岗位工资的补充，主要用于对旅游行业有特殊专业或技术特长岗位的补充性报酬，是对员工能力的认可与激励，比较充分地体现了按劳分配的原则。

（二）奖金

奖金是旅行社对员工超额劳动部分或劳动绩效突出部分所支付的奖励性报酬，是旅行社为鼓励员工提高劳动效率和工作质量而付给员工的货币奖励。奖金是对员工超额劳动部分的一种补偿，是贯彻按劳分配原则的一种劳动报酬形式，是基本工资制度的一种辅助形式。奖金的表现形式包括红利、利润分享及通常所说的奖金等。

1.奖金的特点

①单一性。奖金在报酬上只反映员工某方面的实际劳动效果的差别，比如员工为企业节约资金5万元，企业给予1 000元的奖金。②灵活性。奖金的形式灵活多样，奖励的对象、数额、计获奖人数均可随生产的变化而变化。③及时性。奖金的使用不受工资发放的限制，能及时反映员工向企业提供劳动量的变化情况。④荣誉性。奖金不仅是对员工的物质奖励，还有精神鼓励的作用。

2.奖金的类型

奖金的形式多种多样，根据不同的标准，奖金可分为不同的类别，其中有的相互交叉。根据奖金的周期划分，可划分为月度奖、季度奖和年度奖；根据一个经济核算年度发奖次数划分，有经常性奖金和一次性奖金；根据奖励范围来划分，有个人奖和集体奖；从奖励的条件区分，有综合奖和单项奖。

（三）津贴

津贴，是指为了补偿员工特殊或额外的劳动消耗和因其他特殊原因支付给员工劳动报酬的一种工资形式，包括补偿员工特殊或额外劳动消耗的津贴、保健性津贴、技术性津贴及其他津贴。

1.津贴的特点

津贴是员工工资的一种补充形式，具有以下几个特点：①差别性。津贴是根据劳动所处的环境和条件的差别，调节地区、行业、工种之间的工资关系。②单一性，多数津贴是根据某一特定条件，为某一特定目的而制定的，往往一事一贴。③灵活性，可以随工作环境、劳动条件的变化而变化，可增可减，可减可免等。

2.津贴的类型

津贴制度项目繁多，按其补偿性质和目的不同，旅行社的津贴主要有以下几种类型：补偿员工在特殊劳动条件下的劳动消耗性质的津贴；补偿员工的特殊劳动消耗和额外生活支出双重性质的津贴；补偿员工在本工作以外承担较多任务所付出的劳动消耗的津贴；补偿员工因物价的差异或变动而增加生活费支出性质的津贴；鼓励员工提高专业技术水平和奖励优秀工作者的津贴；具有生活福利性质的津贴。

（四）福利

广义的员工福利包括国家、地方政府和企业、劳动组织提供的文化、教育、卫生、各种社会保障、集体公益服务事业和福利待遇等。狭义的员工福利仅指企业为满足员工的生活需要，在工资收入之外，向员工本人及其家属提供的货币、实物及一些服务形式。

1.福利的功能

福利可以改善和优化劳动及生活条件，从而吸引员工、留住员工；能提高企业在员工和其他企业心目中的形象；能协调人际关系和劳资关系，使员工之间及员工与管理层之间的关系融洽，使员工在企业工作更有安全感和归属感；能提高员工对企业的满意度。

与员工的工资收入不同，福利一般不需要纳税。由于这一原因，相对于等量的现金支付，福利在某种意义上对员工具有更大的价值。因此，福利管理同工资管理等人力资源管理项目有着密切的关系，并补充其不足，起到提高人力资源管理综合效果的作用。

2.福利的主要内容

员工福利可以分为集体福利和个人福利两种基本形式。集体福利是企业举办或通过社会服务机构举办的、供员工集体享用的福利性设施和服务。比如旅游项目，补充养老金、公积金，生日蛋糕，节假日的津贴等，一般不以按劳分配为原则，而以平均和员工需要作为原则。个人福利是以货币形式直接支付给员工个人的福利补贴，目的是减轻员工因特殊需要而增加的额外经济负担，如员工探亲假期、工资补贴和旅费补贴、上下班交通补贴、防寒补贴、防暑降温补贴、生活困难补贴、婚丧假等。

集体福利和个人福利的内容丰富，各企业的规定不尽相同。一般来说，大型的效益比较好的企业比较重视员工的福利待遇，费用支出比较高；小型的或效益比较差的企业，员工福利待遇相对较差。

案例共享3-1-5　　从薪酬的角度谈旅行社员工的流失

目前我国旅游企业的薪酬一般有两种形式，一种是固定工资加年终奖金。这一般存在于传统企业中。员工不管干多干少，拿固定工资，年终按照公司效益，统一发送奖金。这种制度能够让员工有稳定感，但不能激发工作热情。另外一种是基本工资加提成。这在新兴企业、小企业中较常用，能够有效激发员工的工作热情，但有时候容易爆发内部矛盾，员工都围绕着提成转。

另外，内部提升比空降兵（外聘）更能够有效地激励员工。一个好企业，必须为员工设计合理的职业生涯，而不是仅仅利用员工的劳动力进行交易。外聘的弊端就是不稳定，导致了更多员工流失。

所以，有一个思路可以供参考，就是对第一种薪酬形式进行优化，把员工分级别，让不同的级别拥有不同的薪酬。级别划分必须有可参考的标准，也就是说，员工必须明确知道自己处于什么级别，为什么处于这个级别，而自己往哪个方向努力就可以晋升到上一个级别。企业必须根据本企业情况和发展目标制作合理的级别标准表，并发放到每个员工手中，还要指导员工如何利用这张标准表，根据自己的能力进行改进和提高。

资料来源　佚名．旅行社等级薪酬制度［EB/OL］．https：//wenku.baidu.com/view/ca481d3f4731b90d6c85ec3a87c24028915f85d0.html.

思考：旅行社员工的薪酬体系应该包括哪些内容？如何制定更符合企业需要？

二、旅行社确定薪酬的主要依据

（一）社会外部因素

1.与薪酬有关的国家政策和法律法规

为了刺激国民消费或抑制通胀等不同的经济目的，国家会在不同时期，以经济政策为导向来推行相关的薪酬政策。此外，许多国家对员工薪酬设定的下限和性别歧视问题都有相关的规定。

2.劳动力市场的供求状况

在市场经济条件下，劳动力市场的供求状况直接影响着人们对其薪酬水平的期望。当劳动力的供给水平超过需求水平时，求职的过程会变得更为艰难，同时，员工也往往愿意接受更为低廉的薪酬；当劳动力供不应求时，企业为了吸引人才，竞相提高待遇。劳动力市场的供求状况是调节劳动力流向，进而调节薪酬水平的重要杠杆。

3.当地居民的生活水平

旅行社在制定薪酬制度的时候，必须考虑当地居民的生活水平。同一家旅行社在不同地区的薪酬水平不尽相同。旅行社的薪酬水平受到地区环境因素的影响，员工的正常收入至少应能支付家庭的基本生活费用，而这个费用又与居民的消费习惯及当地的物价水平有关。

（二）企业和员工的内部因素

1.旅行社的经营状况

经营状况的好坏在较大程度上决定着员工的工资水平。经营好的企业，其薪酬水平相对比较稳定且有较大的提升空间。

2.绩效考评的结果

员工所获得的薪酬受到其工作表现的影响，员工在工作岗位上的工作表现在不同时期呈现的水平是不一样的。对于表现好、贡献大的时期，员工的薪酬会比较高。员工的报酬必须与绩效考评的结果直接挂钩，这是旅行社制定报酬制度的基础。

3.职位的相对价值

旅行社应当系统地评定各个职位的相对价值，依照每一职位的工作对旅行社的相对重要性、工作性质、工作经验、特殊技能、履行职责的风险等，来评定各个职位的排列顺序，并以此作为获取报酬的依据。

三、旅行社薪酬制度设计的原则

（一）公平性原则

公平性原则是制定薪酬制度的首要原则。公平不是绝对、单一的平等，而是具有丰富意义、与绩效挂钩的公平。由于不同员工的绩效、技能、资历等存在差异，在此原则下，同一工作岗位上的不同员工，所获得的报酬是有差异的。薪酬制度是否公平影响到旅行社员工的积极性与主动性。如果薪酬制度不公平表现明显，就会让员工缺乏工作的动力，人际关系紧张，人才外流，从而对旅行社人力资源的稳定和旅行社的发展前景都造成不利的影响。因此，公平原则贯穿收入分配全过程。

（二）激励性原则

薪酬制度要贯彻按劳分配、多劳多得的原则，起到破除平均主义、奖勤罚懒、保护先进、淘汰落后的激励作用。坚持效率优先、兼顾公平原则，即重实绩、重贡献，支持一流人才创造一流业绩，获取一流报酬，合理拉开收入分配档次。绩效工资、奖金根据业绩考评情况发放，体现按劳分配、效率优先的激励性原则。

（三）合法性原则

旅行社的薪酬制度一定要符合国家的法律、法规和政策，要遵守《中华人民共和国公司法》、《中华人民共和国劳动法》和《中华人民共和国妇女权益保障法》。工资制度的改革是我国经济体制改革中的一个重要方面，目前广泛实行的是结构工资制和岗位技能工资制两种分配制。收入分配必须合法，特别是要遵守相关法律的规定，不能以任何理由和借口克扣或拖延员工工资。

（四）竞争性原则

薪酬制度是调动员工积极性和吸引人才的一个有效方法。竞争性原则就是指旅行社的薪酬标准在人才市场甚至全社会中要有吸引力，以战胜竞争对手，招聘到宝贵的人才，并长久地留住他们。在此原则下，尤其是对于本旅行社较关键人才的薪酬标准，至少也要等于甚至略高于市场行情。

（五）经济原则

提高旅行社的薪酬水平固然可以提高其竞争性和激励性，但旅行社的成本也会不可避免地上升。所以，旅行社在制定报酬制度时要充分考虑经济制约因素，权衡成本与工作绩效的关系，找到其间最佳的平衡点，使报酬的增长率低于利润的增长率。

四、薪酬与激励

薪酬的激励作用可分为短期激励作用和长期激励作用。短期激励作用是指报酬要能够激发员工做好当前的工作，实现优良的绩效。长期激励作用是指报酬要能够体现出企业对员工价值和地位的认可，培养员工对企业的认同感、归属感、忠诚心和责任心。在市场竞争激烈的情况下，员工的忠诚心和责任心对企业的发展非常重要。

建立有效的激励机制是一个非常复杂的问题，激励与报酬之间不能简单地画等号，不能认为报酬发得越多激励作用就越大。报酬虽然重要，但不是唯一的激励手段。常见的激励手段有工作激励、培训激励、成果激励。

工作激励主要包括：第一，委以恰当的工作，激发员工内在的工作热情；第二，激励员工适当地参与管理工作，这样能够满足员工的成就感；第三，工作丰富化，这样能够使员工较长时间地保持工作热情。

成果激励实际上是利用员工对成就感的追求来激发其工作的积极性，主要体现在两个方面：一是正确评价工作，适当给予报酬。正确评价员工的工作，并给予合理的报酬。报酬可以分为物质激励和精神激励。物质激励主要通过工资和奖金来体现；精神激励则体现在各种形式的表扬、工作条件的改善以及地位的提升等方面。二是帮助员工创造成果。对于普通员工，允许他们参与相关的决策，接受他们的合理化建议并帮助他们实现这些建议，这也能够起到激励作用。

任务实施

步骤一：从旅行社选择某业务岗位进行一次绩效考评，选取有针对性的绩效考评种类。

____

____

步骤二：根据此业务岗位绩效考评的类型，选择科学合理的考评方法，制定考评标准。

____

____

步骤三：根据绩效考评结果制定配套的薪酬激励办法。

____

____

任务总结与评价

任务总结与评价见表 3-1-6。

表3-1-6 任务总结与评价

工作任务	旅行社业务岗位的绩效考评制度和薪酬构成
任务检查	确定绩效考评种类情况 ○优秀 ○良好 ○中等 ○一般 ○未完成
	制定绩效考评标准情况 ○优秀 ○良好 ○中等 ○一般 ○未完成
	设计薪酬激励办法情况 ○优秀 ○良好 ○中等 ○一般 ○未完成
工作成果	
自我评价	
教师评价	
备注	(任务检查中未完成部分情况说明)

任务三 构建旅行社企业文化

任务导入

工作任务：构建旅行社企业文化框架。

任务描述：同窗好友创业的旅行社成立至今，已经初具规模。根据旅行社发展需要，总结凝练旅行社的企业文化，并制定在日常经营管理中的具体措施，打造企业文化氛围。

任务要点：精神文化；行为文化；物质文化。

必备知识

◎ 知识点1 旅行社企业文化认知

一、旅行社企业文化的内涵

企业文化是指企业全体员工在长期的生产经营活动中，培育形成并共同遵循的最高目标、价值标准、基本信念及行为规范。它是旅行社个性文化的根本体现，贯穿于旅行社发展战略、经营管理之中，是旅行社生存和发展的灵魂，是旅行社企业核心竞争力的重要组成部分。

正确理解企业文化需要注意以下四个方面：

第一，企业文化具有时段性。企业文化指的是现阶段的文化，不是指企业的历史文化，也不是指企业将来可能形成的新文化。

第二，企业文化具有共识性。只有达成共识的要素才能称为文化。企业新提出的东西，如果没有达成共识，就不能称为文化，只能说是将来有可能成为文化的文化种子。企业文化代表企业共同的价值判断和价值取向，即多数员工的共识。当然，共识通常是相对的。

第三，企业文化具有内化性。内化是在思想观点上与他人的思想观点一致，自己所认同的新思想和自己原有的观点、信念结合在一起，构成一个统一的态度体系。这种态度是持久的，并且成为自己人格的一部分。企业所倡导的理念和行为方式一旦得到普遍的认同，就必将得到广大员工的自觉遵循。先内化于心，才能外化于行。

第四，企业文化具有范围性。文化总是相对于一定范围而言的，我们所指的企业文化通常是企业员工所普遍认同的部分。如果只是企业领导层认同，那么它只能称为领导文化；如果只是企业中某个部门的员工普遍认同，那么它只能称为该部门的文化。

二、旅行社企业文化的构成

（一）旅行社的物质文化

1. 企业环境

企业环境是指旅行社企业文化的外在象征，体现了旅行社企业文化的个性特点。旅行社的企业环境包括以下内容：

（1）工作环境，是指为员工提供的工作氛围，体现了旅行社对员工情绪、需求、激励的重视程度。

（2）生活环境，包括旅行社为员工提供的居住、休息、娱乐等生活服务设施和为员工及其子女提供的学习条件。

2. 企业标识

企业标识是旅行社企业文化的可视象征之一，主要包括旅行社的名称、标志，企业象征物是旅行社企业文化个性化的标识。

3. 企业产品

它主要包含旅行社的线路设计、纪念品，宣传的标语、文字、音像、图片资料等，这些直接外化地反映一家旅行社的总体特征。

（二）旅行社的行为文化

1. 企业目标

企业目标是旅行社以经营目标形式表达的一种企业观念形态的文化。旅行社将企业目标作为一种意念和信号传达给员工，引导他们的行为。

2. 企业制度

企业制度是指旅行社的行为规范，是旅行社正常运转所必不可少的重要因素。旅行社的企业制度的基本功能包括以下几个方面：

（1）企业价值观的导向。

（2）实现企业目标的保障。

（3）调节企业内人际关系的基本准则。

（4）组织企业生产经营、规范企业行为的基本程序和方法。

3. 企业民主

企业民主是旅行社企业文化的一个重要方面，包括员工的民主意识、民主权利、民主义务等一系列参与企业经营管理的措施和活动，其核心是一种“以人为本”的价值观和行为规范。企业民主有利于确定员工的主人翁地位，改善管理者与被管理者之间的关系，提高旅行社在市场竞争中的应变能力。

4.企业文化活动

企业文化活动包括四种类型：①文体娱乐性活动；②福利性活动；③技术性活动；④思想性活动。

企业文化活动具有功能性、开发性和社会性的特点。

5.企业人际关系

人际关系是指人们在社会生活中发生的交往关系，体现了双方的互动行为。企业人际关系具有两种基本形式：①纵向关系，即旅行社的管理者与被管理者之间的上下级关系；②横向关系，即旅行社员工之间的相互关系。

（三）旅行社的精神文化

1.企业哲学

企业哲学是指旅行社的经营哲学，是对旅行社全部行为的根本指导。企业哲学的根本问题是旅行社的人与物、人与经济规律的关系问题。

2.企业价值观

企业价值观是指旅行社的管理者及员工据以判断是非的一种标准，它指导旅行社的管理者及员工有意识、有目的地选择某种行为去实现物质产品和精神产品的满足。企业价值观是旅行社企业文化的核心，为旅行社的生存与发展提供了基本方向和行动指南。

3.企业精神

企业精神是指现代意识与企业个性结合的一种群体意识。现代意识是现代社会意识、市场意识、质量意识、信念意识、效益意识、文明意识、道德意识等汇集而成的一种综合意识。企业个性则包括了企业的价值观念、发展目标、服务方针和经营特色等基本性质。

企业精神是旅行社全体员工经过长期培育，并且为他们所认同的一系列群体意识的信念和座右铭。它也是旅行社在为谋求生存与发展、实现自身的价值体系和社会责任而从事经营的过程中，所形成的一种人格化的群体心理状态的外化。

知识链接
3-1-5

中旅旅行的
企业发展和
企业文化

4.企业道德

企业道德是指旅行社调整内外关系的职业行为规范的总和，它是一种内在的价值观念和企业意识。企业道德是旅行社经营管理理论与实践的一种必然产物，也是旅行社在实践中求生存、求发展的主体性的强烈表现。

三、旅行社企业文化的特点

（一）服务性

服务性是旅行社企业文化的一个显著特点。旅行社是以向旅游者提供旅游服务为主要经营业务的服务性企业，其产品是无形的旅游服务。对于旅行社来说，旅游者对其产品的满意程度是评价其产品质量的最终标准，也是旅行社在激烈的市场竞争中生存和发展的关键。尽管旅游者的满意度可能受到很多因素的影响，但是，对旅游者满意度影响最大的是旅行社员工的服务意识、服务态度和努力程度。因此，旅行社必须把培养员工的服务意识作为企业文化建设的中心任务。

（二）文化性

旅行社向旅游者提供具有浓厚文化气息的特种服务产品，能使旅游者获得文化性的享受。许多旅游者的旅游动机带有强烈的文化色彩，希望了解和欣赏旅游目的地的传统文化。旅行社应该加强对员工的培养，使其对景点文化有深入的了解，以满足旅游者的文化需求。另外，旅行社的员工还应努力学习和熟悉有关客源国或地区的文化背景和价值观，以便提供具有针对性的服务。因此，旅行社应该将提高员工的文化素养和培养员工的文化意识作为企业文化建设的一项重要内容。

（三）协作性

旅行社的产品具有高度的综合性，涉及旅游者旅游过程中行、住、食、游、购、娱等方面。其中许多服务是旅行社自身所不能提供的，需要通过旅游服务的采购来满足其产品组合的需要。任何一个环节的服务质量，都会直接影响旅行社最终产品的质量和旅行社的形象。这就要求旅行社的各级管理人员和全体员工具有强烈的协作意识，以确保各个环节的服务质量和整个服务过程的顺利完成。

（四）经营性

经营意识是每个企业都需要培养和树立的基本意识，对旅行社这样的企业尤其重要。旅行社业务的特点决定了旅行社经常面临市场供求关系不断波动和市场竞争的强大压力，经营难度很大。为了保证生存与发展，旅行社需要在全体员工中树立明确的市场导向观念、市场竞争观念和经济核算意识，即要求全体员工具有强烈的经营意识。

四、旅行社企业文化形成的影响因素

旅行社企业文化是在外部环境和内部环境的交互作用下形成的。

（一）外部影响因素

1.民族文化

民族文化传统是构成企业生存发展的宏观环境的重要因素，民族文化对企业的价值观念、管理理念、发展战略及策略等理念要素也会产生深刻的影响。不仅如此，企业为了今后的进一步发展，还要努力适应民族文化环境，迎合在一定民族文化环境中所形成的社会心理状态，否则企业将难以生存，甚至会陷入困境和危机。需要注意的是，企业文化对民族文化养分的汲取，必须抱着科学的态度，有选择地加以吸收。

从另一方面来看，企业文化作为民族文化的微观组成部分，在企业发展的过程也在不断地发展变化，并对民族文化产生反作用。优良的企业文化必然会对民族先进文化的发展产生积极的推动作用。

2.制度文化

企业文化的核心问题是要形成具有强大内聚力的群体意识和群体行为规范。由于社会制度不同，不同国家的企业所形成的企业文化也有所差异。我国实行的是社会主义制度，工人阶级是我国的领导阶级，旅行社应该坚持以人为本的科学发展观，努力构建和谐的劳动关系，不断激发广大员工的主人翁意识和积极性、主动性、创造性。坚持以人为本，正日益成为我国企业文化必不可少的主要内容。深入研究和准确把握我国当前的政治和经济体制，充分发挥社会主义制度优越性，建立中国特色的先进企业文化，是旅行社应该重视的问题。

3.外来文化

随着世界市场的融合和经济全球化的发展，各个国家和地区之间的经济关系日益密切，文化上的交流和渗透广泛深入。旅行社作为对外经济文化交流较为频繁的企业，必须从自身的实际出发，有选择地吸收、消化、融合外来文化中有益的文化因素，为旅行社企业文化注入了新鲜血液，警惕、拒绝或抵制不利因素。

4.行业文化

不同行业对企业提出的要求是不同的，因此，企业文化具有相应的行业特点。一个行业内，企业文化长期相互影响，逐步形成了一些鲜明的共性特征。旅行社行业是典型的服务行业。旅行社企业文化应该既有企业自身特色，又能反映出旅行社行业的特点。

5.地域文化

地域性差异是客观存在的，无论是不同国家还是同一国家的不同地区，都存在很大差异。不同地域有着不同的地理、历史、政治、经济和人文环境，必然会产生一定的文化差异。中国地域广阔，同样所有制、同样规模的旅行社，在东北地区和在广东地区会有很大的文化差异；在东部沿海地区和西部高原地区也会感受到十分不同的文化。在旅行社企业文化建设中，必须适当考虑这些因素。

（二）内部影响因素

1.企业传统

企业文化的形成过程也就是企业传统的形成过程，企业文化的建设过程在很大程度上就是企业传统去粗取精、扬善抑恶的过程。旅行社从追求的愿景目标、发展战略及经营策略中总结自己的优良传统，从而形成自身的经营哲学、价值观念，创造出本企业独具特色的企业文化风格。

2.企业发展阶段

生命周期中的不同发展阶段，决定了企业管理的不同特点，进而影响企业文化。如新成立的旅行社往往只关注企业生存和市场，而不顾及内部规范管理，可能产生一切以盈利为导向的文化氛围，这时旅行社的管理者要特别注意对短期行为进行及时纠正。成长期是旅行社文化建设的关键时期，管理者要考虑长远发展，塑造可以永久传承的优秀文化。在成熟期，管理者应采取变革文化的办法，不断激发企业文化的活力，用企业文化这只“无形的手”阻止企业走上衰退之路。准确把握企业发展的阶段性特征，有助于制定正确的企业文化建设思路和方案，收到事半功倍的理想效果。

3.企业发展战略

发展战略就是一定时期内对企业发展方向、发展速度与质量、发展点及发展能力的重大选择、规划及策略。随着外部环境的改变，旅行社战略常常需要做相应的调整或变革，因为不断创新以适应环境变化是旅行社旺盛生命力的源泉。战略的变革与企业文化相冲突时，旅行社往往需要对企业文化重新进行调整、修正、补充，更替原有的企业文化要素，使旅行社企业文化与变革的战略能够匹配、协调。旅行社发展战略是企业的长期发展计划，企业文化作为旅行社的灵魂，对战略的发展起到促进作用，为战略的发展保驾护航；反过来，企业发展战略的实践将使企业文化得到升华。

4.个人文化

个人文化因素，指的是企业领导者和企业成员的思想素质、文化素质和技术素质对企业文化的影响。由于企业文化是全体企业成员认知和行为的结晶，因此企业成员的思想素质、文化素质和技术素质直接影响和制约着该企业文化的层次和水平。尤其是旅行社的领导者，因为企业的愿景和宗旨、核心价值观、企业道德、企业作风在某种意义上说都是企业领导者价值观的反映。要建设优秀的企业文化，培育一个好的领导者集体是至关重要的。

◎ 知识点2　旅行社企业文化建设

一、旅行社企业文化建设的含义

旅行社企业文化建设，就是旅行社的领导者有意识地倡导优良文化、克服不良文化的过程，是根据旅行社发展需要和企业文化的内在规律，在对旅行社企业文化进行分析评价的基础上，设计旅行社企业文化体系，并有计划、有组织、有步骤地加以实施，进行企业文化要素的维护、强化、变革和更新，不断增强旅行社企业文化竞争力的过程。

案例共享3-1-6　　康辉旅行社创办的杂志《康辉旅游》

《康辉旅游》前身是《康辉人》杂志，由中国康辉旅游集团有限公司主办，2006年创刊，为月刊，到2022年7月总期数为156期。多年来，该杂志已经成为康辉集团传播企业文化的重要平台和康辉人每月必读的工具书，是康辉人自己的杂志，是中国康辉旅游集团形象的一扇窗口，是康辉员工沟通的桥梁和心灵休憩的驿站，是康辉旅行社员工共同的精神家园。

杂志每期栏目主要包括：特别关注、专题报道、聚焦康辉、精彩推荐、管理之道和员工风采。在这里有康辉动态和业界动态，有康辉员工们传播工作中的实用信息，还有国内外旅游目的地推荐。在这块精神园地里，每一个康辉人都可以播下希望的种子，细心呵护，浇灌耕耘，采撷丰收的果实，亲切地讲述康辉人的故事，真实地记录康辉人成长的足迹，敏锐地采集思想的火花。让康辉人在思考中品味工作，在奋斗中砥砺意志，在沟通中留下真诚，在交流中启迪智慧。

资料来源　佚名．康辉旅游［EB/OL］．［2023-08-23］．https：//www.cct.cn/about-us/magazine.html.

思考：《康辉旅游》杂志属于哪种企业文化的传递？它在康辉旅行社企业经营发展过程中起到什么作用？

二、旅行社企业文化建设的作用

（一）转变员工的固有观念

旅行社进行企业文化建设，有利于帮助旅行社员工转变价值观念。一方面，旅行社应鼓励员工继承和弘扬优秀文化传统，积极主动地为旅游者提供优质服务。另一方面，旅行社应引导员工摒弃错误或落后的价值观念，努力学习国外先进的管理思想和经营方法，自觉地按经济规律办事，为实现企业的目标而努力。

（二）完善旅行社各项制度

旅行社通过企业文化建设，鼓励员工参与制定和修订企业的各项制度，从而实现企业制度的完善与落实，并保证企业的正常运转。

（三）行业内的群体识别

企业文化建设有助于旅行社的群体识别，使其与竞争对手之间出现明显的区别。这种群体识别能够帮助旅游者比较容易地在众多的旅行社中间进行选择，并成为本旅行社的忠诚顾客。

（四）激励员工行为变化

旅行社实行企业文化建设，能够充分调动旅行社员工的积极性与创造性，使他们创造更多更高的企业成果。旅行社企业文化建设不仅要用先进的观念去鼓励员工，而且还应用生动活泼、丰富多彩的企业文化对他们加以熏陶，激励员工为企业的生存与发展做出自己最大的努力。

（五）增强企业内部凝聚力

旅行社通过企业文化建设，使员工产生对本职工作的自豪感和使命感，对本企业的认同感和归属感，从而将自己的思想、目标、行为融合到企业中，从而产生强大的凝聚力。

（六）增加企业社会辐射力

旅行社企业文化作为一个系统，不仅在企业内部产生影响，还要与外部环境进行交流，要受到外部环境的影响，并相应对外部环境产生反作用。旅行社员工在与社会各方面的交往中，会反映出自身的价值观念和文化特点，旅行社产品的销售、服务也会反映出该旅行社的文化内涵。旅行社企业文化的这种社会影响，能够加深社会对旅行社的精神、理念和作用的理解。

（七）加强员工约束力

旅行社的企业文化是一种软约束，能够对全体成员的行为形成一种无形的群体压力。这种压力包括舆论的压力、理智的压力和情感的压力。企业文化带来的这种无形的、非正式的和不成文的行为准则，使员工们能够按照价值观的指导进行自我管理和控制，从而弥补了规章制度产生的硬约束所造成的不足和偏颇。

三、旅行社企业文化建设的策略

（一）提高旅行社的物质文化水平

旅行社在建设企业文化的过程中，应大力增加对企业物质文化的投入，改善旅行社的企业环境；营造良好的社容、社貌，创造让员工舒适、游客喜欢的外部环境；重视企业标识建设，增强品牌识别力；让旅行社的名称、口号更响亮，应遵从简短明快、有独特性、易读易记、富有艺术性和形象性等方面来给旅行社名称做宣传。同时，设计符合寓意、形象生动的企业标志；提升旅行社产品的美誉度，树立旅行社完美的社会形象。旅行社物质文化水平决定了旅行社的员工创造的旅游产品的水平，而对旅游产品最具发言权的就是旅游者。所以，要创造出让旅游者满意的优秀的旅游产品。

总之，旅行社的物质文化建设，应当遵循技术审美、顾客愉悦和伦理价值等原则，让潜在或现在的旅游者以最快的速度识别企业外部形象。

（二）注重旅行社行为规范，丰富旅行社行为文化内涵

旅行社的企业文化涵盖了企业行为文化、人际关系和公共关系的规范。在旅行社的人际关系规范中，不但要注重社内员工之间的关系，更重要的是规范员工与客户之间的关系，建立精确的客户管理档案。为了使企业文化深入人心，需要有力地贯彻企业理念，为各部门及全体员工树立典型人物，使之成为整个旅行社的行为标兵，从而带动其他员工，提高整体素质。而旅行社企业制度文化的塑造，则是对旅行社员工的行为给予一定的限制，使其能按照旅行社业务操作规范、绩效考核、企业纪律等企业制度文化的内容办事。旅行社的企业制度文化是强化经营责任、提升竞争能力，从而提高企业经济效益的一种经营责任制度。旅行社应加强科学的管理制度的建设，奖罚分明，激发员工的工作积极性。

（三）提炼旅行社的核心价值观

加强旅行社企业管理，将以“服务、诚信、个性”为主题的经营理念贯穿在服务过程中，注重诚信、提倡个性，亮出自己独特的企业文化和服务方式，让旅游者感受到在接受服务、享受旅行的过程中，不仅收获了景点视觉，更收获了该旅行社独特的企业文化。

（四）加强员工培训，提升员工素质

旅行社一方面对员工进行操守教育，提高员工的职业道德素质，主要表现为：遵纪守法，遵守旅游行业内、旅行社及办事处的各项规章制度；积极向上，勤奋好学，刻苦钻研旅游业务，不断提高自身的业务水平，增强市场竞争力；尊重客户，诚信待客，细致耐心地服务好每一位客户，确保留住每一位客户；光明磊落，诚实可信，真诚待人，符合“做旅游先学会做人”的行业原则；行为端正，仪表端庄，举止大方，服装整洁，谈吐符合旅游行业工作特点等。另一方面通过培训大力提高员工的知识素质和职业素质，员工要有一定的协调能力、沟通能力、分析问题能力与应变能力，这样员工在追求职业成长和发展方面的期望就会提高，从而整个旅行社的服务质量社会提高。

（五）重视品牌效应，提高企业形象

消费者的感性消费呼唤品牌经营战略。旅游产品的显著特点是不可存储性、无形性和异地消费性，这就决定了旅游企业需要通过品牌形象向旅游者传达积极的、实在的感受。旅行社的品牌经营，则是通过品牌设计、品牌推广、品牌保护及品牌资产评估等活动，以提高客户的满意度、忠诚度和旅行社的知名度、美誉度。重视品牌效应，实施品牌经营战略，能够扩大旅行社的知名度，在保证提供优质的旅游产品前提下更能赢得市场，密切与旅游者的关系，获得更多的经济回报。重视企业形象设计，通过优质、诚信的服务，通过良好的企业内部管理，提高企业的形象，提高企业员工和旅游者对企业的认同感，增强企业素质，提升市场竞争力。

知识链接
3-1-6
企业文化建设
专项资金

旅行社企业文化的培育是一项系统工程，不可能一朝一夕完成，旅行社应该把企业文化建设作为日常工作的部分，在实践中不断总结、不断创新，让自身的企业文化引导企业向着更健康、更强大、更具竞争力、更富社会责任感的方向发展。

四、旅行社企业文化实施的方法

在旅行社企业文化的实施过程中应该从人性化的角度，采用各种易于被员工接受

的方式，让企业的核心价值观真正落地。

（一）领导示范法

企业领导者作为企业文化的缔造者、倡导者和管理者，具有示范作用，可以有效引导员工的行为和思考方式，是文化建设实施的关键。要使组织中的每一个人相信并愿意去实践企业共同的价值理念，企业领导应该成为企业核心价值观的化身，率先垂范。

领导者以身作则来引导员工的行为：一是对本企业的价值理念确信无疑，诚心诚意地贯彻执行，要言行一致，表里如一；二是要带头践行企业文化价值理念，事事做员工表率。领导者在确定了价值观体系之后，可以通过象征性的行为等表达出自己对价值观体系的关注，从而使广大员工也关注价值观体系的实现。领导者应深入企业的各个部门，应尽可能多地与基层员工接触。

（二）塑造楷模法

企业楷模又称企业英雄，是企业为了宣传和贯彻自己的文化系统而为企业员工树立的可以直接仿效和学习的榜样。企业楷模是企业价值观的人格化体现，更是企业形象的象征。许多优秀的旅行社都十分重视能体现企业价值观的企业楷模，希望通过这些榜样人物向其他员工宣传和鼓励向上的、积极的企业文化。

企业楷模可以划分为两种类型：第一类是和公司一起诞生的“共生英雄”，也叫创业式英雄，指那些创办企业的英雄；第二种类型是企业在特定的环境中精心塑造出来的，被称为“情势英雄”。共生英雄对企业的影响是长期的，可为全体员工照亮征途；而情势英雄对企业的影响是短期的（多则几年，少则几个月）、具体的，是以日常工作中的成功事例来鼓舞企业员工，激励其他员工的进取心。

企业楷模是在企业实践中逐步成长起来的，但最后真正成为人人敬仰的楷模又需要企业的精心培育。企业楷模是典型人物良好的素质所形成的内在条件与企业“天时、地利、人和”的客观环境形成的催化力共同作用的结果。企业在造就楷模时，主要应该做好以下三方面工作：第一，善于发现楷模“原型”；第二，注重培养楷模；第三，着力塑造楷模。

同时，企业还应该注意对企业楷模进行奖励。这种奖励不应该只是报酬，而更应该是一种精神价值的肯定、一种文化的激励与象征；不应该只局限于楷模本人，而更应该着眼于能够产生更多的楷模。

（三）员工培训法

企业文化的教育培训是企业文化实施的基础工作。企业文化的落实需要员工的认同和配合，但员工受到惯性思维、传统情结和既得利益的影响，不会主动接纳新文化。因此在实施阶段，需要在企业统一部署下，会同人力资源部等相关部门，对全体员工进行系统的培训和宣讲，让员工真正理解企业文化的内涵，发自内心地认同和拥护企业文化。

企业文化的教育培训可以整合在企业的培训管理制度之中。将企业文化作为重要的培训内容，列入新员工培训、老员工在岗培训、专题培训之中。企业文化的培训应该是一种全员培训，因为企业领导层的价值观和信仰只有反映和代表了全体员工的观念、信仰，才对企业管理有意义。同时，通过企业文化全员培训积聚的企业凝聚力，能紧紧地将员工分散的个体力量聚合成团体的力量和行为，使每个员工对企业产生浓厚的归属感和荣誉感。

（四）宣传推广法

在企业文化建设的实践中，不少旅行社都有很好的企业文化内容和精神实质，但是未能得到很好的传播和扩散，未能获得管理者和员工的接受和认同，致使在内部没有产生企业文化的引导、教化、凝聚等作用，在外部也没有形成企业文化的扩散力、影响力和竞争力。究其原因，主要是旅行社没有对企业文化的宣传推广予以足够的重视和充分的运作。

企业文化宣传推广，是指企业通过内外部渠道向员工、通过产品服务向社会传播企业文化并取得认同的过程。企业文化传播的途径有很多，如会议、日常管理、培训、各种媒介、各种活动等。

（五）制度检查法

企业制度本身能体现企业文化。当管理者认为某种文化需要倡导时，他可能通过培养典型或开展活动的形式来推广和传播，但是要把倡导的新文化渗透到管理过程，变成人们的自觉行动，制度是最好的载体。在明确企业价值观念之后，应该将价值观念进一步落实到工作规范中去。对其原有的制度进行系统梳理，剔除、修改与企业文化理念不相适应的部分，增加新的价值观念及相应的规则。只有把企业的制度和企业文化对应起来，才能真正以价值观念引导员工的思维，以制度规范员工的行为，并使企业文化在员工工作中得到落实。

（六）礼仪固化法

企业文化礼仪是指企业在长期的文化活动中所形成的交往行为模式、交往规范性理解和固定的典礼仪式。礼仪表面看来似乎是一种形式，但它不仅是企业价值观的重要体现，而且可以使企业规章制度和道德规范具体化为固定的行为模式，对制度和规范起强化作用。

（七）情境强化法

企业文化的实施还要利用情境强化来实现，即通过营造一定的情境，让员工自觉体会其中隐含的企业文化理念，从而达到自觉自悟的效果。

企业的理念是抽象的，不易把握，更不易入脑入心。怎样克服企业文化建设的这一瓶颈呢？“情境强化”是一把金钥匙。如果情境设计得巧妙，就可以发挥视觉冲击力大、印象深刻的特点，有效地把企业理念渗透到员工内心。情境强化法的关键在于情境的设计，企业应该针对不同的环境、不同的参与者，营造不同的氛围，展现不同的场景，充分发挥这一特定场景的视觉冲击力和心灵震撼力，收到令人满意的效果。如文化理念故事化，通过寓言类故事、企业外部发生的真实案例或企业内部的真实故事进行宣传和渗透。

任务实施

步骤一：根据旅行社的经营理念提炼出企业精神、企业价值观或企业哲学。

步骤二：根据提炼出的旅行社精神文化，制定旅行社行为文化保障措施。

步骤三：将措施进一步细化到旅行社物质文化层面。

任务总结与评价

任务总结与评价见表3-1-7。

表3-1-7　任务总结与评价

工作任务	构建旅行社企业文化框架
任务检查	凝练旅行社的精神文化情况 ○优秀　○良好　○中等　○一般　○未完成
	制定旅行社相关的行为文化情况 ○优秀　○良好　○中等　○一般　○未完成
	落实旅行社的物质文化情况 ○优秀　○良好　○中等　○一般　○未完成
工作成果	
自我评价	
教师评价	
备注	（任务检查中未完成部分情况说明）

项目小结

旅行社人力资源管理有助于旅行社提高经营效率和竞争力，也是内部员工实现自我价值的需要。在日常管理过程中分析内外部招聘因素，确定招聘员工标准，按照科学的程序开展员工招聘，做好旅行社人力资源的配置。员工入职后安排不同内容和方式的培训活动，帮助员工制定合理的员工职业生涯规划。员工投入岗位工作后实施绩效考评，评估结果纳入旅行社薪酬制度。完善薪酬体系，保障薪酬的公平性、激励性、合法性、竞争性和经济性，做好旅行社员工考核与激励。旅行社管理者要认识到企业文化对员工的软约束，从物质、行为和精神三个层面打造企业文化，采取一系列措施和方法构建良好的企业文化，保障旅行社适应各种市场竞争局面。

项目测试

一、选择题

1.内部招聘是指旅行社向企业内部员工通报相关岗位用人信息，接受其他部门或岗位的员工应聘。这种招聘途径的缺点是（　　）。

A.招聘费用成本高　　B.打击员工士气

C.员工信息不真实　　D.不利于创新

2.（　　）是旅行社针对一些员工因工作内容完全改变，开展适应新岗位的培训。

A.专题性培训　　B.脱产培训　　C.转岗培训　　D.岗前培训

3.旅行社企业文化贯穿于旅行社发展战略、经营管理之中，（　　）是旅行社企业文化的核心。

A.企业道德　　B.企业价值观　　C.企业哲学　　D.企业精神

4.以员工比较为基础的绩效考评包括（　　）。

A.自我评估法　　B.业绩评定表法　　C配对比较法

D.简单排序法　　E.强制分布法

在线测评
3-1-1

选择题

5.旅行社确定员工薪酬时要参考（　　）等社会外部因素。

A.与薪酬有关的国家政策和法律　　B.职位的相对价值

C.劳动力市场的供求状况　　D.当地居民生活水平

E.行业差异

二、简答题

1.旅行社招聘员工前要考虑哪些因素？

2.如何规范员工招聘程序？

3.如何开展员工培训工作？

4.简述绩效评估的实施过程。

5.谈谈旅行社企业文化的建设策略。

项目二 旅行社财务管理

◎ 学习目标

知识目标：
•了解旅行社财务管理的目标、内容和方法；
•熟悉旅行社营业收入与利润的管理措施；
•掌握流动资产的管理措施；
•掌握旅行社成本费用的控制措施。

能力目标：
•能够根据旅行社财务要求做好流动资产管理；
•能够根据业务岗位需要做好成本费用控制。

素养目标：
•遵守旅行社财务制度要求；
•培养岗位工作中严格控制成本的意识。

任务一 认知旅行社财务管理

任务导入

工作任务：梳理一个财务周期的旅行社财务工作流程。

任务描述：根据创业开办的旅行社财务工作，设定一个财务周期，把这一个周期涉及的财务工作内容进行梳理归纳。

任务要点：财务工作内容；财务工作流程。

必备知识

一、旅行社财务管理概述

（一）旅行社财务管理的概念

旅行社财务管理是指旅行社利用货币形式，通过预测、计划、核算、分析、监督与控制，对旅行社的资金流动和业务收支进行综合管理，促使旅行社遵守国家法律与规章制度，改善经营管理，加强经济核算，提高旅行社的经济效益。财务管理是随着旅行社企业规模不断扩大而出现的一种管理职能。

案例共享3-2-1　　旅行社引进财务管理软件

欣欣旅行社成立3年，业务量稳定增长，公司财务部工作也开始遇到瓶颈。因为社内部门多，每个部门都是独立核算。往来账金额不多，但是数量非常惊人，资金流动非常频繁。旅行社的业务、账目和资金分离的问题表现突出，为了解决旅行社财务管理问题，减少人员成本。欣欣旅行社购入了一款财务管理软件。软件从旅行社业务着手，将资金进出与具体业务捆绑，从业务数据审核到资金进账流出的层层把关，保证了旅行社对业务人员资金进行统计、查找和控制，旅行社和独立核算单位都可以对往来账目和每个团的利润清楚明了，同时也降低了空开发票，不能冲账的风险。

软件系统分为五大模块：业务管理模块、管理人员模块、出纳管理模块、财务管理模块、发票管理模块。主要功能有：

1.业务管理模块

业务管理模块独立核算业务操作；核算和付款分别输入；快速统计业务利润；员工可以管理本人的业务开票和发票。

2.管理人员模块

管理人员模块审核本部门下属业务人员付款申请、开票审核和统计发票与金额匹配情况；核算和管理本部门业务和资金；查询、统计和管理各部门的营业收款、营业付款、营业回款、发票统计、业务利润等情况。

3.出纳管理模块

出纳管理模块对所有的收款和付款进行确认；记录出纳账本明细和所有收支；负责会计凭证制证和管理，以及银现互转及出纳资金管理。

4.财务管理模块

财务管理模块负责制作和管理旅行社业务核算和会计凭证；管理企业账本；管理旅行社所有核算单位业务员借贷明细；管理旅行社的损益和资产负债表。

5.发票管理模块

发票管理模块负责管理旅行社发票本入库、领用、收回、核销；发票的申请、审核、开票及营业发票统计。

思考：旅行社财务部门的主要工作是什么？旅行社业务岗位的哪些工作需要按照财务部门的要求执行？

（二）旅行社财务管理的特点

1.综合性

财务管理既是组织企业一切经营活动的前提，又反映企业全部经营活动的成果，与企业经营各方面都有着广泛的联系，具有极强的综合性。一切涉及资金的收支活动，都与财务管理有关。

2.灵敏性

旅游业受市场的各种外界因素影响很大，旅行社的各种财务指标能够灵敏地反映出企业的生产经营状况，促使管理人员做出反应。

3.多向性

旅行社财务管理，内部涉及各不相同的业务部门，外部与各旅行社、饭店、餐厅、车队、民航、铁路、轮船公司、景区景点、娱乐场所、商店等行业和部门交往频繁，因此具有多向性的特点。

4.预见性

财务管理的一个重要职能就是财务预测，即对企业财务活动的未来发展趋势做出科学的分析和判断，以较强的预见性克服企业业务管理的盲目性，从而有效地组织资金运动，提高企业经营管理绩效。

5.周期性

旅行社财务管理在时间上表现为一个相互衔接的财务活动周期的过程。前一周期既为后一周期提出了财务管理的目标，也为后一周期奠定基础。周期性表现为财务管理目标在一定时期具有相对稳定性、在不同时期具有差异性和企业财务管理目标具有递进性和层次性，从而体现出企业的价值增值。

6.严密性

旅行社的财务管理，不仅涉及大量资金的周转、财务状况的保密等，而且涉及国家的政策、法令、法规等，在操作上具有严密性。

7.涉外性

我国旅行社的业务主要包括三部分内容：国内游、出境游和入境游。后两种类型的业务，都具有涉外经营性质，财务管理中涉及外币的收付和结算以及汇率的变动等因素，管理内容更加复杂。

二、旅行社财务管理的目标

旅行社是按照市场需求自主经营，以提供旅游服务、提高经济效益和实现保值增值为目的的经济组织。旅行社财务管理的目标受到旅行社的总目标和财务管理本身特点所制约。

（一）以利润最大化为目标

利润代表了旅行社新创造的财富，利润越多财富增加得越多，越接近旅行社的目标。因此利润成为考核旅行社经营情况的首要指标，同时，旅行社员工的经济利益同旅行社实现的利润紧密地结合在一起。企业以利润最大化作为财务管理目标，以目标来指导和控制旅行社的一切经营活动，以目标作为管理人、财、物等各要素的基础，使旅行社管理行为始终围绕目标努力。

以利润最大化为目标有明显不足，一方面会导致企业盲目追求利润，而忽视风险的存在；另一方面，容易造成只看到眼前利益，而忽视长远利益，无视资金时间价值的影响。在当前激烈竞争的市场环境中，这些不足无疑都是致命的。

（二）以财富最大化为目标

财富最大化是通过旅行社的合理经营，采用最优的财务决策，在考虑资金的时间价值和风险报酬的情况下不断增加旅行社财富，使旅行社总价值达到最大。在股份制旅行社中，股东的财富由其所拥有的股票数量和股票市场价格两方面决定，当股票价格达到最高时股东财富也达到最大，这时旅行社总价值也达到最大。所以在股份制旅行社中，财富最大化也可以表示为股东财富最大化。

以财富最大化作为旅行社财务管理的目标，即要正确权衡报酬增加与风险增加的得与失，努力实现两者之间的最佳均衡，使旅行社价值达到最大即财富最大化。一般而言，财富最大化是旅行社财务管理的最优目标。

（三）企业财富和社会效益最大化目标

旅行社生产经营目标与社会效益在许多方面是共同的。在市场经济中，旅行社为了生存，必须面向市场，满足社会需求；旅行社在进行简单再生产和扩大再生产过程中，会增加员工人数，对员工进行教育和培训，从而解决社会就业并提高了人口素质；为了在市场竞争中处于不败之地，旅行社需要改进产品质量和服务，提高生产技术，开发新产品，从而促进了社会效益和公众生活质量的提高。

旅行社从自身的盈利动机出发，可能会提供劣质产品，可能会不顾员工的健康和利益，不改善劳动场所的安全和卫生条件；也可能在经营过程中造成水源污染、大气污染等其他危害。因此，企业必须在国家法律和商业道德的约束下，在政府有关部门的行政监督及社会公众的舆论监督下，充分兼顾企业财富和社会效益，实现两者的最优化，达到经济效益和社会效益双丰收。

三、旅行社财务管理的内容

财务管理是有关资金的筹集、投放、分配的管理工作。财务管理的对象是资金的循环和周转，主要内容是筹资、投资和利润分配。

（一）筹资管理

旅行社为了保证正常经营和扩大经营的需要，必须持有一定数量的资金。旅行社的资金可以从多种渠道、用多种方式筹集不同来源的资金，其可使用的时间长短，附加条款的限制和资金成本的高低都各不相同。这就要求旅行社在筹资时不仅需要从数量上满足经营的需要，而且要考虑筹资方式给旅行社带来的资金成本的高低、财务风险的大小，以便选择最佳筹资方式。

（二）投资管理

旅行社筹集的资金要尽快用于经营，以便获得盈利。但任何投资决策都带有一定的风险性，因此在投资时必须认真分析影响投资决策的各种因素，科学地进行可行性研究。对新增的投资项目，一方面要考虑项目建成后给旅行社带来的投资报酬；另一方面要考虑投资项目给旅行社带来的风险，以便在风险和报酬之间进行均衡，不断提高旅行社价值。

（三）营运资金的管理

旅行社营运资金也称营运资本和流动资金，一般是指流动资产减流动负债后的余额，即旅行社存放于银行的现金、投资于有价证券、占用于应收账款与应收票据和存货储备等项流动资产的总额减去经营过程中发生的流动负债。旅行社的经营活动无不涉及营运资金的范围，因此对营运资金的管理相当重要。

（四）成本费用管理

旅行社成本费用管理是旅行社财务管理的重要内容。旅行社成本费用的耗费是实际活动中发生的各种资金耗费。因此，对成本费用的管理也就是对资金耗费的管理，降低成本耗费是增加盈利的根本途径。

（五）利润管理

旅行社根据国家有关政策进行利润分配，这涉及分配的原则和方法。

（六）财务评价

提高经济效益是一切经济工作的出发点和归宿，经济效益评价是经济工作不可缺少的一部分，合理的财务评价方法是决策科学化的有力工具。任何一个经济管理干部、任何一个旅行社领导、任何一个需要同资金使用打交道的主管人员，都应当懂得财务评价的基本原理和方法。

四、旅行社财务管理的方法

旅行社财务管理的方法是指旅行社用来组织、指挥、监督和控制财务活动，以完成财务管理任务的手段。根据财务管理的环节，常用的管理方法包括以下几种：

（一）财务预测

财务预测是指旅行社根据财务活动的历史资料，考虑现实的要求和条件，对旅行社未来的财务活动和财务成果进行预计和测算。财务预测的目的是为旅行社的计划管理提供信息，为财务决策提供依据。常见的财务预测方法有时间序列法、回归直线法、量本利分析法、投资回收期预测法、现金流量法等。

（二）财务决策

财务决策是指旅行社财务人员在财务管理目标的总体要求下，从多个可以选择的财务活动方案中选择最优方案的过程。财务决策是现代企业经营管理决策的核心内容，财务决策的成功与否，将直接关系到旅行社的财务活动的成效，甚至直接影响企业的经济效益。

（三）财务计划

财务计划是在一定时期内以货币形式反映旅行社经营活动所需要的资金及其来源、财务收入和支出、财务成果及分配的计划。财务计划是企业财务预测和财务决策的具体化，是控制财务活动的依据。制定财务计划的方法很多，最常用的是固定计划法。它是由一定的财务指标体系组成的，确定财务指标的方法主要有平衡法、因素法、比例法、定额法等。财务计划法在旅行社的经营活动中，主要体现在年度财务预算的制定、执行和管理上。

（四）财务控制

财务控制是指企业在进行财务管理过程中，对财务活动施加影响或进行调节，以实现预定的目标。企业财务控制最常见的方法是防护性控制和反馈控制。防护性控制是指财务活动进行前，为使其按预定的目标进行，事先制定一系列制度、规定，以防止出现差异或偏离。例如，旅行社为了加强对企业运营成本和费用的管理，制定了成本和费用管理办法，明确规定了企业的成本和费用范围、费用的开支标准等。反馈控制是指在企业在对财务活动的实际实施情况进行分析的基础上，找出计划与实际情况的差异及产生差异的原因，并采取相应的措施，调整预算或财务活动，从而消除或避免差异。

（五）财务分析

财务分析是指根据会计核算和有关信息资料，运用特定的方法，对企业财务活动的过程和结果进行评价与分析。财务分析方法主要有对比分析法、比率分析法、因素分析法等。在财务分析的实践活动中，必须综合运用各种方法，才能分析出问题产生的原因，找到问题的本质，提出改进措施，最终达到改善企业财务状况、提高企业经济效益的目的。

五、旅行社财务管理的流程

旅行社财务管理自旅行社设立起就已经开始，并贯穿于旅行社的整个持续经营过程。各种财务管理活动整合于旅行社的企业生命链中，形成一个完整的旅行社财务管理流程。旅行社财务管理流程见表3-2-1。

表3-2-1 旅行社财务管理流程

企业生命链	旅行社设立	当前财务周期			下一财务周期		
资金活动	资金筹集	资金筹集	资金运用	资金分配	资金筹集	资金运用	资金分配
财务活动	资本管理	资本管理 资产管理	收入管理 成本管理 利润管理 结算管理	财务报表 财务分析	资本管理 资产管理	收入管理 成本管理 利润管理 结算管理	财务报表 财务分析
财务职能	财务预测 财务决策	财务预测 财务决策	财务计划 财务组织 财务监控	财务分析	财务预测 财务决策	财务计划 财务组织 财务监控	财务分析
管理层次	高层管理	高层管理	基层管理	中层管理	高层管理	基层管理	中层管理

需要注意的是，在表3-2-1中，每一个财务周期都列明了资金筹集的活动，但在实际中，不是每个财务周期都一定存在此种行为。

在财务管理流程表中，管理人员尤其要注意财务管理的层次性：基层财务管理，其职能主要属于会计记录和财务监控职能；中层财务管理，其职能主要是会计核算和财务分析；高层财务管理，属于管理层的决策行为，包括财务决策和资本运营等内容。

任务实施

步骤一：在设定的周期内，归纳旅行社财务工作内容。

____

____

步骤二：在设定的周期内，梳理旅行社财务工作流程。

____

____

任务总结与评价

任务总结与评价见表3-2-2。

表3-2-2　任务总结与评价

工作任务	梳理一周期的旅行社财务工作流程
任务检查	归纳财务工作内容情况 ○优秀　○良好　○中等　○一般　○未完成
	梳理财务工作流程情况 ○优秀　○良好　○中等　○一般　○未完成
工作成果	
自我评价	
教师评价	
备注	（任务检查中未完成部分情况说明）

任务二　管理旅行社的运营资金

任务导入

工作任务：业务岗位的运营资金管理。

任务描述：针对旅行社主要业务岗位采取财务措施，制定流动资产管理措施和成本费用控制措施。

任务要点：流动资产管理；成本费用控制。

必备知识

◎ 知识点1　旅行社资产的管理

一、流动资产的管理

旅行社的流动资产是指可以在旅行社一个营业周期（一般为一年）内变现或耗用的资产。流动资产是旅行社进行业务经济活动的必备条件，在其总资产中占有较大的比重，与其他企业相比，旅行社流动资产数额的大小及其构成情况在一定程度上制约着旅行社的财务状况，直接反映了旅行社的支付能力与短期偿债的能力。

案例共享3-2-2　　严格的回款管理，帮助旅行社渡过难关

2020年1月23日，因疫情防控工作需要，北京各大景区纷纷暂停开放，国都之旅旅行社营业额损失近1 500万元。但是因为地接服务过硬，国都之旅的三角债较少，在其2.5亿元的年营业流水中，应收账款不到100万元。

北京国都之旅国际旅游有限公司总经理麻丽丽解析："我们在回款管理上极其严格。因为地接质量好，我们敢于要求客户在较短周期回款，大客户不超过三个月，小客户立即付款。如此一来，外面欠我们的钱不多，我们也不欠供应商钱，形成良性循环。而接待质量不高的地接社，因为求着客户就会被牵着鼻子走，账期无限期拖延。这也会使得大量地接社接下来一两个月非常艰难。"

资料来源　洪丽萍．疫情未完，这些旅行社员工上班发全额工资，公司还扩张？[EB/OL]．[2020-02-13]．https：//www.lvjie.com.cn/destination/2020/0213/16164.html.

思考：通过国都之旅的财务要求，你认为不同类型旅行社的财务工作在业务流通方面应该做哪些要求？

（一）货币资产管理

旅行社的货币资产主要包括现金和银行存款等。现金经常用于向旅游供应部门和企业采购各种旅游服务，支付旅行社各类劳务及其他各种费用，偿还到期的债务等；银行存款则主要用于旅行社的各种经济往来与结算、发放工资和补充旅行社的库存现金等。旅行社在货币资产管理中主要采取下列措施：

1.确定旅行社的现金库存限制

现金管理的目的是在现金的流动性和盈利之间做出最佳选择，以获取最大的利润。旅行社必须根据本企业日常活动的需要，确定库存现金的数量。日常开支所需的现金数量要适宜，既不能出现现金短缺，也不能造成资金闲置和浪费。

2.严格控制现金的使用范围

旅行社不能随意扩大现金使用范围，其主要使用范围应是：支付职工工资、津贴和奖金；支付个人劳务报酬；支付各种劳保、福利费用以及按规定支付给个人的其他支出；支付差旅费；结算起点（1 000元）以下的零星支出；确定需要现金支付的其他支出。

3.严格现金的收支管理制度

旅行社营业收入的现金应于当天直接存入开户银行，不得坐支现金。所谓坐支，是指旅行社从企业营业收取的现金中，直接支付企业交易款的行为。如因特殊情况确实需要坐支现金，须报开户银行审核批准。旅行社还应建立现金收支业务的职责分离制度，将现金收付和保管与会计记账核算职能分开。旅行社应充分利用商业信用所提供的方便，减少现金的占用时间，从而达到节约现金的目的。旅行社应严格控制现金支出，尽量避免在应付账款到期日之前支付现金，并设法减少某些不必要的开支或推迟支付的时间。

4.加强银行存款的管理

银行存款是指旅行社存放在银行或其他金融机构的货币资金，主要分为人民币存款和外币存款。按照国家规定，旅行社应向当地银行或其他金融机构申报开立账户，以供日常经营资金结算。为保证银行存款与旅行社日记账所记业务及金额的一致性，旅行社财务人员应定期与银行对账。银行则应定期编制对账单，列明旅行社在一个会计周期内通过银行实际收付的资金。旅行社应将日记账与对账单进行认真核对，如发现不符，要及时查明调整。旅行社在银行户头必须有足够的资金来保证支付，且应对其银行存款加强管理，不得出租或出借银行账户，不得套用银行信用，不得签发空头支票或远期支票。同时，还应按照内部控制制度的管理原则，实行钱、账、章、证的分开管理。

5.严格控制现金支出

旅行社在日常现金管理过程中也应注意，例如团队借支现金的手续必须齐全，须由导游人员写出借条、部门经理审核签署意见、执行经理签字批复后才能付款；地接的团队和散客无协议合同、无付款时间和结算办法的，一律不垫支现金，由接待部门自行处理等。

（二）债权资产管理

旅行社的债权资产主要是指应收账款。应收账款是旅行社在业务经营中发生的应收回而未收回，或被商品赊购单位、劳务接受单位以及其他单位暂时占用的资金。应收账款的存在虽然扩大了旅行社占有的市场份额，增加了收入，但是会占用旅行社的流动资金，同时也会带来收不回款的风险。旅行社在债权资产管理中主要采取以下措施：

动画 3-2-1
加强旅行社应收账款的管理

1.合理制定信用政策

这里所说的信用政策主要包括信用标准和信用期。第一，信用标准。信用评价标准是确定风险程度、减少坏账损失的有效手段。信用标准主要因素包含四个：①中间商的品质，即中间商的信誉，有无无故拖欠账款的行为。②偿债能力，即通过对中间商财务报表的分析，得到其偿还债务的能力。③资本，指中间商所拥有的资产总量和获得的可能性，表明其可能偿还债务的背景。④经济情况，包括社会经济环境和旅行社之间竞争的激烈程度。第二，信用期。信用期是指旅行社允许中间商从发团到付款之间的时间。信用期的确定包含两个层次：最佳信用期和单独信用期。其中，最佳信用期主要通过对不同信用期内旅行社获利情况进行分析，选择能取得最大利润的信用期为其最佳信用期。旅行社以前述信用标准为依据，按照中间商的具体经营者和信用情况分别确定单独信用期。

2.监督应收账款到账情况

一般来说，中间商拖欠应收账款的时间越长，旅行社收回该项款项的可能性越小，形成坏账的可能性越大。为此，旅行社应实施严密的监督机制，随时掌握应收账款回收的情况。同时，业务人员的奖励发放必须以应收账款的到账情况为依据，真正落实“谁做团谁收款”的原则。旅行社通常可以通过比较应收账款回收期和应收账款账龄分析的办法，来实施对应收账款回收情况的监督。

第一，比较应收账款的回收期。旅行社将应收账款的实际回收期同规定的回收期进行对比，找出差距，分析原因，采取相应的纠正措施。比较两者差距的计算公式为：

实际回收期同规定的回收期的差距=实际回收期-规定的回收期

第二，分析账龄。旅行社可将所有赊销客户所欠应收账款按时间长短编制成报表，分析其中拖欠时间超过规定回收期的客户的拖欠原因，确定客户的信用程度。旅行社可以根据分析结果采取相应的措施，以避免可能发生的坏账损失。

3.评价应收账款的管理

第一，单户管理评价。对单户管理的评价，可以从两个方面入手：首先是支付的及时程度。旅行社通过观察中间商的付款记录，看其是否已超过或经常超过正常规定的期限。其次是信用限额。旅行社应注意了解中间商所欠债务是否突破了规定的最高限额。

第二，总额管理评价。总额管理评价是对旅行社应收账款管理的总体评价，主要通过对应收账款周转率和平均收账期来进行评价。

4.规定收取应收账款的程序

旅行社对不同到期账款采取不同的回收方法。对于刚刚到期的旅游中间商，旅行社一般采取稍加等待的办法，不宜过多催促，以免使中间商感到不被信任，产生厌烦情绪；对于拖欠时间稍长的中间商，旅行社可措辞婉转地写信催款；对于拖欠时间较长的中间商，旅行社应频繁地用信函催款并使用电话进行催询；对于拖欠时间很长的中间商，旅行社可在催款时措辞严厉，必要时上门催讨，甚至提请有关部门仲裁或向法院起诉。催收客户欠款需支付一定的费用，旅行社应为这种费用的发生规定出适当的标准，当继续催收账款已经得不偿失时，旅行社应该停止对其催收而将这笔账款经报批后作为坏账损失注销。

二、固定资产的管理

旅行社的固定资产是指使用年限在1年以上的房屋建筑、交通工具、通信设备和其他与经营有关的设备、器具、工具等资产，单位价值在2 000元以上的不属于经营主要设备的物品，如果使用年限在2年以上，也属固定资产。对于旅行社来说，固定资产主要是建筑物、房屋和运输工具等。

旅行社固定资产的管理主要包括如何计提固定资产的折旧和如何处理固定资产。

（一）固定资产计提折旧的范围

1.计提折旧的固定资产

根据国家的有关规定，旅行社可以从下列固定资产计提折旧：房屋和建筑物，在用的机器设备、运输车辆，季节性停用、修理停用的设备，融资租入的设备，以经营租赁方式租出的固定资产等。

2.不准计提折旧的固定资产

旅行社不可以从下列固定资产计提折旧：房屋、建筑物以外的未使用、不需使用的机器设备，以经营租赁方式租入的固定资产，已提足折旧仍继续使用的固定资产和未提折旧提前报废的固定资产，国家规定不提折旧的其他固定资产（如土地）等。

（二）固定资产计提折旧的方法

固定资产折旧是对固定资产由于磨损和损耗而转移到产品或服务成本费用中的那一部分价值的补偿。旅行社的固定资产折旧基本采用平均年限法、工作量法等对不同的固定资产进行计提折旧。

1.平均年限法

本方法又称为直线法，是我国目前最常用的计提折旧方法。旅行社采用平均年限法计提固定资产的折旧时，须先以固定资产的原始成本扣除净残值，然后再按照固定资产的预计使用年限平均分摊计算每年或每月的折旧额和折旧率，也就是在计算过程中将固定资产的折旧额均衡地分摊在各期，其各期计提的折旧额都是相同的。这是一种较为简易的折旧计提方法，通常用于房屋等建筑物和贵重办公设备的折旧计提。

平均年限法的计算公式如下：

年折旧率=（1-预计净残值率）/固定资产的预计使用年限×100%

年折旧额=固定资产原始价值×年折旧率

在上述公式中，固定资产净残值率一般按照固定资产原值的3%～5%确定。折旧年限：营业用房20～40年，非营业用房35～45年，简易房5～10年，建筑物10～25年；大型客车（33座以上）30万千米或5～10年，中型客车（32座以下）30万千米或7～8年，小轿车20万千米或5～7年，行李车30万千米或7～8年，货车50万千米或12年，摩托车15万千米或5年。

2.工作量法

有些固定资产（如旅游大巴）在不同的经营期间使用的程度不均衡，发生的磨损程度也相差较大，难以用平均年限法确定其每年的折旧额。对于这类资产，旅行社可以采用工作量法来计提折旧。工作量法是一种以固定资产的具体使用时间或使用量为自变量，且与年限无直接依存关系的折旧方法。

工作量法的计算公式为：

单位工作量折旧额=原值（1-净残值率）/预计使用年限内可以完成的工作量

工作量法是根据实际工作量计提折旧额的一种方法。先计算每单位工作量的折旧额，再根据每单位工作量的折旧额计算某项固定资产的月折旧额。

（三）固定资产的处理

1.提取修理费用

旅行社发生的固定资产修理费用，计入当期成本费用。对数额较大、发生不均衡的修理费用，可以分期摊入成本费用，也可以根据修理计划分期从成本中预提。

2.处理盘亏、盘盈及报废的固定资产

第一，盘亏及毁损固定资产的处理。旅行社在处理盘亏或毁损的固定资产时，应按该项资产的原价扣除累计折旧、过失人及保险公司赔款后的差额，计入营业外支出。

第二，盘盈固定资产的处理。旅行社应按固定资产的原价减去估计折旧后的差额，计入营业收入。

第三，出售或清理报废固定资产的处理。旅行社应将该项资产的变价净收入（变价收入、残料价值减清理费用后的净额）与其净值（原价减累计折旧）的差额，计入营业外收入或营业外支出。

总之，固定资产在日常管理中还应做到：建立使用保管责任制；对固定资产的使用、保管、出售和清理进行经常性的核算和检查；保证固定资产的完整无缺；合理安排固定资产修理以及科学进行固定资产更新等。

◎ 知识点2　旅行社成本费用的管理

一、旅行社的成本费用

为赚取营业收入，旅行社在经营过程中必然要耗费一定量的物资材料（包括货币），这些可以以货币额表现的生产经营耗费就是成本费用。

旅行社成本费用管理的目的在于对旅行社的各项成本费用进行分析，按照管理目标对各环节进行严格的管理与控制，尽量减少成本费用支出，增加企业利润。

案例共享3-2-3　　精打细算才是旅行社发展之道

某家全国百强旅行社，海外组团业务能力极强，每年海外游客的接待量在全省可谓首屈一指。虽然营业额颇高，但公司的收入却不太理想。这是何原因造成的呢？

通过财务报表分析，每年外联人员赴海外的销售费用高达60余万元，仅通信费一项每月高达万元。虽说家大业大，但有些费用支出明显是无谓的浪费。后来该旅行社规定各部门销售、通信等费用的支出由部门自行承担，各部门超额完成公司下达的指标，就能拿到超出部分的奖金，于是各部门积极控制成本的支出，例如前往海外销售的时间缩短，工作效率提高；与海外的电话联络改为电子邮件联系，大大节省了国际长途的费用；严格审核部门员工差旅费报销费用，让员工养成节约的习惯……部门各出妙招、相互借鉴，大大降低了成本费用，公司利润明显增长。

思考：案例中的旅行社控制成本的关键是什么？旅行社的成本费用包括哪些方面？还可以采取什么措施来控制成本？

（一）旅行社的营业成本

旅行社的营业成本是指为组织接待旅游者而发生的直接费用，包括已计入营业收入总额的房费、交通费、文娱费、行李托运费、票务费、门票费、专业活动费、签证费、陪同费、劳务费、宣传费、保险费和机场税等代收费用。

（二）旅行社的营业费用

旅行社的营业费用是指旅行社各营业部门在经营中发生的各项费用，包括广告宣传费、展览费、邮电费、差旅费、保险费、燃料费、水电费、运输费、装卸费、清洁卫生费、低值易耗品摊销、物料消耗、经营人员的工资（含奖金、津贴和补贴）、职工福利费、服装费和其他营业费用。

（三）旅行社的管理费用

旅行社的管理费用是指旅行社在管理经营活动中发生的费用以及由企业统一负担的费用，主要包括企业管理部门人员的工资、工会经费、职工教育经费、劳动保险费、失业保险费、劳动保护费、董事会费、外事费、租赁费、咨询费、审计费、诉讼费、税金、燃料费、水电费、折旧费、修理费、无形资产摊销、低值易耗品摊销、交际应酬费、坏账损失、上级管理费和其他管理费等。

（四）旅行社的财务费用

旅行社的财务费用是指旅行社在经营期间由于筹集和使用资金而发生的各种费用，包括旅行社在经营期间发生的利息净支出（利息支出扣减利息收入后的净额）、汇兑净损失、金融机构手续费以及为筹资而发生的其他费用等。

二、旅行社成本费用的分析

（一）单团成本分析

单团成本分析的前提是实行单团成本核算。为了达到控制成本、提高旅行社经济效益的目的，应采取以下几个步骤：

（1）在综合分析市场状况和旅行社自身经营状况的基础上编制成本计划，制定出一套分等级的计划成本并以此作为衡量旅行社经济效益的标准。

（2）将单团的实际成本与计划成本进行对比，找出差异。对于差异较大的旅游团要逐项进行分析，找出导致成本上升的原因并加以改进。

（3）加强信息反馈，把在成本分析中发现的差异及其原因及时反映给有关领导和部门，以便加强对成本的控制。

（二）部门批量成本分析

接待业务量较大的旅行社应实行部门批量成本分析和核算，将接待旅游团的不同部门作为成本核算的对象，进行成本的归集和分配，核算出各个部门接待一定批量旅游者的计划成本水平和经济效益。旅行社在进行成本分析和核算时应采取以下几个步骤：

（1）编制各部门接待一定批量旅游者的计划成本及计划成本降低额（率），核算出实际成本及实际降低额。

（2）按照部门接待旅游者数量变动、产品结构变动、成本变动三方面进行因素替代分析，找出各因素的影响程度。

（3）将信息反馈给有关部门，采取措施，扭转不利因素影响。

三、旅行社成本费用的核算

旅行社成本费用核算可以根据旅行社的经营规模和范围分别实行单团核算和部门核算。

（一）单团核算

单团核算是以旅行社的每个旅游团队作为成本核算的对象，按团队进行费用归集和分配的一种核算方法。采用这种方法，要对不同的支出采用不同的归集和分摊方法。对于房费、餐费、车费等直接支出应逐项核对，按项登记；对于订票手续费、行李搬运费等按人数分摊；对营业费用、管理费用等间接费用，按人天数分摊。单团核算法采用一团一价，有利于旅行社之间的款项结算，能如实、直观地反映某个旅游团的经营成果，有利于旅行社进行正确的财务决策。但单团核算法工作量较大，一般适用于业务量不大的旅行社。

微课 3-2-1

旅行社成本费用控制

（二）部门核算

部门核算是以旅行社内部直接创造利润的业务部门作为成本核算对象，按部门归集和分配费用，计算出各部门盈亏情况的一种核算办法。采用部门核算法有利于旅行社认清自身在细分市场上的占有率，为企业经营管理及市场开发决策提供依据。同时提高各部门的工作积极性，增强内部的竞争意识，从而全面提高旅行社的经济效益。这种核算方法适用于业务量较大的旅行社。

四、旅行社成本费用的控制

（一）制定成本费用标准

旅行社在经营过程中需要付出大量的成本费用，以获得预期的经营收入。如果成本费用过高，会使旅行社的经营利润下降，甚至造成亏损。因此，旅行社管理者必须根据本企业的实际情况和经营目标，并参照其他旅行社的成本费用水平，制定出本旅行社的成本费用标准。这是旅行社成本控制的首要项目。旅行社制定成本费用标准的方法主要有分解法、定额法和预算法。

1.分解法

分解法是指将目标成本费用和成本费用降低目标按成本费用项目进行分解，明确各成本费用项目应达到的目标和降低的幅度。在此基础上，把各成本费用项目的分解指标按部门进行归口分解；然后，各部门再把成本费用指标落实到各个岗位或个人，由各个岗位或个人分别制定各项费用支出的目标和措施，对分解指标进行修订。各项修订后的指标要以实现目标成本费用为标准进行综合平衡，之后即可形成各项成本费用开支的标准。

2.定额法

定额法是指旅行社首先确定各种经营成本或费用的合理定额，并以此为依据制定成本费用标准。凡是能够直接确定定额的成本或费用，都应制定标准成本费用。不能直接确定定额的成本费用，也要比照本行业平均水平确定成本费用开支标准限额，用以控制盲目的成本费用开支。

3.预算法

预算法是指把经营成本和各项费用划分为同销售收入成比例增加的变动成本费用，不成比例增加的半固定成本费用或半变动成本费用，以及与销售收入增减无关的固定成本费用，按照业务量来分别制定预算，作为成本费用控制标准。业务量不同，其成本费用预算也不一样。因此，可以针对不同的业务量制定弹性预算。

（二）成本费用的日常管理和控制

1.建立成本费用控制信息系统

旅行社应该通过建立成本费用控制信息系统来对经营活动过程中产生的成本费用进行成本控制。成本控制信息系统主要包括三个部分：一是成本费用指标、标准和定额等输入系统；二是核算、控制和反馈系统；三是分析预测系统。三个系统构成一个整体，发挥提供、传递与反馈成本信息的作用，是成本费用控制的有效手段。

2.实行责任成本费用制度

为了加强成本控制，旅行社应实行责任成本费用制度，把负有成本费用责任的部门作为成本费用责任中心，使其对可控成本费用负完全责任。责任成本费用制度可以把经济责任落实到旅行社内部各个部门，推动各部门控制其所负责的成本费用。

3.进行重点控制

旅行社管理者应在日常成本费用控制中对占成本比重较大的部门或岗位、成本降低目标较大的部门或岗位和目标成本实现较难的部门或岗位进行重点控制。按照确定的标准，对这些部门或岗位的成本费用进行检查和监督，以降低成本费用，提高经营利润。

（三）定期检查与考核挂钩

旅行社管理者应定期对各部门成本费用控制情况及整个旅行社的成本费用控制情况进行检查和考核。在检查与考核过程中，旅行社管理者应着重做好以下几项工作：一是检查成本控制计划的完成情况，查找和分析产生成本差异的原因；二是评价各部门和个人在完成成本计划过程中的成绩和缺点，给予应有的奖励和惩罚；三是进行认真的分析总结，将一些有益的经验进行标准化，同时在企业内部大力推广，实现成本费用管理制度的科学化和标准化。

◎ 知识点3　旅行社营业收入与利润的管理

一、旅行社营业收入的管理

旅行社的营业收入是指旅行社在经营活动中的一定期间内，由于向旅游者提供服务而获得的全部收入。它是考核旅行社规模与经营业绩的重要指标，是旅行社利润的主要来源，也是旅行社进行财务管理的重点内容。但由于营业收入中包含了很多成本因素，所以营业收入高并不等同于经营状况良好。

（一）旅行社营业收入的构成

旅行社的营业收入是指旅行社在一定时期内，由于向旅游者提供服务而获得的全部收入，其主要包括：

1.综合服务费收入

综合服务费收入是指为旅游团（者）提供综合服务所收取的综合服务收入。它包括导游费、餐饮费、市内交通费、全程陪同费、组团费和接团手续费等。

2.房费收入

房费收入是指旅行社为旅游者代订饭店的住房，并按照旅游者实际住房等级和过夜天数收取的住宿费收入。

3.城市间交通收入

城市间交通收入是指旅游者为旅游期间在旅游客源地与旅游目的地之间，以及在旅游目的地各城市或地区之间，乘坐各种交通工具所付出的费用而形成的收入。

4.专项附加费收入

专项附加费收入主要是指旅行社向旅游者收取的汽车超公里费、风味餐费、游江费、特殊游览门票费、文娱费、专业活动费、保险费、不可预见费等收入。

5.单项服务收入

单项服务收入主要是指旅行社接待零散旅游者和委托代办事项所收取的服务费、代理代售国际联运客票和国内客票的手续费，以及代办签证费等收入。

（二）旅行社营业收入的管理内容

旅行社营业收入具有一个明显的特点，即营业收入中代收代支部分占相当的比例，这也是旅行社在业务经营方面的一个重要特点。旅行社在对营业收入进行核算时，应根据其营业收入的特点来加强管理，正确地进行时间和金额上的确认。旅行社营业收入的管理主要包括以下三个方面的内容：

1.确认营业收入的标准

按照国家的有关规定，旅行社在确认营业收入时，应实行权责发生制。根据权责发生制原则，旅行社在符合以下两个条件时，可确认其获得了营业收入。

（1）旅行社已经向旅游者提供了合同上所规定的服务。

（2）旅行社已经从旅游者或组团旅行社处收到团款，或取得收取团款权利的凭据。

2.界定营业收入实现的时间

（1）入境旅游。旅行社接待境外旅游者到境内旅游，以旅游者离境或离开本地时，作为确认其营业收入实现的时间。

（2）国内旅游。旅行社组织国内旅游者在国内旅游，接团旅行社应以旅游者离开本地时，组团旅行社应以旅游者旅行结束返回原出发地时，作为确认其营业收入实现的时间。

（3）出境旅游。旅行社组织中国公民到境外旅游，以旅游者旅游结束返回原出发地时，作为确认其营业收入实现的时间。

3.加强对营业收入的结算管理，缩短收款时间

旅行社营业收入中有一部分是应收账款，而应收账款的发生将使旅行社的资金被占用，同时存在潜在的坏账风险和管理成本。因此，旅行社应采用适当的结算方式，减少应收账款，加速应收账款的回收；减少旅行社的资金占用，加速资金周转；减少风险，避免坏账损失，从而提高旅行社的资金收益率。旅行社在日常经营活动中，可以考虑采用预收包价旅游费、预收定金、直接现金收款等方式来加强结算管理。

二、旅行社利润的管理

旅行社的利润是在一定时期内旅行社的最终财务成果，是反映企业经营成果的最重要指标。旅行社的利润总额由营业利润、投资净收益、营业外收支净额等构成，是一定期间内营业收入扣除成本、税费及其他支出后的余额。旅行社实现的利润越多，其经济效益越好。因此，对利润的管理是旅行社财务管理中十分重要的一项内容。

（一）旅行社利润的构成

1.旅行社营业利润

旅行社营业利润是指营业收入扣除营业成本、营业费用、营业税金、管理费用和财务费用后的净额。

2.旅行社投资净收益

旅行社投资净收益是指投资收益扣除投资损失后的数额。投资收益包括对外投资分得的利润、取得股利、债券利息、投资到期收回或中途转让取得的款项，高于投出

资产账面净值的差额。投资损失是指投资不当而产生的投资亏损额，或指投资到期收回或中途转让取得的款项低于投出资产的账面净值的差额。

3.旅行社营业外收支净额

旅行社营业外收支是指旅行社兼营与旅游业务无直接关系的其他各项业务的收入或支出。旅行社营业外收支净额是指营业外收入减营业外支出后的差额。营业外收入包括固定资产盘盈和变卖的净收益，确实无法支付而按规定程序批准后转作营业外收入的应付账款、礼品折价和其他收入等。营业外支出包括固定资产盘亏和毁损、报废后的净损失、非常损失、赔偿费、违约金、罚息和公益性捐赠等。

（二）利润管理

利润管理是旅行社财务管理的一项重要任务，主要内容是确定目标利润和进行利润分配。

1.确定目标利润

旅行社应在每个营业期初确定其将在这个营业期内获得多少利润，即确定目标利润，以便采用各种方便、可能的方法来实现这一目标。计算公式为：

目标利润=预计营业收入-目标营业成本-预计营业税金-营业费用

旅行社在确定了目标利润之后，可以用“量、本、利分析法”测算需要多少业务量，需要降低多少成本和期间费用，才能实现目标利润。计算公式为：

保本销售量=固定成本费用总额÷［单位销售价格×（1-税率）-单位变动成本］

$$\frac{实现目标}{利润销售量}=\left(\frac{固定成本}{费用总额}+\frac{目标}{利润}\right)\div\left[\frac{单位}{销售价格}\times(1-税率)-\frac{单位}{变动成本}\right]$$

目前我国绝大多数旅行社都同时经营多个旅游产品，受市场供求关系、旅游市场竞争激烈程度以及产品的等级规格、内容档次等影响较大。因此，应用“量、本、利分析法”有一定的难度，所以很多旅行社都是参考以前经营年度的平均成本和营业收入，按上述公式进行计算。

2.利润分配

利润分配是旅行社利润管理的另一项重要内容，由于旅行社的体制不同，利润分配方式也存在一定的差异。目前，我国的旅行社主要分为股份制旅行社和非股份制旅行社两种类型。

（1）股份制旅行社。按照国家的有关规定，股份制旅行社在依法向国家缴纳所得税后，应首先提取公益金，然后按下列顺序分配剩余的利润：支付优先股股利；按公司章程或股东大会决议提取任意盈余公积金；支付普通股股利。

（2）非股份制旅行社。非股份制旅行社在依法向国家缴纳所得税后，按照下列顺序分配税后利润：支付被没收财物损失和各项税收的滞纳金、罚款；弥补旅行社以前年度亏损（根据国家有关规定，旅行社发生亏损，可用下一年度的税后利润弥补延续5年未弥补的亏损）；提取法定盈余公积金（根据国家有关规定，旅行社提取的法定盈余公积金，应为税后利润的10%；法定盈余公积金已达旅行社注册资本金的50%后，可不再提取，旅行社提取的盈余公积金用于弥补亏损或按规定转增资本金）；提取公益金（旅行社提取的公益金，主要用于职工集体福利支出）；向投资者分配利润（旅行社以前年度未分配的利润，可并入本年度利润一并分配）。

育德启智 3-2-1　　创新旅行社品牌“猴开心”获五岳资本 5 000 万元 A 轮融资

“猴开心”近期已完成 5 000 万元 A 轮融资，投资方为五岳资本。“猴开心”的主要业务是为合作的旅行社提供服务和各种信息化工具。

据介绍，本轮融资资金将主要用于技术平台的持续升级、全国各地分销渠道的拓展以及团队建设等。“猴开心”为合作的旅行社提供三方面服务：一是全国统一的品牌和 VI 体系，也包括所有店铺的装修风格等，增强旅行社的品牌力；二是打造一个 R2B2C 平台，这里的 R 是指资源，包括上中下游的供应链产品、资金、系统等；三是统一的服务标准体系，包括产品、服务、管理等方面。

资料来源　佚名. 一年发展 2 500 家品牌营业部，“猴开心”旅游获五岳资本独投 5 000 万元 A 轮融资［EB/OL］.［2020-06-15］. https：//pe.pedaily.cn/202006/456205.shtml#:~:text=.

学有所悟：旅行社是一个高现金流周转的行业，但长期碎片化的现状，导致大部分旅行社都不能从银行等金融机构获得资金支持。“猴开心”的定位就是旅游产业连接器——上游整合供应链，下游触达用户需求，同时为旅行社的运营提供各种信息化工具。提高整个行业的信息化程度，有利于在中长期解决融资问题。

任务实施

步骤一：归纳该业务岗位涉及的流动资金项目，制定相应的管理措施。

____

____

步骤二：从该业务岗位出发，核算成本费用项目，制定成本费用控制措施。

____

____

任务总结与评价

任务总结与评价见表 3-2-3。

表 3-2-3　　任务总结与评价

工作任务	业务岗位的运营资金管理
任务检查	制定流动资产管理措施情况 ○优秀　○良好　○中等　○一般　○未完成
	制定成本费用控制措施情况 ○优秀　○良好　○中等　○一般　○未完成

续表

工作成果	
自我评价	
教师评价	
备注	（任务检查中未完成部分情况说明）

项目小结

旅行社管理的目标是生存、发展和盈利。财务管理就是以利润最大化、企业和社会效益最大化为目标对旅行社资金的筹集、投放、分配进行管理。旅行社用来组织、指挥、监督和控制财务活动，以完成财务管理任务。科学开展对流动资产、固定资产、成本费用和营业收入与利润的有效管理，合理分配运营资金。

项目测试

一、选择题

1.旅行社财务管理的（　　）表现为财务管理目标在一定时期具有相对稳定性、在不同时期具有差异性、企业财务管理目标具有递进性和层次性。

A.周期性　　B.预见性　　C.灵敏性　　D.综合性

2.（　　）是旅行社在业务经营中发生的应收回而未收回，或被商品赊购单位、劳务接受单位以及其他单位暂时占用的资金。

A.流动资产　　B.现金库存　　C.银行存款　　D.应收账款

3.接待业务量较大的旅行社应实行（　　）成本分析和核算，将接待旅游团的不同部门作为成本核算的对象。

A.单团　　B.双团　　C.部门批量　　D.部门单团

4.根据财务管理的环节，旅行社财务管理的方法包括（　　）。

A.财务预测　　B.财务决策　　C.财务计划

D.财务控制　　E.财务分析

5.旅行社的营业收入由（　　）构成，是在一段时期内向旅游者提供服务而获得的全部收入。

A.综合服务费　　B.房费　　C.城市间交通费

D.专项附加费　　E.单项服务费

在线测评
3-2-1
选择题

二、简答题

1.旅行社如何做好流动资产管理工作？

2.简述旅行社日常成本费用控制的措施。

项目三 旅行社质量管理

◎ 学习目标

知识目标：
- 了解旅行社质量和质量管理的含义；
- 熟悉旅行社质量的衡量和管理方法；
- 掌握旅行社质量管理的实施。

能力目标：
- 能够把握衡量旅行社质量的方法；
- 能够采取有效措施提升旅行社质量。

素养目标：
- 树立产品质量观念；
- 培养服务质量意识。

任务一 认知旅行社质量管理

任务导入

工作任务：认知旅行社质量管理项目。

任务描述：开办的旅行社在经营中显现出产品竞争力下降的趋势，经过旅行社管理层的经营状况分析，发现旅行社缺少质量管理工作的执行。针对这一现象，旅行社开展了对公司质量管理项目的分析。

任务要点：旅行社质量的衡量；旅行社质量管理项目。

必备知识

一、旅行社质量的含义

旅行社质量是旅行社的产品符合标准的程度及能满足旅游者的要求的程度。

旅行社质量包括三个方面：一是产品设计质量，如采购；二是接待质量，如门市接待人员和导游人员的服务水平；三是环境质量，包括硬件环境质量和软环境质量两个部分，硬件环境质量是指旅行社在接待旅游者的整个过程中，所利用的各种设备及其他辅助硬件项目的水平；软环境质量是指旅行社内部各部门之间的协调和旅行社与相关旅游服务供应部门之间的合作水平。

案例共享3-3-1　　三亚举办旅行社质量管理培训　迎接冬季旅游旺季到来

近几年，游客的出行方式和消费喜好发生巨大变化，“散客”成为市场的主流。各大OTA平台给出的数据分析显示，三亚成为冬季旅游最热门的目的地。近日，三亚市旅文局主办，三亚市旅行社协会承办，全市各旅行社工作人员近百人参加了三亚市旅行社质量管理培训班。

培训邀请业内专业人士从旅行社转型等方面进行授课，分享了旅行社数字化转型的经验，助力三亚打造舒心、省心、放心、顺心的旅游环境，迎接三亚冬季旅游旺季的到来。主讲老师根据自身经历与学员分享旅行社转型之路，深入浅出地从旅行社提升服务质量、旅行社产品开发管理、旅行社产品营销管理等方面进行讲解，同时强调要利用互联网科技，全方位提升旅游服务质量、加强安全管理。

三亚市旅文局相关负责人表示，各旅行社要加强安全管理，抓好发展“底线”，优化旅游服务质量、创新旅游产品供给提升发展“上限”，营造“规范经营、理性消费”的旅游环境。同时按要求做好安全生产工作，强化员工技能培训，提高业务素质和服务水平，在旅游旺季为游客提供优质满意的服务。

资料来源　许静仪．三亚举办旅行社质量管理培训　迎接冬季旅游旺季到来［EB/OL］.［2020-11-27］. http：//hi.people.com.cn/n2/2020/1127/c231190-34442375.html.

思考：旅行社质量管理得到社会各界的广泛关注，旅行社自身应该如何认识质量管理工作呢？

二、旅行社质量的衡量方法

不同的旅游者对同一产品的满足需求的程度也有所不同，因此，旅行社产品的质量是非常难以确定的，控制的难度也较大。

为了推行规范化管理，尽量量化旅行社产品质量，我们可以结合旅游产品本身的一些特点和客观标准来推行一些行业标准，如《旅行社出境旅游服务规范》（LB/T 005—2011）、《旅行社入境旅游服务规范》（LB/T 009—2011）、《旅行社国内旅游服务规范》（LB/T 004—2013）、《旅行社服务网点服务要求》（LB/T 029—2014）、《导游领队引导文明旅游规范》（LB/T 039—2015）、《旅行社老年旅游服务规范》（LB/T 052—2016）、《旅行社在线经营与服务规范》（LB/T 069—2017）、《旅行社旅游产品质量优化要求》（LB/T 073—2019）等。事实上，旅游产品质量的好坏，在很大程度上受旅游者主观感受的影响，这就要求旅行社要重视研究旅游者的不同需求，有针对性地提供服务，从而有效地满足旅游者的需求。

在实际操作中，我们经常从普通旅游者的旅游预期和旅游感知的角度来确定旅行社产品的质量。其中，预期服务质量是指旅游者在接受旅行社提供的实际服务之前，对旅行社产品质量所产生的心理预期。感知服务质量是指旅游者在旅游过程中实际体验到的旅行社服务质量。

育德启智 3-3-1　上海春秋入选国家级文明旅游示范单位首批名单

2021年末，文化和旅游部网站公布了第一批国家级文明旅游示范单位名单，47家单位入列。上海春秋旅行社上榜，是入选的三家旅行社之一。

上海春秋旅行社成立于1981年，是首批上海5A级旅行社、全国旅游服务质量标杆单位、全国文明单位、全国守合同重信用企业、中国旅行社品牌20强之一，业务涉及常规旅游、会展旅游、体育旅游、邮轮旅游、都市观光等。

《文明旅游示范单位要求与评价》(LB/T075-2019)于2019年8月1日实施，当年12月，上海市春秋旅行社就学习了文化和旅游部对该标准的详细解读，并在公司内部组织学习，对标优化文明旅游管理体系，将标准要求转化为公司文明旅游的管理要求。对标对表之下，上海春秋旅行社采取了一系列务实措施，夯基础、抓关键、炼队伍、立规矩、树口碑。

上海春秋旅行社围绕旅游服务七环节设立相应的文明旅游工作内容，包括产品设计、资源管理、营销宣传、导游提示、特殊照料、事件处置、服务售后等，将文明旅游服务要求纳入管理制度，夯实文明旅游基础。把好五个关键点，包括干部员工自身形象、营销宣传内容、签约承诺内容、短信提醒内容、出境游签字再提醒内容等，将文明旅游要求纳入具体的服务规范，健全文明旅游职责。

将文明旅游服务规范和要求纳入绩效考核。上海春秋旅行社建立了采购质量内控、游客满意测评、"啄木鸟"门规暗查和导游领队带团检查相结合的"四位一体"质量监控体系。在游客满意度调查中，将游客反馈的对文明旅游工作不到位的团队质量评定为差团，还要求将游客抱怨相关信息用于产品的设计改进和优化，以持续提高文明旅游工作质量。

在创建"国家级文明旅游示范单位"过程中，上海春秋旅行社十分重视，成立了创评工作组，工作组成员包括质监合规部、产品设计、销售、导游管理、供应商管理等12个部门。对标评定细则，围绕制度建设、卫生环境、服务质量、宣传引导、实践活动等，对文明旅游规划、制度、记录等文档材料进行了汇总整合，形成申报材料；现场检查由主要负责人带队汇报。整个创评过程对于旅行社的文明旅游工作是很好的自我检查和提升的机会。上海春秋旅行社借此机会对文明旅游管理体系过程进行再梳理、找不足，持续不断提升服务水平。

资料来源　贾亭沂．国家级文明旅游示范单位丨上海春秋入选首批名单的五大"键点"[EB/OL]．[2021-12-10]．https://baijiahao.baidu.com/s?id=1718757851901496150&wfr=spider&for=pc%EF%BC%89.

学有所悟：旅游服务质量是旅游业作为现代服务业的内在属性，是企业的核心竞争力，是衡量行业发展水平的重要指标。加强旅游服务质量监管、提升旅游服务质量是推进旅游业供给侧结构性改革的主要载体，是旅游业现代治理体系和治理能力建设的重要内容，是促进旅游消费升级、满足人民群众多层次旅游消费需求的有效举措，是推动旅游业高质量发展的重要抓手。

三、旅行社质量管理的含义

旅行社质量管理，是指旅行社为了保证和提高产品质量，综合运用一整套质量管理的体系、思想、手段和方法所进行的系统的管理活动。具体地说，就是旅行社全体员工及有关部门共同将经营管理、服务技术、数理统计等方法和思想教育结合起来，建立起旅游产品生产全过程的质量保证体系，从而用最为经济有效的手段提供给旅游者满意的旅游产品。

四、旅行社质量管理的基本要求

旅行社产品质量是对旅游者全过程服务工作的综合反映，由于旅行社产品的特殊性以及旅行社产品生产、消费过程的特殊性，因此，旅行社产品质量必然涉及旅行社内外各个部门和每一个服务人员，对管理的要求也就必然是全面的、系统的。因此，旅行社的质量管理应该是全面质量管理、全过程质量管理和全员质量管理的结合。

（一）全面的质量管理

全面的质量管理是指旅行社经营中涉及的所有质量，不仅是产品质量，还包括服务质量、环境质量。在全面质量中，产品质量是核心。

全面的质量管理要求旅行社各个管理层次都有明确的质量管理活动内容。上层质量管理侧重于质量决策；中层的质量管理要确定本部门的目标和对策，更好地执行质量职能；基层工作进行具体的业务质量管理，要求每个职工都要严格地按标准及有关规章制度进行生产和工作。这样旅行社才能组成一个完整的质量管理体系。

（二）全过程的质量管理

全过程的质量管理指旅行社产品或服务质量的产生、形成和实现的连续过程，包括从产品的研究、设计、作业、服务等到全部有关过程的质量管理，具体操作中可分为游前、游中、游后三个阶段。

1. 游前阶段

这个阶段的管理重点是旅游产品的设计、宣传、销售和接待的质量。对收集信息、经营决策、设计包装、操作实施和接待服务等环节实施质量控制，以保证旅游产品的质量，防止残次品出现在市场上。同时旅行社通过积极的宣传和招徕、服务人员的接待和介绍，有效地吸引远距离客源。

2. 游中阶段

这个阶段的管理重点是服务质量和环境质量。就服务质量而言，必须对导游员的服务态度、服务方式、服务项目、服务语言、服务仪表、服务时间和职业道德等方面实施规范化管理，使旅游者通过接受导游服务对旅行社产生信任和好感。当然，这个阶段也包括旅行社各后勤部门的协调、配合和提供便利等工作的管理。环境质量的管理主要是对旅行社的各协作单位如饭店、餐厅和车队等的服务质量进行监督和管理。旅行社首先必须选择质量信誉度高的单位作为合作伙伴，在长期的合作过程中，还应该积极与协作单位签订完整的合作条款和协议，以确保各个接待环节高效有序地进行。

3. 游后阶段

这个阶段是对前两个阶段服务的延续和补充，这个阶段的管理重点是做好旅游产品质量的检查和评定工作，提供售后服务和处理旅游者投诉等。当旅游产品被旅游者消费后，旅游产品的效用能否达到预期效果，甚至是否会出现一些意想不到的质量问题，都需要由质量管理人员以一定的方式回访旅游者，认真倾听旅游者的反映、感受和意见，总结经验以进一步提高服务质量。这既是对旅游者的一种尊重和信任，也是真正通过市场方法获得产品质量信息的一种有效方法。

游前、游中和游后三个阶段的管理是不可分割的完整的质量管理过程。由于旅行社产品的特殊性，旅行社应形成一套综合性的质量体系，应提倡预防为主的思想，将全过程质量管理的重点放在游前阶段的管理上。

（三）全员的质量管理

旅行社要将质量责任落实到全体职工，人人为保证和提高质量而努力，要求全员参加质量管理，要求全体职工树立质量第一的思想，各部门各个层次的人员都要有明确的质量责任、任务和经验，做到各司其职、各负其责，形成一个群众性的质量管理系统。尤其是要开展质量管理小组活动，充分发挥广大职工的聪明才智和主人翁精神，把质量管理提高到一个新水平。

任务实施

步骤一：从旅行社产品、服务和环境方面，衡量旅行社质量情况。

____

____

步骤二：通过衡量旅行社质量状况，确定旅行社质量管理项目。

____

____

任务总结与评价

任务总结与评价见表3-3-1。

表3-3-1 任务总结与评价

工作任务	认知旅行社质量管理项目
任务检查	衡量旅行社的质量状况情况 ○优秀 ○良好 ○中等 ○一般 ○未完成 确定旅行社质量管理项目情况 ○优秀 ○良好 ○中等 ○一般 ○未完成
工作成果	
自我评价	
教师评价	
备注	（任务检查中未完成部分情况说明）

任务二 开展旅行社质量管理

任务导入

工作任务：制订旅行社质量管理方案。

任务描述：针对上一个任务旅行社确定的质量管理项目，制订质量管理方案。

任务要点：旅行社质量管理方法；旅行社质量管理具体实施过程。

必备知识

一、旅行社质量管理的意义

（一）提高旅游者的满意度

旅游者希望得到优质服务的心理需求是一致的，有的旅游者甚至把享受高水平的服务作为自己的旅游动机。由此可见，服务本身就是旅行社质量的具体表现。旅游接待服务必须最大限度地满足旅游者的需求，力求从服务态度、内容、方式、技能等多方面招徕和吸引更多的消费者。

（二）树立行业的优秀形象

旅行社的产品、服务和环境质量反映其经营管理水平。导游和领队的服务质量，既是企业形象的缩影，又体现了一个国家或地区旅游业的服务水平和社会面貌。旅行社的产品质量更是行业内竞争力的保障。由此可见，旅行社质量的优劣，不仅直接关系到旅行社的企业形象，而且在很大程度上影响行业和地区的声誉和形象。

动画 3-3-1

树立旅行社企业形象

（三）创造企业的良好效益

旅行社的产品服务质量是旅行社市场竞争的主要手段之一。谁的产品质量过硬、服务质量高，谁就更能吸引旅游中间商和旅游者。旅行社的优质产品和服务不仅是吸引"回头客"的重要手段之一，还会产生良好的口碑效应，成为不花费成本但却最有说服力的"活广告"。因此，优质的产品服务质量是旅行社产生良好效益的源泉。

案例共享 3-3-2　　旅行社质量管理与 ISO 9000 的关系

ISO 9000 是国际公认的最低质量保证体系标准。它强调过程管理和质量管理并重，是全面质量管理的基础，它为企业提高质量管理水平提出了最基本的奋斗目标，是我国旅行社企业同国际惯例接轨的一种方式。旅行社质量管理的实施，就是通过 ISO 9000 质量认证，结合企业具体情况建立一套质量管理体系，使质量管理工作制度化、程序化、标准化。因此 ISO 9000 与全面质量管理两者是打基础与求发展的关系，ISO 9000 是质量管理最基本、最起码的要求；旅行社全面质量管理是寻求发展，达到更高水平的要求。

思考：旅行社为什么要进行质量管理？旅行社质量管理工作涉及哪些方面？

二、旅行社质量管理的方法

（一）建立旅行社服务质量反馈机制

旅游者对旅行社的服务是否满意是判断旅行社服务质量的标准之一。旅行社应该建立有效的反馈机制，调查、评价和管理服务质量。

1.服务质量调研

选取服务质量的评价标准，制作面向顾客的调查问卷，发放后再回收有效问卷进行综合统计。运用消费者期望值模型分别测算出预期质量和感知质量，根据相关公式，求得差距值。其差距值越大，表明感知质量离预期质量差距越大，服务质量越差；反之，则服务质量越好。

2.设立质检部门

为保证旅游产品质量，旅行社必须建立相应的组织机构，确保质量管理目标的实现。为使质检工作客观公正，质检人员不能从各个部门中抽调来临时担任，而应配置专人组成专门的质量管理机构，负责旅行社质量管理工作。质检部门直接受总经理领导，从产品设计、服务采购到售后服务全面监督服务质量，并有权对违规部门和人员进行处罚。顾客投诉有助于发现自身存在的问题，旅行社质检部门应认真对待每次信息反馈，建立投诉档案，把服务质量作为部门绩效评价的一项重要指标，奖罚分明。

3.建立质量信息循环反馈系统

旅行社通常用质量反馈单和旅游服务质量评价表收集顾客反馈的信息。了解旅游者对旅游产品及各接待服务部门的意见。尤其是对旅行社接待工作和人员的意见。旅行社还可以通过电话、网络、中间商、展会等多种渠道获得服务质量反馈信息。首先由业务部向门市部工作人员及导游人员指派业务，根据指派的业务，门市部工作人员和导游人员向旅游者提供服务；质量管理部门根据游客的反映对旅行社服务质量进行评估，然后由质量管理部门将评估结果分别反馈给相关员工和业务部，并将质检情况上报和存档；最后由旅行社总经理向业务部发出质量指令，完成一次信息循环。因此，通过质量信息循环反馈系统，可及时发现质量问题、解决质量问题。

（二）建立质量档案

旅行社应建立质量档案，记录旅行社各个部门及员工特别是导游人员和门市部工作人员的工作质量，并对协助单位的工作质量建档。尽管建立质量档案工作量很大，但有重要的意义，因为质量档案是旅行社实施质量管理的重要依据，特别是对旅行社选择协助单位有重要的参考价值。

（三）编制质量周报

由旅行社质检部门每周根据旅行社各个部门的业务运作情况编制质量周报，重点报告一周旅行社接待的各种类型旅游团队的接待服务情况，注重反映旅游者的意见和建议。对其中正确而可行的意见和建议，旅行社应积极采纳，并以此作为提高旅行社服务质量的重要途径；同时可以对提出的意见和建议的旅游者给予适当的奖励，以示旅行社千方百计提高服务质量和以顾客为上帝的诚意和决心。

（四）撰写质量报告

旅行社质检部门应根据通过各种途径收集的质量情况定期撰写质量报告，用接团总数、质优团数所占比例、质差团数所占比例等数量指标，对旅行社质量情况进行量化分析，使旅行社上至总经理下到普通员工，都对旅行社整体服务质量有一个准确的了解和把握。对管理层而言，可以将质量报告作为采取质量措施及奖励部门和员工的重要依据；对各部门和普通员工来说，质量报告为他们以后的工作指明了努力的方向，工作做得好的，应该继续努力；工作做得不好的，应该及时纠正。

（五）建立规章制度

旅行社应建立相关的规章制度，以必要的制度来保证服务质量的实现，特别是服务态度的质量很难用数量指标来衡量，更应该以规章制度来明确其职责。对于任何劳动，既要提高每个从业人员的自觉性，同时也必须有必要的规章制度，以适当的强制性和自觉性相结合，才能保证各个环节的服务活动和谐一致，真正做到全员参与质量管理。

三、旅行社质量管理的实施

（一）制定旅游服务质量的标准

微课 3-3-1

服务质量管理工作的实施

所谓服务质量标准，是对旅行社的质量要求、规格和检查方法所做出的技术性的规定。它是从事旅游服务活动和检查、评价服务质量的技术依据。为了保证旅游服务质量，除了严格按照质量标准进行各项服务活动以外，还必须规定各项管理工作的质量标准。

旅游服务质量标准的制定可以分为两大类：一类是专门性的指标；另一类则是反映服务工作质量的统计指标。

专门性指标分为有形部分和无形部分。有形部分主要包括旅行社和相关部门的硬件设施设备、服务设施的外观、宣传品质量及员工仪表等方面；无形部分主要是指服务技巧和服务态度，较难用数量来表示，经常用操作技术的规格化和规范化来表示，服务态度一般通过岗位责任制来衡量。服务工作质量的统计指标一般可以用相对指标来表现，如工作人员的合格率、服务过程的差错率（委托代办、分配客房、行李接送等差错情况）、游客满意程度、投诉索赔人次等。

制定服务质量标准时要注意在考虑旅行社实际情况的前提下，以旅游者的需求为依据。

（二）建立旅游质量保证体系

质量保证体系又称质量管理网，是指旅行社以保证和提高产品质量为目标，运用系统论的原理与方法，贯彻全面质量管理基本思想，设置专门的组织机构，配备专业人员，把旅行社质量管理的各阶段、各部门、各环节的质量管理活动严密地组织起来，形成一个权责分明、相互协调、相互促进的质量管理有机整体。

建立和健全质量保证体系，可以使质量工作制度化、程序化、标准化；可以加强全面质量管理；可以保证旅行社质量目标的实现。质量保证体系是旅行社获得长期稳定优质高产的组织与制度的保证。

旅游质量保证体系主要由旅游服务质量管理职责、管理人员和物质资源、服务质量体系结构三个部分组成。

1.旅游服务质量管理职责

管理职责就是制定使顾客满意的服务方针，并使服务方针在质量体系的有效运行中得以实施，包括质量方针、质量目标、质量职责和权限三个部分。

（1）质量方针。质量方针不是一句空洞的标语口号，按照国际标准化原则，它必须有具体内容和标准文件，其中主要应包括服务等级、企业形象和声誉、质量措施、全员岗位职责等。

（2）质量目标。质量目标应尽可能地量化。

（3）质量职责和权限。为了确保质量目标的实现，旅游企业的全体员工都应明确职责和权限。旅游企业应专门指定一名高级领导者专门抓服务质量，以确保旅游服务质量体系的建立、审核，以及为了改进而进行持续的测量与评审。

2.管理人员和物质资源

管理人员和物质资源被认为是旅行社管理的软件和硬件。好的管理人员是旅游服务质量保证体系的重要软件。

物质资源进入服务领域，充分说明服务质量绝对不可能只靠纯粹消耗体力的简单劳动达到。物质资源包括服务用的设备和储存品，运作必需的设备、运输和信息系统，质量评定用的设施、仪器仪表和计算机软件以及运作和技术文件。档次越高的旅行社，对物质资源的要求就越高，依赖性也越大，其服务质量在很大程度上需要通过设施设备来实现。

3.服务质量体系结构

服务质量体系结构由结构、职责、程序和资源四个部分组成。而在这一体系的建立过程中，均与服务质量环、质量文件体系和内部质量审核三大内容紧密关联。

服务质量环是指从识别顾客需要到评判这些需要是否得到满足的各个阶段中，影响质量的各种具有内在联系的质量管理活动相互作用的概念模式。这为旅行社管理者提供一种规律性的逻辑思路和可以遵循的原理。

质量文件体系包括质量手册、质量计划、程序、质量记录和文件控制五项内容。

内部质量审核分为四个方面：一是验证服务质量体系的实施情况和有效性；二是审核是否坚持遵守服务规范，服务规范是指服务项目的标准；三是审核是否遵守服务提供规范，它是指提供服务的方法和手段，如旅行社应对在旅途中患病的旅游者提供“陪同治疗”的服务规范；四是审核是否坚持遵守服务质量控制规范。

育德启智3-3-2　　“广之旅”服务质量管理尽显“工匠精神”

“广之旅”成立于1980年，是华南旅游航母——广州岭南集团旗下成员企业，2000年通过ISO 9001质量管理体系认证；2005年获得全国旅游业唯一质量管理最高荣誉“中国用户满意鼎”；2012年，广东省唯一被国家认定为“2012年度全国旅游服务质量标杆单位”的旅行社；2015年获得“广东省政府质量奖”，成为广东省首家获此奖项的服务业企业和目前唯一一家旅行社。纵观“广之旅”服务质量管理的“工匠精神”，主要体现在以下几点：

1.高层管理者笃定不变的“质量强企”信念

在“广之旅”40年的发展历程中，其名称从“广州市旅游公司”转变成了“广之旅”；体制从“国有企业”转变为“国有控股的股份制有限公司”；业务范围从广州一地遍及全球100多个国家和地区；员工人数从100人增加至目前的1 500多人；但唯一不变的是“广之旅”历任高层管理者笃定的“质量强企”信念和亲力亲为、讲质量、抓质量的事实。他们始终围绕“广之旅”“一切为了客人满意”的服务宗旨，制定公司的年度质量目标、年度质量活动主题等，设定顾客好评率、表扬信封数、锦旗数、投诉数、投诉率以及周期的增量和减量目标，并将目标分解到各业务部门，实行“质量管理部门责任制”，指定部门经理为部门“质量第一责任人”。质量目标值的完成情况也是部门经理年终考评和奖励的重要指标。

2.健全的质量管理组织架构和专业的质量管理人员

在“广之旅”的组织架构中，设有质量管理部、法务部和标准化管理部三个部门，配备10多名具有管理专业、法律专业等教育背景的专职人员或熟悉公司业务流程的优秀员工。它们的主要职责是实施全面质量管理，引进和贯彻国内外先进的质量管理理念和标准，制定公司内部质量管理实施细节和标准，开展形式多样的质量管理活动；根据国家相关法律、法规，控制规避产品设计、服务过程的法律缺陷和法律风险；制定相关服务链供应商准入标准，对它们的资质、实力、和服务质量等方面进行专业评估。健全的质量管理组织架构和专业的质量管理人员，有效确保了“广之旅”标准化和质量保证体系的实施和正常运作。

3.用先进的管理理念和标准统一员工的行为规范

ISO 9001质量管理体系使“广之旅”质量管理工作从过去的经验型、粗放型进一步向科学化、系统化迈进。如今，很多企业或多或少地对ISO 9001出现了审美疲劳，感觉可有可无，把管理文件、程序文件都束之高阁。但“广之旅”始终认为它是世界先进企业的经验精髓，是组织走向现代化企业先进的管理方法。因此，他们始终把ISO 9001作为公司质量管理、科学管理的准则，要求把ISO 9001覆盖到新成立的每一个分公司、新开设的每一个门市部和海外分公司、包括新员工在内的每一位员工，以此统一规范全体员工的言行，确保服务品质。

4.通过质量主题活动营造质量文化氛围

主题活动是提升全员质量意识、营造人人讲质量文化氛围的有效途径。“广之旅”多年来组织的质量主题活动有：向广大游客做出“货不对版，可获重赔”承诺的“十万元质量保证金制度”；以提高客人满意度为目标，以强化员工服务意识为重点的“文明服务承诺制”；“十万元买意见”活动；向社会聘请质量监督员；“一切为了客人满意”为核心的“五心”（热心的态度、贴心的服务、精心的安排、称心的导游、开心的旅程）服务；“百日无投诉优质服务活动”；“优质服务年活动”；“用户满意服务年活动”；“诚信经营倡导年活动”；“评选服务明星活动”；“评选金牌导游员活动”；“评选红旗驾驶员活动”；“评选优秀供应商活动”等。这些主题活动有效调动了内部和外部动力，将“广之旅”的服务质量推向了一个高度。

5.持续完善内部标准化建设，精雕细琢追求卓越

多年来，“广之旅”持续加强标准化建设，服务全过程实施标准化、精细化管理。有关统计资料显示，“广之旅”在实施标准化管理过程中共使用法律法规与国家、行业、地方标准93份，企业标准110份，公司制度154份，部门文件271份。其中，从产品标准—产品设计—采购—营销—计调—带团—售后等全流程质量控制文件348份。此外，还主笔起草了1项国家标准，参与起草2项国家标准；主笔起草了3项行业标准；主笔起草了3项地方标准。目前，正在起草的还有《出境游领队服务规范》1项行业标准以及《旅行社长者旅游产品与服务规范》和《单项委托代订服务规范》2项地方标准。

“广之旅”在质量管理方面精雕细琢，精益求精，注重细节，追求完美、持之以恒的“工匠精神”让其获奖无数，从一个名不见经传的地方小社成为国内知名大社，在历年的全国百强旅行社评选中一直名列前茅，2019年排名全国第十、广东第一。

资料来源　王国红，周璨．旅行社服务质量管理与“工匠精神”——以广州广之旅国际旅行社为例［J］．旅游纵览，2020，16（8）：9-10.

学有所悟：“广之旅”在服务质量管理方面彰显“工匠精神”。旅行社服务质量的好坏直接影响旅游业的发展水平，希望旅行社的经营管理者们能克服心浮气躁的心态，去除急功近利的想法，发扬精益求精的“工匠精神”，关注产品开发，提高服务质量，让旅行社行业加快高质量发展步伐。

任务实施

步骤一：针对上一个任务中旅行社待整改的质量管理项目，有针对性地制定质量管理方法。

____

____

步骤二：根据质量管理方法，制定旅行社质量管理实施办法。

____

____

任务总结与评价

任务总结与评价见表3-3-2。

表3-3-2　任务总结与评价

工作任务	制定旅行社质量管理方案
任务检查	制定质量管理方法情况 ○优秀　○良好　○中等　○一般　○未完成
	旅行社质量管理具体实施过程情况 ○优秀　○良好　○中等　○一般　○未完成
工作成果	
自我评价	
教师评价	
备注	（任务检查中未完成部分情况说明）

项目小结

旅行社的质量管理是旅行社为了保证和提高产品质量，综合运用一整套质量管理的体系、思想、手段和方法所进行的系统的管理活动，是全面质量管理、全过程质量管理和全员质量管理的结合。旅行社通过建立旅行社服务质量反馈机制等方法，实施旅游服务质量的标准，建立旅游质量保证体系，才能将质量管理工作落到实处。

项目测试

一、选择题

1.旅行社质量管理中全面质量的核心是（　　）。

A.产品质量　　B.服务质量　　C.环境质量　　D.文化质量

2.旅行社要将质量责任落实到（　　），使其为保证和提高质量而努力。

A.高层管理者　　B.部门负责人　　C.业务骨干　　D.全体职工

3.（　　）是对旅行社的质量要求、规格和检查方法所做出的技术性的规定。

A.产品质量标准　　B.产品质量目标　　C.服务质量标准　　D.服务质量目标

4.旅行社的质量管理应该是（　　）的结合。

A.全面质量管理　　B.售后服务管理　　C.全过程质量管理

D.业务部门管理　　E.全员质量管理

5.旅行社可以通过（　　），建立有效的旅行社服务质量反馈机制。

A.服务质量调研　　B.设立质检部门

C.建立质量信息循环反馈系统　　D.编制质量周报

E.撰写质量报告

在线测评
3-3-1
选择题

二、简答题

1.旅行社质量管理的基本工作有哪些？

2.如何实施旅行社质量管理工作？

参考文献

［1］王玉霞．旅行社经营管理［M］．3版．重庆：重庆大学出版社，2021.

［2］吕海龙，佟安娜，全烽岐．旅行社计调业务［M］．2版．北京：北京理工大学出版社，2021.

［3］叶娅丽，陈学春．旅行社计调实务［M］．北京：北京大学出版社，2021.

［4］黄建春．人力资源管理概论［M］．重庆：重庆大学出版社，2020.

［5］王宁，伍建海，廖建华．旅行社经营管理事务［M］．北京：清华大学出版社，2020.

［6］周晓梅．计调部操作实务［M］．北京：旅游教育出版社，2019.

［7］范贞．旅行社计调业务［M］．北京：清华大学出版社，2019.

［8］张骏，葛益娟．旅行社经营管理［M］．3版．北京：旅游教育出版社，2018.

［9］董倩，张荣娟．旅游市场营销实务［M］．北京：北京理工大学出版社，2018 .

［10］张荣娟，叶晓颖．旅行社经营管理［M］．北京：北京理工大学出版社，2017.

［11］潘颖，周洁，符红梅．人力资源管理［M］．四川：电子科技大学出版社，2016.

［12］董临萍，龙丽群．人力资源管理．［M］．上海：华东理工大学出版社，2014.

［13］宇英丽．旅行社运营实务．［M］．长春：东北师范大学出版社，2014.

［14］陈永发．旅行社经营管理［M］．3版．北京：高等教育出版社，2014.

［15］张文瑞．旅行社经营管理［M］．天津：南开大学出版社，2013.

［16］潘燕，李志强．旅行社经营管理实务［M］．2版．北京：人民邮电出版社，2010.

［17］姜锐，姜华．旅行社经营管理［M］．北京：冶金工业出版社，2009.

［18］韩勇，丛庆．旅游市场营销学［M］．北京：北京大学出版社，2006.

［19］熊晓敏．旅行社OP计调手册［M］．北京：中国旅游出版社，2005.